Мастера магического реализма

Нил Гейман

Дым и зеркала

Издательство АСТ
Москва

УДК 821.111-312.9
ББК 84(4Вел)-44
Г29

Neil Gaiman
SMOKE AND MIRRORS

Печатается с разрешения автора
и литературных агентств
Writers House и Synopsis Literary Agency

Художественное оформление *Василия Половцева*

Гейман, Нил.

Г29 Дым и зеркала : [сборник рассказов] / Нил Гейман ; [пер. с англ. Н.Иванова]. — Москва : Издательство АСТ, 2017. — 384 с. — (Мастера магического реализма).

ISBN 978-5-17-102642-4

В сборнике «Дым и зеркала» воображение и артистизм мастера превращают обычный мир в место, где возможны самые нелепые и странные вещи: здесь старушка покупает Святой Грааль в секонд-хенде, американский турист попадает в лавкрафтовский городок Инсмут, где живут приспешники Великого Ктулху, наемные убийцы предлагают свои услуги в «Желтых страницах», а оборотень пытается воспрепятствовать концу света. Эта новая реальность, оттеняемая дымом и тьмой, удивительно осязаема. Она ослепит ваши чувства, тронет сердце и проникнет в ваши сны.

УДК 821.111 - 312.9
ББК 84(4Вел)-44

ISBN 978-5-17-102642-4

Эллен Дэтлоу и Стиву Джонсу

Но там, где есть чудовище, есть и чудо.

Огден Нэш. Драконы теперь слишком редки

Гадание по внутренностям

Рондель

— От меня это не зависит, — сказала она. — Все растут! Не могу же я одна не расти!

— Одна не можешь, — сказал Шалтай-Болтай, — а вдвоем гораздо проще. Позвала бы кого-нибудь на помощь — и к семи годам могла бы уже остановиться.

Льюис Кэрролл. Алиса в Зазеркалье.

И скажут: случай то, удача — или рок,
Легли так карты, звезды встали в ряд.
И этот счет отдать тебе велят
За ласку и за зло, — всему свой срок.
Ты в будущее заглянуть не смог?
Я дам ответ, но будешь ты не рад.
Пусть скажут: случай то, удача — или рок,
Легли так карты, звезды встали в ряд.

Я ночью, милый, отыщу предлог,
Во сне почуешь мой холодный взгляд.
Я часа жду исполнить свой обряд,
Чтоб показать судьбы твоей итог.
И скажут: случай то, удача — или рок.

Предисловие

Когда пишешь — словно летаешь во сне. Ты все помнишь. Все можешь. У тебя все получается. И это так легко.

Из дневника автора.
Февраль 1992.

Все дело в зеркалах. Звучит, конечно, банально, но это так. С помощью зеркал, поставленных под углом в сорок пять градусов, показывали фокусы еще в викторианские времена, больше ста лет назад, когда научились в массовых количествах производить чистые качественные зеркала. В 1862 году Джон Невил Маскелин начал с того, что приладил зеркало к платяному шкафу, и сделал это так ловко, что оно скрывало больше, чем показывало.

Зеркало — удивительная вещь. Оно словно бы говорит все как есть, отражая для нас реальный мир, но стоит его повернуть, и оно станет так убедительно лгать, что вы поверите, будто некий предмет растворился в воздухе, коробка с голубями, цветными лоскутками и пауками пуста, а люди, спрятанные за кулисой или в оркестровой яме, — это парящие над сценой призраки. Выберите верный угол — и зеркало станет волшебным окном: оно покажет все, что вы в состоянии вообразить, а может, коечто и похлеще.

(В то время как дым размывает контуры предметов.)

Истории — в каком-то смысле зеркала. Они нужны нам, чтобы объяснять себе устройство мира и его нестроение. Как и зеркала, истории готовят нас к грядущему дню. Отвлекают от того, что притаилось во тьме.

Вся художественная литература — это, в сущности, фэнтези, а фэнтези и есть зеркало. Несомненно, кривое — или, как у фокусника, повернутое к реальности под углом в сорок пять градусов, но тем не менее зеркало, и пользуясь им, мы учимся говорить о вещах, которых иначе можно и не увидеть. (*Волшебные сказки*, как заметил Г. К. Честертон, — *это больше, чем истина. Не потому, что в них утверждается, что драконы существуют, но потому, что в них говорится: драконов можно победить*[1].)

Сегодня первый день зимы. Небо стало серым и пошел снег, который не прекращался до глубокой тьмы. Я сидел в темноте и смотрел, как падает снег, как блестят и мерцают снежинки, попадая в полосы света, и размышлял, откуда берутся истории.

О таких вещах обычно задумываешься, если зарабатываешь этим на жизнь. Я все еще не убежден, что подобное занятие пристало взрослому человеку, но теперь уже слишком поздно. Тем более что я избрал путь, который мне нравится и благодаря которому мне не приходится рано вставать. (Когда я был маленьким, взрослые предостерегали меня от сочинительства, предрекая, что со мной станет, если я их не послушаю. Теперь-то могу сказать вполне определенно, что последствия, в общем, таковы: я много путешествую, и мне не приходится рано вставать.)

Большинство историй в этой книге написаны на потребу издателям, которые просили меня что-нибудь сочинить для того или иного сборника рассказов («сборник про Святой Грааль», «...про секс», «...сказки для взрослых», «...секс и хоррор», «...месть», «...суеверия», «...снова секс»). Некоторые были написаны, что называется, для себя, а точнее — чтобы избавиться от образа или мысли, пригвоздив его или ее к бумаге; это самая веская причина из тех, что я знаю: выпустить демонов, дать им полетать. Иные же написаны из прихоти: это капризы и странности, с которыми не удалось совладать.

Однажды я придумал историю в качестве свадебного подарка друзьям — про молодоженов, которым на свадьбу подарили историю. Вышло не слишком обнадеживающе. Уже придумав ее, я решил, что мои друзья, возможно, предпочли бы тостер, и подарил тостер, а историю так и не записал. И она сидит в дальнем уголке моей памяти в ожидании, когда кто-нибудь из тех, кто готовится к свадьбе, сможет ее оценить.

Мне пришло в голову (теперь, когда я пишу это предисловие: перьевой ручкой с синими чернилами на листке блокнота в черной обложке, если вам это интересно), что хотя большинство рассказов в этой книге посвящены любви в том или ином ее проявлении, в ней совсем немного счастливых историй, историй о воистину разделенной любви, которые уравновесили бы остальные; а еще что некоторые вообще не читают предисловий. Однако у кого-то там в один прекрасный день все же состоится свадьба. Так что тем из вас, кто читает предисловия, я представляю историю, которую тогда не записал. Если, когда запишу, она мне не понравится, я ее вымараю, и вы так и не узнаете, как вместо того чтобы дописывать предисловие, я принялся излагать на бумаге историю, засевшую в моей голове.)

Свадебный подарок

После всех радостей и переживаний, после свадебной магии и безумств (и нелепой речи отца Белинды, сопровождавшейся показом семейных слайдов), когда медовый месяц в прямом смысле закончился (хотя в переносном еще нет), а их свежий загар еще не успел поблекнуть в лучах осеннего английского солнца, Белинда и Гордон уселись разворачивать свадебные подарки и составлять благодарственные письма за тостеры, полотенца, соковыжималки, чудопечки, столовые приборы, посуду, чайники и занавески.

— Ну вот, — сказал Гордон. — С крупными предметами покончено. Что у нас осталось?

— Конверты, — ответила Белинда. — Должно быть, чеки.

Действительно, в конвертах оказались чеки, подарочные карточки, а также десятифунтовая карточка на покупку книг от Гордоновой тети Мэри, бедной, как церковная мышь, но очень милой, присылавшей ему такие карточки на день рождения, сколько он себя помнил. И наконец, в самом низу огромной стопки, они обнаружили большой коричневый конверт для деловой корреспонденции.

— Что это? — спросила Белинда.

Гордон вскрыл конверт и достал желтоватый лист бумаги, сверху и снизу неровно оборванный, на котором виднелись несколько строк, напечатанных на пишущей машинке, а Гордон уже несколько лет не держал в руках машинопись. Он медленно прочел написанное.

— И что же? — повторила Белинда. — От кого письмо?

— Не знаю, — ответил Гордон. — От того, у кого сохранилась дома пишущая машинка. Оно не подписано.

— Но это письмо?

— Не совсем, — ответил он, почесал нос и снова принялся читать.

— Ах вот как! — сказала она с раздражением (хотя вовсе не была раздражена; она была счастлива. Она просыпалась по утрам и проверяла, так же ли счастлива, как накануне вечером, когда укладывалась спать, или когда Гордон будил ее по ночам, или когда она будила Гордона. Да, так же). — И что же это?

— Что-то вроде рассказа о нашей свадьбе, — ответил он. — Очень мило. Вот, держи, — и протянул ей листок.

Предисловие

Она пробежала его глазами.

В этот ясный день начала октября Гордон Роберт Джонсон и Белинда Карен Эбиндон поклялись, что будут любить, поддерживать и почитать друг друга до конца своих дней. Очаровательная невеста сияла, жених был радостен и взволнован, но держался с достоинством.

Таким было начало. А дальше описывалась свадебная церемония — ясно, просто и с юмором.

— Действительно мило, — подтвердила она. — А что значится на конверте?

— «Свадьба Гордона и Белинды», — прочел он.

— А имя? Ничего, что указывало бы, кто отправитель?

— Ничего.

— Что ж, мило и остроумно, — сказала она. — С чьей-то стороны.

Белинда заглянула в конверт: вдруг увидит там что-нибудь еще, что они прежде не заметили, записку от друзей (ее, его или общих), но в конверте больше ничего не было. И тогда, со вздохом облегчения, что не надо писать еще одно благодарственное письмо, она положила кремовый листок обратно и засунула конверт в коробку, вместе с меню свадебного банкета, и приглашениями, и контрольками фотографий, и белой розой из букета невесты.

Гордон был архитектором, Белинда — ветврачом. И для обоих то, что они делали, было не работой, но призванием. Им было чуть больше двадцати. Они никогда прежде не были женаты и даже всерьез влюблены. Они познакомились в клинике, куда Гордон привез свою тринадцатилетнюю Голди, золотистого ретривера — с седой мордой, полупарализованную — на усыпление. Собака жила у него с самого детства, и он хотел быть с ней до конца. Белинда вначале держала его за руку, когда он плакал, а потом, внезапно забыв о профессиональном долге, крепко обняла, словно желая, чтобы он разом выдохнул боль и горечь потери. Кто из двоих предложил встретиться вечером в местном пабе, они позднее так и не вспомнили.

Главное, что следует сказать о первых двух годах брака, — это то, что они были безоблачно счастливы. Время от времени они пререкались, ссорились по пустякам, а после мирились — со слезами бросались в постель и сцеловывали друг у друга слезы, шепча слова раскаяния. В конце второго года, через шесть месяцев после того, как перестала принимать таблетки, Белинда обнаружила, что беременна.

Гордон подарил ей браслет, украшенный рубинами, а свободную спальню приспособил под детскую, собственноручно переклеив обои. На обоях непрерывно чередовались персонажи детских стихов: Крошка Бо, Шалтай-Болтай и Тарелка, Сбежавшая с Ложкой[2].

Из роддома Белинда вернулась с маленькой Мелани в переносной кроватке, и к ним на неделю приехала ее мать, которая спала на диване в гостиной.

На третий день Белинда достала коробку, чтобы показать матери свадебные сувениры и вместе вспомнить, как это было. Свадьба казалась уже такой далекой. Они улыбнулись при виде засохшей бурой веточки, которая когда-то была белой розой, и вместе покудахтали над меню и приглашениями. На дне коробки лежал большой коричневый конверт.

— «Супружество Гордона и Белинды», — прочла мать.

— Это рассказ о нашей свадьбе, — сказала Белинда. — Очень милый. Там даже упоминается папина речь со слайдами.

Белинда открыла конверт и достала кремовый листок. Прочтя напечатанный на машинке текст, скорчила гримаску и, не говоря ни слова, вернула листок обратно.

— А можно мне посмотреть, детка? — спросила мать.

— Наверное, это Гордон пошутил, — сказала Белинда. — Но неудачно.

Предисловие

Вечером, когда Белинда, сидя на постели, кормила грудью Мелани, она спросила Гордона, который смотрел на жену и дочурку с глупой улыбкой на лице:

— Милый, зачем тебе понадобилось писать такое?

— Какое такое?

— Письмо. Письмо в конверте. Ты знаешь.

— Не знаю.

— Получилось не смешно.

Белинда указала на коробку, принесенную наверх и поставленную на туалетный столик. Гордон открыл ее и достал конверт.

— Тут всегда была такая надпись? — удивился он. — Мне казалось, тут было написано о нашей свадьбе. — Он вынул из конверта листок с оборванными краями, прочел, и на лбу у него собрались морщины. — Я этого не писал.

Он перевернул листок, словно ожидая что-то увидеть на обороте.

— Не писал? — переспросила она. — Правда не писал? — Гордон помотал головой. Белинда вытерла молоко с подбородка малышки. — Я тебе верю, — сказала она. — Я думала, что это ты, но это не ты.

— Не я.

— Дай-ка еще раз посмотреть. — Он протянул ей листок. — Вот странно! Я хочу сказать, не смешно и вообще неправда.

На листке машинописи содержалось краткое описание двух прошедших лет их совместной жизни. Это были несчастливые годы, утверждалось там. Через полгода после свадьбы Белинду укусил за щеку пекинес, да так сильно, что рану пришлось зашивать. Остался уродливый шрам. Но что хуже всего — оказался задет лицевой нерв, и она стала прикладываться к бутылке, возможно, чтобы заглушить боль. Она догадывалась, что Гордону отныне неприятно на нее смотреть, и рождение ребенка, так там говорилось, стало неудачной попыткой укрепить семью.

— Но зачем они это затеяли? — спросила она.

— Они?

— Ну, те, кто написал это ужасное письмо. — Белинда потрогала щеку: никаких шрамов, кожа гладкая. Она была очень красивой молодой женщиной, хоть и выглядела сейчас хрупкой и усталой.

— Почему ты сказала «они»?

— Не знаю, — ответила она, перекладывая малышку к левой груди. — Просто не пойму, кто вообще на такое способен. Написать все это, подменить прежнее письмо, дождаться, пока один из нас это прочтет... Давай, Мелани, вот так, хорошо, моя крошка...

— Может, выбросить его?

— Да. Нет. Не знаю. Мне кажется... — Она провела ладонью по лбу дочурки. — Пусть будет. Вдруг понадобится как улика. Может, это проделка Эла? — Эл был самым младшим братом Гордона.

Гордон положил листок в конверт, конверт — в коробку, а коробку сунул под кровать, и со временем они о ней забыли.

Несколько следующих месяцев оба почти не спали из-за ночных кормлений и непрестанного плача: у Мелани болел животик. Коробка все это время оставалась под кроватью. Гордону предложили работу в Престоне, в нескольких сотнях миль на север, а Белинда еще не вернулась на свою работу и в ее ближайшие планы это не входило, так что она эту идею одобрила. И они переехали.

На мощеной булыжником улице они подыскали дом, такой же, как остальные: высокий, темный, старый. Белинда время от времени подрабатывала в ветеринарной клинике, лечила домашних животных. Когда Мелани было полтора года, Белинда родила сына, которого назвали Кевин, в честь покойного дедушки Гордона.

Гордон к тому времени стал полноценным партнером в своей фирме. А когда Кевин начал ходить в детский сад, Белинда вернулась на работу.

Предисловие

Коробку они привезли с собой. Она стояла в одной из комнат наверху, под накренившейся стопкой номеров журнала «Архитектор» и «Архитектурного ревю». Белинда время от времени вспоминала о коробке и ее содержимом, а однажды вечером, когда Гордон уехал в Шотландию консультировать реконструкцию фамильного замка, она решила в нее заглянуть.

Дети уже спали. Белинда поднялась наверх, в неотделанную часть дома. Переложив журналы, открыла коробку, которая (в той ее части, что не была закрыта журналами) за два года покрылась заметным слоем пыли. На конверте по-прежнему значилось «Супружество Белинды и Гордона», и Белинда уже в самом деле не помнила, была ли надпись когда-либо другой.

Она достала из конверта листок и прочла. А потом отложила его и так и сидела, в этой пустой комнате, потрясенная и расстроенная.

На листке было аккуратно напечатано, что Кевин, ее второй ребенок, так и не родился; на пятом месяце у нее случился выкидыш. С тех пор Белинда страдала от приступов тяжелейшей депрессии. Гордон редко бывал дома, читала она, поскольку оказался втянут в отвратительную интрижку со своим компаньоном, эффектной, но очень нервной дамой на десять лет старше его. Белинда стала больше пить, она носила теперь стоячие воротники и шарфы, чтобы скрыть безобразный шрам на щеке. Они с Гордоном мало говорили, и лишь иногда у них случались мелкие пустячные ссоры, какие бывают у людей, опасающихся крупных ссор, поскольку если они скажут то важное, что осталось друг другу сказать, это разрушит их совместную жизнь.

Белинда умолчала о последней версии их супружества, написанной на том листке. Но Гордон сам прочел нечто подобное несколько месяцев спустя, когда заболела теща, и Белинда уехала ее проведать.

На листке бумаги, который Гордон достал из конверта, было описано примерно то же, что прочла Белинда, правда, там утверждалось, что интрижка с боссом закончилась у Гордона разрывом, и ему грозит увольнение.

Гордону нравилась его начальница, но он не представлял себе, что в нее можно по-настоящему влюбиться. Ему и работа нравилась, хоть и хотелось чего-то такого, что бы его встряхнуло.

Мать Белинды пошла на поправку, и вскоре Белинда вернулась домой, к облегчению и радости мужа и детей.

В канун Рождества Гордон заговорил с Белиндой о конверте.

— Ты ведь тоже туда заглядывала, не так ли?

В тот вечер они на цыпочках прокрались в детскую и наполнили носок Санта Клауса подарками. Расхаживая по дому, стоя у изголовья детских кроваток, Гордон испытывал эйфорию, но где-то в глубине души поселилась печаль: от сознания, что столь полное счастье не может длиться долго и что никому не под силу остановить Время.

Белинда поняла, о чем он спрашивает.

— Да, я прочла, — ответила она.

— И что ты об этом думаешь?

— В общем, я уже не считаю это шуткой. Даже злой шуткой.

— М-м-м. Тогда что же это?

Они сидели в полутемной гостиной, и горевшее на углях полено отбрасывало на стены желтые и оранжевые блики.

— Я думаю, это и в самом деле свадебный подарок, — сказала она. — На листке говорится о том, что с нами *не* происходит. Все дурное случается там, а не здесь, в реальной жизни. Вместо того чтобы все это пережить, мы об этом только читаем, зная, что так могло случиться, но не случилось.

— То есть ты хочешь сказать, что он волшебный? — Он никогда не сказал бы такого вслух, но это был канун Рождества, и в комнате было почти темно.

— Я не верю в волшебство, — сказала она спокойно. — Но это *свадебный подарок*. И я считаю, что мы должны бережно его хранить.

В День подарков она переложила конверт из коробки в свою шкатулку с драгоценностями, которую запирала на ключ, где тот отныне лежал вместе с ее ожерельями, кольцами, брошками и браслетами.

Весну сменило лето. Зиму — весна.

Гордон чувствовал себя опустошенным. Днем он работал для клиентов: проектировал, контролировал работу строителей и подрядчиков, — а ночами делал то, что хотел: разрабатывал конкурсные проекты музеев, галерей, общественных зданий. Иногда его проекты удостаивались похвал и их печатали в архитектурных журналах.

Белинда стала работать с крупными животными, и это ей нравилось, — ездила на фермы, осматривала лошадей, овец и коров. Иногда брала с собой детей.

Однажды, когда в загоне она преследовала козу, которая не хотела, чтобы ее ловили, а тем более осматривали, у нее зазвонил телефон. Она достала телефон, а коза пялилась на нее с противоположной стороны поля боя:

— Да!

— Угадай, что у меня?

— Привет, дорогой. Хм. Ты выиграл в лотерею?

— Нет. Но близко. Мой проект музея Британского наследия попал в шорт-лист. Правда, мои конкуренты крепкие ребята. И все же я в шорт-листе!

— Вот здорово!

— Я поговорил с миссис Фулбрайт, и она отпустит свою Соню посидеть с детьми. Так что сегодня вечером у нас праздник.

— Ужасно рада. Люблю тебя. Ну, я пошла к своей козе.

Во время чудесного праздничного ужина они выпили слишком много шампанского. А ночью в спальне, когда сняла серьги, Белинда вдруг сказала:

— Может, посмотрим, что нам там понаписали?

Гордон был уже в одних носках. Он посмотрел на нее без улыбки:

— Мне не хочется. Сегодня такой день. Зачем его портить?

Она убрала серьги в шкатулку и заперла ее на ключ. И сняла чулки.

— Наверное, ты прав. Могу себе представить, что там написано. Я — пьяница, и у меня депрессия, а ты — жалкий неудачник. А мы между тем... Ну, я ведь и вправду в подпитии, но я не об этом. Он лежит у нас на дне ящика, этот конверт, совсем как «Портрет Дориана Грея»[3].

— «И только по кольцам на руках слуги его опознали». Да. Помню. Он был в школьной программе.

— Знаешь, чего я на самом деле боюсь? — сказала она, надевая ночную рубашку. — Что то, что там написано, — реальная история нашего брака, а то, что есть у нас, — всего лишь красивая картинка. Что там все правда, а у нас — наоборот. Послушай, — она говорила внятно и серьезно, потому что была немного пьяна, — тебе не приходит в голову, что у нас все слишком хорошо, чтобы быть правдой?

Он кивнул.

— Иногда приходит. Сегодня например.

Она вздрогнула.

— А может, я и в самом деле пьяница со шрамом на щеке, а ты трахаешь все, что движется, и Кевин так и не родился, и все остальные ужасы тоже с нами случились?

Он встал, подошел и обнял ее.

— Но это неправда, — твердо сказал он. — Реально вот это все. Ты, я. На этом листке записана просто история. То есть просто слова.

И он поцеловал ее, и прижал к себе, и больше они не произнесли ни слова.

Через долгих полгода проект Гордона был признан победителем, хотя в «Таймс» его назвали «агрессивно модерновым», в специальных журналах признали старомодным, а один из членов жюри сообщил в интервью «Санди телеграф», что это «единственный компромиссный проект, за который готово было проголосовать все жюри».

Они переехали в Лондон, а дом в Престоне сдали художнику с семьей, потому что Белинда ни за что не хотела его продавать. Гордон с головой ушел в работу над своим проектом. Кевину было уже шесть, а Мелани — восемь лет. Мелани в Лондоне было страшновато, зато Кевин его любил. Правда, оба они поначалу переживали из-за того, что им пришлось оставить друзей и школу. Белинда нашла работу на полставки в Кемдене, где три дня лечила в клинике домашних животных. Но ей не хватало ее коров.

Дни в Лондоне перетекли в месяцы, а месяцы — в годы, и хотя время от времени возникали проблемы с деньгами, Гордон был по-прежнему воодушевлен. Приближался день начала строительных работ.

Однажды Белинда проснулась слишком рано и долго смотрела на спящего мужа в бледно-желтом свете уличного фонаря. У него уже появились залысины, и волосы на макушке поредели. Белинда подумала, что если бы она вышла замуж за лысого, это бы мало что изменило. В принципе они счастливы. В принципе все хорошо.

И ей захотелось узнать, что сталось *с теми*, в конверте. Она чувствовала их присутствие, как что-то гнетущее и сухое, там, в дальнем углу спальни, где они были заперты подальше от греха. И ей внезапно стало жаль Белинду и Гордона, оказавшихся в том конверте и ненавидящих друг друга и все вокруг.

Гордон захрапел. Она нежно поцеловала его в щеку, приговаривая: «Ш-ш-ш». Он перевернулся и перестал храпеть, но не проснулся. Она прижалась к нему, а вскоре и сама заснула.

На следующий день после ланча, во время разговора с поставщиком тосканского мрамора, Гордон вдруг удивленно поднял руку к груди и сказал:

— Мне ужасно жаль...

Колени у него подогнулись, и он упал. К тому времени, когда приехала «скорая», он был уже мертв. Ему было тридцать шесть.

Вскрытие показало, что у Гордона от рождения слабое сердце, и оно могло остановиться в любой момент.

Первые три дня после его смерти Белинда ничего не чувствовала, практически ничего. Она утешала детей, разговаривала со своими и его друзьями, со своими и его родственниками, мягко и вежливо принимала соболезнования, как принимают ненужные подарки. Она слушала, как другие оплакивают Гордона, а сама никак не могла заплакать. Она все делала правильно, но не чувствовала абсолютно ничего.

Мелани, которой уже исполнилось одиннадцать, как будто смирилась с утратой, а вот Кевин забросил и книги, и компьютерные игры, не выходил из своей комнаты и только молча смотрел в окно.

На следующий день после похорон родители вернулись к себе за город, забрав с собой детей. Белинда ехать отказалась, сославшись на дела.

На четвертый день после похорон, застилая кровать, на которой спала вместе с Гордоном, она наконец заплакала, мощные рыдания сотрясали ее тело, а слезы капали прямо на покрывало, и из носа текли сопли, и она вдруг села на пол, как марионетка, у которой обрезали нити, и сидела так почти целый час, осознав, что никогда его больше не увидит.

Она вытерла лицо, отперла ящик с драгоценностями и достала из него конверт. Вытащив из конверта кремовый листок, пробежала по нему глазами. Та Белинда, напившись, разбила машину, и у нее должны были отобрать права. Они с Гордоном почти не разговаривали. Он потерял работу полтора года назад, и теперь коротал время в их доме в Солфорде. На жизнь зарабатывала одна Белинда. Мелани отбилась от рук: как-то, прибирая у дочери в комнате, Белинда обнаружила заначку из пяти- и десятифунтовых купюр. Мелани не пожелала объяснять, откуда взялись деньги у одиннадцатилетней девочки, она лишь смотрела на родителей, поджав губы, а затем удалилась в свою комнату. Ни Гордон, ни Белинда не стали дальше расспрашивать, боясь того, что могло обнаружиться. Дом в Солфорте был сырым и темным, с потолка огромными кусками отваливалась штукатурка, и они, все трое, постоянно болели.

Белинда их пожалела.

Она положила листок обратно в конверт. Ей стало интересно, каково это, ненавидеть Гордона, и чтобы он ее ненавидел. И каково жить без Кевина, никогда не видеть его рисунков с самолетами, не слышать, как ужасно он фальшивит, что-то напевая. И откуда Мелани, не ее Мелани, а, благодарение Богу, та, другая, взяла эти деньги, и с облегчением подумала, что ее Мелани, кажется, мало чем интересуется, кроме балета и книжек Энид Блайтон[4].

Ей так не хватало Гордона, у нее в груди словно застряло что-то острое, кол, точнее сосулька, материализованный холод одиночества и сознание того, что она никогда уже не встретит его на этом свете.

Она отнесла конверт в гостиную, где за каминной решеткой горел огонь — Гордон любил открытый огонь. Он утверждал, что когда разжигают камин, комната оживает. Белинда не любила топить углем и в тот вечер разожгла камин бездумно, по привычке и еще потому, что не разжечь его означало бы в глубине души допустить, что Гордон уже никогда не придет домой.

Какое-то время Белинда смотрела в огонь, раздумывая о том, что было в ее жизни, и о том, от чего отреклась, а еще о том, что хуже, любить человека, которого больше нет, или не любить того, который есть.

И наконец, небрежным жестом, бросила конверт на угли и все смотрела, как сворачивается, чернеет и занимается огнем бумага, смотрела, как желтые языки плясали в синем пламени. Вскоре конверт превратился в черные хлопья сажи, которые поднялись вверх, как письмо Санта Клаусу, и их уносило в трубу, а из нее — в ночь.

И тогда Белинда откинулась на спинку стула и прикрыла глаза, ожидая, покуда шрам расцветет на щеке.

Эту историю я не подарил своим друзьям на свадьбу. Хотя, конечно, это не та история, что я тогда придумал, и даже не та, что собирался написать еще несколько страниц назад. История, которую я хотел написать, была гораздо короче, она гораздо больше походила на сказку, и у нее был другой конец. (Я уж не помню, как она заканчивалась прежде. Какая-то концовка была, но по мере того, как я писал, нынешняя стала неизбежной.)

Большинство рассказов в этом сборнике многое объединяет. То, к чему они ведут, вовсе не совпадает с тем, к чему я вел, когда принимался их писать. Порой я только и мог понять, что история закончилась, когда у меня заканчивались слова.

Гадание по внутренностям: Рондель

Издатели, которые просят у меня истории неважно о чем (*Честно. Вообще о чем угодно. Давай, напиши историю, которую всегда хотел написать*), редко что получают.

Лоуренс Шимель обратился ко мне с просьбой написать стихотворение, которое предваряло бы сборник историй о предсказании будущего. Он хотел, чтобы это было нечто с повторяющимися строками, вроде вилланели или пантуна[5], чтобы усилить ощущение предрешенности нашего будущего.

Предисловие

Так я написал ему рондель[6] об удовольствиях и опасностях гадания, предпослав его самой мрачной шуткой из «Алисы в Зазеркалье». Почему-то это показалось мне прекрасной отправной точкой для такой книги.

Галантность

У меня выдалась скверная неделя. Сценарий, который должен был написать, застрял на месте, и я проводил дни, вперившись в пустой экран, время от времени набирая слово, пялясь на него часами, а потом медленно, буква за буквой, удаляя и вместо него набирая другое слово. И в конце концов выходил из программы, ничего не сохранив. Тут позвонил Эд Крамер и напомнил, что я должен ему историю для сборника рассказов о Святом Граале, который он составлял вместе с вездесущим Марти Гринбергом. И понимая, что ничего другого мне не остается, тем более что обещанная история уже сложилась в моей голове, я ответил: «Ладно».

Я написал рассказ за выходные, благодарение богам, как никогда легко и вдохновенно. Я словно совершенно переменился: я смеялся в лицо опасностям, и творческий застой был мне нипочем. А после еще с неделю мрачно взирал на пустой экран, потому что боги тоже умеют шутить.

Несколько лет назад, на автограф-сессии, кто-то подарил мне экземпляр статьи в научном журнале, посвященном феминистской теории языка. В ней сравнивались и противопоставлялись моя «Галантность», «Леди Шалот» Теннисона и песня Мадонны. Надеюсь, когда-нибудь я напишу историю под названием «Вервольф миссис Уайтекер», и мне уже теперь интересно, что за статью о ней напишут.

Когда читаю со сцены, я обычно начинаю с этой истории. Она очень задушевная, и я люблю читать ее вслух.

Николас Был

Каждое Рождество я получаю открытки от художников. Они их рисуют или пишут красками. Это образчики прекрасного, памятники вдохновенному творчеству.

Каждое Рождество я чувствую себя никчемным, посрамленным и бесталанным.

Но однажды я написал эту историю, к самому Рождеству. Дейв МакКин аккуратно ее переписал каллиграфическим почерком, а я разослал всем, кого вспомнил, как Свою Открытку.

История состоит ровно из ста слов (из ста двух, включая название[7]) и впервые была опубликована в «Грязный-2», сборнике коротких рассказов из ста слов. Вообще-то я собираюсь подготовить еще одну рождественскую открытку, но вспоминаю об этом не раньше 15 декабря[8] и всякий раз откладываю до следующего года.

Цена

Мой литературный агент, мисс Меррили Хейфец из Нью-Йорка, милейший человек, лишь однажды сама предложила мне написать книгу. Это было какое-то время назад. «Послушайте, — сказала она, — ангелы вообще-то крупные, но людям всегда нравились книги о кошках, и я подумала, что было бы здорово, если бы кто-то написал книгу о кошке, которая была ангелом, или ангеле, который был кошкой, или что-то в этом роде».

Я сказал, что это серьезная коммерческая идея и я об этом подумаю. К сожалению, к тому времени, когда я наконец закончил думать, книги об ангелах стали чем-то устаревшим-еще-в-прошлом-году. Однако идея обрела свою почву, и в один прекрасный день я написал эту историю.

Предисловие

(Что любопытно: однажды молодая леди влюбилась в моего Черного Кота, тот ушел к ней жить, а когда я видел его в последний раз, он был размером с совсем небольшую пуму, и сейчас, насколько мне известно, все еще растет. Через две недели после того как от меня ушел Черный Кот, явился бурый полосатый и направился прямо к нам на веранду. Сейчас, когда пишу эти строки, он посапывает на спинке дивана в нескольких футах от меня.)

Хочу воспользоваться возможностью поблагодарить моих близких за то, что позволили рассказать о них в этой истории, но главное — за то, что оставили в покое, пока я ее писал, а также за то, что порой заставляли выйти с ними поиграть.

Мост тролля

Эта история номинировалась в 1994 году на World Fantasy Award, хотя награды и не получила. Я написал ее для антологии «Белый снег, красная кровь», составленной Эллен Дэтлоу и Терри Уинлингом, где были собраны сказки, пересказанные для взрослых. Я выбрал сказку «О трех козлах»[9]. Если бы Джин Вульф[10], один из моих любимых писателей (и кстати, еще один человек, запрятавший одну из историй в предисловии), не использовал это название много лет назад, я назвал бы сказку «Ловушка»[11].

Не спрашивай Джека

Лайза Снеллингс — замечательный скульптор[12]. Эту историю я написал о первой ее скульптуре, в которую влюбился, едва увидев: это был демонический Джек-из-табакерки. Она подарила мне копию и говорит, что якобы завещала оригинал. Каждая ее скульптура как история, застывшая в дереве или гипсе. (На моей каминной полке стоит такая история о крылатой девочке в клетке, предлагающей прохожим перья из своих крыльев, пока ее похититель спит; предполагаю, что это роман. А там посмотрим.)

Пруд с золотыми рыбками и другие истории

Процесс писания меня заводит. Эту историю я начал в 1991-м. Написал три страницы, но затем, чувствуя, что материал мне слишком близок, отложил. А в 1994-м решил закончить ее для сборника, который издавали Джанет Берлинер и Дэвид Копперфилд. Я писал ее наспех на убитом нетбуке, в самолетах, автомобилях и гостиничных номерах, беспорядочно, урывками записывая диалоги и встречи, пока не убедился, что записал все. Тогда я распределил материал по порядку и был удивлен и обрадован тем, что из этого получилось. Рассказанное в ней — отчасти правда.

Триптих: «Съеденный (сцены из фильма)», «Белая дорога», «Королева ножей»

Несколько лет назад, в течение месяцев, я писал три эпических поэмы. Первая, «Съеденный (сцены из фильма)», возникла в моей голове в мае 1993 года в результате осмысления того, как одни люди воспринимают других людей; и осмысления кино, его языка и его возможностей; порнографии и ее низких стандартов; языка киноприемов и сценария; и взаимосвязи между едой и сексом. Правда, началось это еще в 1984 году, когда однажды в ночном кошмаре меня живьем съела пожилая женщина-ведьма; она держала меня у себя, чтобы съесть, заставляя как зомби всюду следовать за собой. Моя левая кисть и предплечье представляли собой кости с застрявшими кусочками недожеванной плоти. Тогда я превратил этот сон в историю, но некоторые детали все не отпускали, начали медленно развертываться в другую историю, и эти перламутровые образы наслаивались и срастались, вращаясь вокруг чего-то такого, чего у меня и в помыслах не было.

Когда читаю сценарии и когда их пишу, я всегда мысленно говорю: «инт» или «экст», именно так, а не «интерьер» и «экстерьер». Я был удивлен, обнаружив, когда показывал кое-кому свое стихотворение, что другие так не делают. Однако «Съеденный» — очень буквальное стихотворение, и там так же фигурируют эти слова, как у меня.

Второе стихотворение было пересказом старинных английских народных сказок под названием «Белая дорога». Оно столь же необычно, как истории, на основе которых написано. Последним я написал стихотворение о моих бабушке и дедушке по матери и о магии сцены. Оно не столь необычно, однако, надеюсь, столь же впечатляюще, как два предыдущих. Я гордился всеми тремя. Так сложились обстоятельства, что все они были опубликованы в разное время и каждое попало в антологию лучших рассказов года (все три сразу были опубликованы в американском сборнике лучших рассказов года в жанре фэнтези и хоррор, одно — в английском ежегоднике лучших рассказов хоррор, а одно — к моему удивлению — удостоилось войти в сборник лучших эротических произведений мира).

Белая дорога

Существуют две истории, которые годами преследовали и тревожили меня, истории, притягивавшие и отпугивавшие со времен моего детства. Одна из них — история Суини Тодда[13], «демона-брадобрея с Флит-стрит». Другая — это сказка о мистере Фоксе, английской версии Синей Бороды.

При пересказе я вдохновлялся версиями сказки, которые нашел в изданном в «Пингвине» сборнике английских сказок под редакцией Нейла Филипа «История мистера Фокса» и примечаниях к ней, и в одной из редакций сказки под названием «Мистер Фокс», где я обнаружил белую дорогу и отметки, которые оставлял преследователь девочки на дороге, что вела к тому страшному дому.

В истории мистера Фокса уныло повторяется рефрен «Но ведь это не так, да и не было так. И не дай Господь, чтобы было так!», помимо перечисления всех ужасов, которые невеста мистера Фокса якобы видела во сне. В конце она бросает то ли окровавленный палец, то ли руку, которую унесла из его дома, и доказывает, что все, о чем говорила, правда. Так эффектно заканчивается его история.

Моя история еще и обо всех этих странных китайских и японских народных сказках, в которых все в конце концов сводится к лисам[14].

Королева ножей

Эта история, как и мой графический роман «Мистер Панч»[15], очень близка к правде, хоть мне и пришлось при случае объяснять некоторым родственникам, что ничего такого на самом деле не было. Ну, то есть все было не совсем так.

Перемены

Однажды мне позвонила Лайза Таттл и попросила историю для гендерного сборника.

Я всегда любил научно-фантастические пророчества, и когда был молод, не сомневался, что в будущем стану научным фантастом. Но я им не стал. Когда почти десять лет назад у меня впервые появилась эта идея, она представляла собой собрание коротких историй, которые должны были объединиться в роман, посвященный исследованию мира гендерных рефлексий. Но ни одной из этих историй я не записал. И когда Лайза позвонила, мне пришло в голову, что я могу взять придуманный когда-то мир и рассказать о нем так же, как Эдуардо Галеано[16] рассказал историю Америк в своей трилогии «Память огня».

Закончив работу, я показал историю подруге, и та заметила, что она читается, как преамбула к роману. Мне оставалось только восхититься ее провидческим даром. Лайзе Таттл история понравилась, а значит, мне тоже.

Дочь Сов

Джон Обри, собиратель и историк семнадцатого века, — один из моих любимых писателей. В его сочинениях содержится мощная смесь легковерия и эрудиции, анекдотов, воспоминаний и догадок. Читая Обри, ты словно слышишь голос живого человека, дошедшего к тебе через века, чрезвычайно приятного и интересного. К тому же мне нравится его правописание. Прежде я неоднократно записывал эту историю, но всякий раз оставался недоволен. И тогда мне пришло в голову написать ее в стиле Обри.

Шогготское особой выдержки

Ночной поезд из Лондона до Глазго — это зыбкий сон, от которого пробуждаешься около пяти утра. Сойдя с поезда, я прямиком отправился в станционный отель. Я намеревался спуститься к стойке администратора, снять номер, еще немного поспать, а когда все уже обо всем договорятся, в течение двух дней поучаствовать в конференции научных фантастов, которая там проводилась. Я должен был освещать ее работу для одной из центральных газет. Это было в 1985 году.

По дороге к стойке администратора я прошел мимо бара, в котором не было никого, кроме смущенного бармена и фаната научной фантастики по имени Джон Джеррольд, которому, как почетному гостю конференции, был открыт счет в баре, чем он и пользовался, пока другие спали.

Я остановился поговорить с Джоном, так и не дойдя до стойки администратора. Следующие сорок восемь часов мы провели, болтая, смеясь, рассказывая истории и с энтузиазмом распевая все, что нам удалось вспомнить из «Парней и куколок»[17] до утра следующего дня, когда бар снова опустел. В том баре мне довелось поговорить с ныне покойным Ричардом Эвансом, английским издателем научной фантастики, и этот разговор шесть лет спустя нашел свое воплощение в «Никогде».

Я не очень отчетливо помню, почему мы с Джоном начали говорить о Ктулху голосами Питера Кука и Дадли Мура[18], а также почему я взялся читать ему лекцию о поэтике Г. Ф. Лавкрафта[19]. Возможно, сказалось недосыпание.

В те времена Джон Джеррольд был уважаемым издателем, оплотом британской издательской индустрии. Некоторые эпизоды этой истории родились в том баре, где мы с Джоном изображали Пита и Дада как героев Г. Ф. Лавкрафта. А Майк Эшли потом уговорил меня написать о них историю.

И в октябре 1999 года она была номинирована на World Fantasy Award.

Вирус

Эта история была написана для «Цифрованных снов» («*Digital Dreams*»), собранной Дэвидом Барреттом компьютерной антологии беллетристики. Во многие компьютерные игры я больше не играю. А когда играл, замечал, что они пытались штурмом брать участки моего мозга. Падали блоки, и крошечные человечки бегали и подпрыгивали у меня под веками, когда я отправлялся спать. Скорее всего я бы проиграл, даже если бы играл не с компьютером, а со своим мозгом. Так появилась эта история.

В поисках девушки

Эту историю заказал «Пентхаус» к своей двадцатой годовщине, которую отмечали в январе 1985 года. Несколько предыдущих лет я перебивался как мог, будучи молодым журналистом и беря на улице интервью у знаменитостей для «Пентхауса» и «Валета», двух английских эротических журналов, гораздо более жестких, чем их американские версии; учитывая все обстоятельства, это была прекрасная школа.

Как-то я спросил одну модель, не считает ли она, что ее эксплуатируют. «Меня? — переспросила она. Ее звали Мэри. — Мне за это прекрасно платят, милый. Значительно больше, чем за ночную смену на Брэдфордской кондитерской фабрике. Но я скажу тебе, кого эксплуатируют. Всех этих типов, что покупают журнал. Дрочат на меня каждый месяц. Вот их-то и эксплуатируют». Думаю, эта история берет начало в том разговоре.

Когда я писал ее, она мне нравилась: это был первый написанный мной рассказ, который похож на меня и в котором я ни на кого не пытался быть похожим. Я вырабатывал стиль. Сочиняя историю, сидел в английском «Пентхаусе» и листал подшивки журналов за двадцать лет. В самом первом номере я обнаружил фото, сделанное моей подругой Диной Смит. Дина была стилистом «Валета», и оказалось, что она получила самую первую премию «Пентхауса» «Домашнее животное 1965». Я позаимствовал рекламу Шарлотты 1965 года из рекламы Дины «Возрождающийся индивидуалист» и других. Последнее, что я знаю: «Пентхаус» охотился за Диной по случаю их двадцатипятилетия. Но она куда-то скрылась, и это было во всех газетах.

Когда я просматривал все эти журналы, мне пришло в голову, что «Пентхаус» не имеет абсолютно никакого отношения к женщинам, но зато в нем все построено на фотографиях женщин. И это послужило еще одним посылом для моей истории.

И снова конец света

Мы со Стивом Джонсом дружим пятнадцать лет. Мы даже вместе составили сборник непристойных стихов для детей. Это означает, что он обычно звонит и говорит что-то вроде: «Я собираю антологию историй, которые происходят в придуманном Г. Ф. Лавкрафтом городе Иннсмуте[20]. Напиши для него рассказ».

История придумалась благодаря многим вещам, собранным вместе (вот откуда мы, писатели, Берем Наши Идеи, если вам это интересно). Одной из таких вещей была книга ныне покойного Роджера Желязны «Ночь в одиноком октябре»[21], чрезвычайно забавная, со многими персонажами из ужастиков и фэнтези: Роджер подарил мне свою книгу за несколько месяцев до того, как я решил написать эту историю, и она мне ужасно понравилась. Примерно в то же время я читал отчет о суде над французским вервольфом, который проходил 300 лет назад. Я понял, читая показания одного свидетеля, что эти документы вдохновили Саки на замечательного «Габриэля-Эрнеста», а Джеймса Бренч Кейбелла — на новеллу «Белое платье»[22], и что Саки, как и Кейбелл, были слишком хорошо воспитаны, чтобы использовать перепонки на пальцах как основное доказательство на процессе. А это означало, что так могу поступить только я.

Настоящего вервольфа звали Ларри Тэлбот, именно он встретил Эбботта и Костелло[23].

Вервольф

Здесь снова замешан Стив Джонс. «Я хочу, чтобы ты написал для меня эпическое стихотворение. Это должна быть детективная история с действием в ближайшем будущем. Ты можешь воспользоваться персонажем по имени Ларри Тэлбот из "И снова конец света"».

Так случилось, что я только что закончил совместную работу над сценарием фильма по «Вервольфу», старинной английской эпической поэме, и был слегка удивлен числу людей, которые по ошибке решили, будто я только что закончил сценарий одной из серий «Спасателей Малибу». И тогда я принялся пересказывать «Вервольфа» как будущий эпизод из «Спасателей» для антологии детективных рассказов. Кажется, это было самым разумным, что я мог сделать.

Послушайте, я ведь не предлагаю вам горевать по поводу того, откуда берутся *ваши* идеи.

Для вас — оптовые скидки

Если истории из этой книги расположить в хронологическом порядке, а не в странном хаотическом и-так-сойдет виде, как я теперь их собрал, эта история была бы самой первой. Однажды ночью в 1983-м я задремал, слушая радио. Засыпая, я слушал об оптовых закупках, а когда проснулся, по радио говорили о наемных убийцах. Вот откуда взялась эта история.

Я прочел много историй Джона Колльера[24], прежде чем написать эту. Перечитывая ее несколько лет назад, я понял, что она тоже принадлежит Джону Колльеру. Она не столь хороша, как другие его истории, и не так здорово написана; и все же это его история, хоть я того и не заметил, когда ее писал.

Одна жизнь в духе раннего Муркока

Когда меня попросили написать историю для антологии Майкла Муркока «Рассказы Элрика», я предпочел написать историю про мальчика, очень похожего на меня, и про его отношения с литературой. Я сомневался, что сумею сказать об Элрике, не опускаясь до стилизации, зато в мои двенадцать герои Муркока были для меня столь же реальны, как и все остальное в моей жизни, и даже намного реальнее, чем, предположим, уроки географии.

«Из всех рассказов сборника больше всего мне понравился ваш и Теда Уильямса, — сказал Муркок, когда мы случайно встретились в Новом Орлеане через несколько месяцев после того, как я его закончил. — Но его понравился больше, потому что там был Джими Хендрикс».

Название позаимствовано из рассказа Харлана Эллисона[25].

Холодные цвета

Мне много лет довелось сотрудничать с различными СМИ. Порой люди спрашивают, как я определяю, что именно буду писать. Чаще всего это бывают комиксы, или фильмы, или стихи, или проза, или романы, или короткие рассказы, или что-то еще. Когда садишься писать, обычно знаешь, что это будет.

Зато у этой истории сначала была идея. Я хотел высказаться об инфернальности машин, компьютеров, о черной магии, а также о Лондоне, который наблюдал в конце восьмидесятых, в эпоху финансового благополучия и морального банкротства. Было непохоже, что из нее получится рассказ или роман, тогда я попытался написать стихотворение, и у меня неплохо получилось.

Для сборника «Лондонские рассказы», выпущенного журналом «Тайм аут» («The Time Out Book of London Short Stories»), я переделал его в прозу, чем сильно озадачил многих читателей.

Сметающий сны

Все началось со скульптуры Лайзы Снеллингс, изображающей человека, который оперся на метлу. Возможно, он был чем-то вроде швейцара. Я задумался об этом, и так появилась эта история.

Чужие члены

Еще одна история из ранних. Я написал ее в 1984 году, а последнюю редакцию сделал в 1989-м (поспешно наложенный слой краски и немного раствора для самых возмутительных трещин). В 1984-м я не смог ее продать (научно-фантастическим журналам не нравилось, что она про секс, а секс-журналам не нравилось, что про болезнь). В 1987-м меня спросили, не хочу ли я продать ее для сборника научно-фантастических секс-рассказов, но я отказался. В 1984-м я написал историю о венерическом заболевании. В 1987-м та же самая история была уже как будто о другом. Возможно, сама история и не изменилась, зато общая ситуация изменилась очень резко: я имею в виду

СПИД, — и история, хотел я того или нет, получилась о нем. Реши я ее переписать, мне пришлось бы это делать с учетом СПИДа, но я не мог. Эта болезнь была слишком серьезной, слишком малоизученной и слишком тяжелой, чтобы сказать о ней походя. Зато к 1989 году культурный пейзаж вновь переменился, сделался именно таким, в котором мне было если не комфортно, то по крайней мере менее некомфортно достать эту историю из долгого ящика, почистить, оттереть пятна и отправить в мир, на встречу с добрыми людьми. А потому когда редактор Стив Найлс спросил, нет ли у меня чего-нибудь неопубликованного для его сборника «Подписи без рисунков» («*Words Without Pictures*»), я отдал этот рассказ ему.

Я мог бы сказать, что моя история вовсе не о СПИДе. Но я бы солгал, по крайней мере отчасти. Ну а в наши дни СПИД уже стал — хорошо это или плохо — просто еще одной болезнью из арсенала Венеры.

На самом деле мне представляется, что моя история — об одиночестве и особости, и возможно, о радости обретения своего пути.

Вампирская сестина

Моя единственная удачная сестина (форма стихотворения, состоящего из шести строф; заключительные слова каждого стиха возвращаются в каждой строфе — в меняющемся порядке, в заключительных трех строках те же слова повторяются в середине и конце). Впервые опубликована в «Фантастических рассказах» («*Fantasy Tales*»), переиздана Стивом Джонсом в сборнике «Гигантская книга вампиров» («*Mammoth Book of Vampires*»), и в течение многих лет была моим единственным вампирским произведением.

Предисловие

Мышь

Эта история была написана для составленного Питом Кроутером сборника про суеверия «Прикосновение к дереву» («*Touch Wood*»). Мне всегда хотелось написать рассказ в духе Раймонда Карвера[26] — ведь он добивался такой простоты. Пока писал свою историю, я понял, что это кажущаяся простота.

Боюсь, мне и в самом деле довелось слышать упомянутую в тексте радиопередачу.

Море меняет

Я написал эту историю в квартире на верхнем этаже крошечного дома, бывшего каретного сарая в Эрлз-корте. Меня вдохновила статуэтка Лайзы Снеллингс и воспоминание о пляже в Портсмуте, когда я был маленьким: дробный шум, производимый морем, когда волны откатываются по гальке назад. В то время я писал последнюю часть «Песочного человека» («*Sandman*»), которую назвал «Бурей», и обломки шекспировской пьесы с пеной и грохотом откатывались назад через эту историю точно так же, как и через мое сознание.

Как мы поехали смотреть конец света. Написала Дауни Морнингсайд, 11 лет

Однажды в Нортгемптоне мы с Аланом Муром (одним из лучших писателей и лучшим из известных мне людей) разговорились о том, что неплохо было бы придумать место действия наших историй. Эта история именно в таком месте и произошла. Когда-нибудь честные и добропорядочные горожане Нортгемптона сожгут Алана как колдуна, и это будет ощутимая потеря для мира.

Ветер пустыни

Однажды мне пришла кассета от Робина Андерса, больше всего известного как ударник в «Boiled in Lead»[27]. К кассете было приложено письмо, в котором говорилось, что он хотел бы, чтобы я что-нибудь написал к одному из треков. Трек назывался «Ветер пустыни». Вот я и написал.

Хочу тебя попробовать

Эту историю я сочинял четыре года. Не потому, что холил и лелеял каждое слово, но потому, что стеснялся. Я писал абзац и откладывал ее в ожидании, пока краска стыда не сойдет с моих щек. И через четыре или пять месяцев снова к ней возвращался и писал следующий абзац. Начал я писать свой рассказ для эротической научно-фантастической антологии «Не зная границ. Рассказы об инопланетном сексе» («*Off Limits: Tales of Alien Sex*»), которую составила Эллен Датлоу. Дедлайн уже прошел, а я все никак не мог остановиться. Сосредоточившись на следующей странице, я пропустил и следующий дедлайн. Наконец однажды я позвонил Эллен Датлоу и довел до ее сведения, на случай моей безвременной кончины, что в моем компьютере есть наполовину написанный порнографический рассказ, что файл называется ДАТЛОУ, и что в этом нет ничего личного. Прошли еще два дедлайна, когда наконец, через четыре года после того, как был написан первый абзац, я закончил свою историю, и Эллен Датлоу и ее сообщник Терри Уиндлинг поместили ее в составленный ими сборник эротических рассказов-фэнтези «Сирены» («*Sirens*»).

По большей части эта история обязана своим появлением удивлению перед тем, что в беллетристике, когда герои занимаются любовью или просто сексом, они вообще не говорят. Мне не кажется, что история получилась эротической, но зато теперь, когда она уже написана, я перестал ее стесняться.

Когда животные ушли

Эту сказку я написал для благотворительной акции общества «Люди за этичное обращение с животными» (*People for the Ethical Treatment of Animals; PETA*). Мне кажется, она достигла своей цели. Это единственная вещь из тех, что когда-либо писал, которая выбила меня из колеи. В прошлом году, спускаясь по лестнице, я застал моего сына Майкла слушающим мой компакт-диск. Как раз началась «Когда животные ушли», и это застало меня врасплох, поскольку я услышал голос, который с трудом признал.

Для вашего сведения: я ношу кожаный пиджак и ем мясо, но с младенцами обращаюсь очень хорошо.

Убийственные тайны

Когда я придумал эту историю, она называлась «Город ангелов». Но к тому времени, когда начал ее писать, на Бродвее уже шло шоу с таким названием, а потому, дописав, я дал ей новое имя.

«Убийственные тайны» были написаны для Джесси Хорстинг из «Миднайт граффити», которая составила сборник рассказов с таким же названием, «Полуночные граффити» («*Midnight Graffiti*»). Участие Пита Аткинса, которому я посылал факсом вариант за вариантом, когда писал и переписывал, невозможно переоценить, так же, как его бесконечное терпение и доброе расположение.

В том, что касается детективной составляющей, я пытался действовать честно. Всюду есть подсказки, и даже одна — в названии.

Снег, зеркало, яблоки

Это еще одна история, которая получила свое рождение благодаря сборнику Нила Филипа «Английские народные сказки» («*The Penguin Book of English Folktales*»). Я читал ее в ванне, именно там я прочел сказку, которую, должно быть, читал уже тысячу раз. (У меня даже имеется книжка с иллюстрациями, которую я помню с трех лет.) Но в этот тысячу первый раз я был очарован и принялся обдумывать историю, в которой все было бы задом наперед совсем наоборот. Она на несколько недель засела в моей голове и наконец, в самолете, я начал писать ее от руки. Когда самолет приземлился, она была готова на три четверти, так что я зарегистрировался в отеле, уселся на стул в углу комнаты и продолжил писать, пока не закончил.

Она была опубликована «ДримХейвен пресс» («*DreamHaven Press*») в малотиражном буклете в пользу Фонда юридической защиты комиксов (*Comic Book Legal Defense Fund*; организации, которая защищает права создателей комиксов, их издателей и ретейлеров). Поппи З. Брайт перепечатала ее в своем сборнике «Тщетная любовь-2» («*Love in Vein II*»).

Я люблю думать об этой истории как о вирусе. Прочитав ее, вы уже не сможете воспринимать оригинальную сказку так, как прежде.

Я хотел бы поблагодарить Грега Кеттера, чья «ДримХейвен пресс» опубликовала некоторые из вошедших в эту книгу рассказов в «Ангелах и Божьей каре» («*Angels and Visitations*»), маленьком альманахе беллетристики, рецензий, статей, и прочего, написанного мною, и кто также издал остальные рассказы в двух небольших брошюрах, напечатанных в пользу вышеозначенного фонда.

Хочу поблагодарить множество редакторов, которые заказали, одобрили и издали истории из этой книги, и всех бета-тестеров (они сами знают, кого я имею в виду), кто разбирал мой почерк, получал мои факсы и е-мейлы и кто читал то, что я присылал, и говорил мне, часто нелицеприятно, о том, что нуждается в доработке. Всем им мои благодарности. Дженнифер Херши опекала эту книгу, от замысла до воплощения в жизнь, с терпением, обаянием и редакторской мудростью. Я не могу найти для нее слов благодарности. Моя благодарность также Дугу Янгу — за его терпение и помощь.

Каждая из этих историй — лишь золотистый блик на случайных вещах, и веса в ней не больше, чем в облачке дыма. Они — послания из Страны Зеркал, картинки в бегущих облаках: дым и зеркала — только и всего. Но мне нравилось их писать, а теперь нравится мысленно представлять их и еще приятно думать, что их читают.

Добро пожаловать.
Нил Гейман

Галантность

Миссис Уайтекер нашла Священный Грааль; он лежал внизу, под шубой.

Каждый четверг она отправлялась днем на почту, за пенсией, хоть ноги были уже не те, и на обратном пути ей приходилось заворачивать в «Оксфам» и заодно покупать себе разную ерунду.

В «Оксфаме» торговали поношенной одеждой, безделушками, необычными вещицами, всяким хламом, старыми книжками в мягких обложках, и все это были пожертвования: обломки чьей-то жизни, часто имущество покойников. А доход от торговли шел на благотворительность.

В магазине работали добровольцы. В тот день здесь дежурила Мэри, семнадцати лет, немного полная, одетая в мешковатый сиреневый джемпер, возможно, здесь же и купленный.

Мэри сидела за кассой с журналом «Современная женщина» и заполняла опросник «Открой свою потаенную сущность». Время от времени она заглядывала на последнюю страницу, проверяя, во сколько баллов оценен ответ А, В и С, прежде чем самой определиться с ответом.

Миссис Уайтекер слонялась по магазину.

Чучело кобры все еще не продано, отметила она. Оно тут пылилось уже полгода, и его стеклянные глаза злобно пялились на стойки с одеждой и витрину с оббитыми фарфоровыми и замызганными мягкими игрушками.

Проходя мимо, она потрепала чучело по голове.

Миссис Уайтекер прихватила с полки пару романов издательства «Милд энд Бун» «Ее громоподобная душа» и «Ее беспокойное сердце», по пять пенсов за штуку, — и призадумалась над пустой бутылкой из-под «Матеуша розе» с декоративным абажуром, но все же решила, что ей, в сущности, некуда ее поставить.

Отодвинув сильно ношенную шубу, которая противно пахла нафталиновыми шариками, она обнаружила трость и раскисший от влаги «Рыцарский роман, или Легенду о галантности» А. Р. Хоупа Монкрифа[28], оцененный в пять пенсов. Рядом с книгой, на боку, лежал Святой Грааль. К его основанию был приклеен стикер, на нем перьевой ручкой выведено: «30 пенсов».

Миссис Уайтекер взяла пыльный серебряный кубок и оценивающе осмотрела его поверх очков.

— Симпатичный, — обратилась она к Мэри. Та пожала плечами. — Неплохо будет смотреться на каминной полке.

Мэри вновь пожала плечами.

Миссис Уайтекер дала Мэри пятьдесят пенсов и получила сдачу и коричневый бумажный пакет, чтобы сложить в него книги и Святой Грааль. По дороге домой она завернула к мяснику и купила себе немного отличной говяжьей печени.

Изнутри кубок был покрыт толстым слоем бурой пыли. Миссис Уайтекер осторожно его помыла и оставила на час отмокать в теплой воде с уксусом. Ей пришлось долго его полировать, пока он не заблестел, и тогда она поставила кубок в гостиной на каминную полку, между трогательной фарфоровой собачкой и фотографией покойного мужа, сделанной на фринтонском пляже в 1953 году.

Она оказалась права: получилось и впрямь симпатично.

В тот вечер миссис Уайтекер поужинала печенью, обжаренной с луком в панировке. Ужин удался на славу.

Следующим днем была пятница, а по пятницам миссис Уайтекер и миссис Гринберг ходили друг к другу в гости. В тот день была очередь миссис Гринберг. Они сидели в гостиной и угощались миндальными бисквитами и чаем. Миссис Уайтекер пила чай с одним кусочком сахара, а миссис Гринберг — с подсластителем, который всегда носила с собой.

— Очень мило, — сказала миссис Гринберг, указывая на кубок. — А что это?

— Святой Грааль, — ответила миссис Уайтекер. — Чаша, из которой пил Христос на Тайной вечере. Когда Христа распяли, в нее собрали Его драгоценную кровь, после того как центурион пронзил Его копьем.

Миссис Гринберг фыркнула. Это была маленькая еврейка, которая не выносила антисанитарии.

— Не знаю я всего этого, — сказала она. — И знать не хочу. Но смотрится очень неплохо. Нашему Майрону такой вручили, когда он победил на соревнованиях по плаванью, только там сбоку написано его имя.

— Он все еще встречается с той милашкой? Парикмахершей?

— С Бернис? Ну да. Они подумывают о помолвке.

— Как мило! — сказала миссис Уайтекер и взяла еще бисквит.

Миссис Гринберг сама их пекла и всегда приносила к чаю: маленькие сладкие румяные бисквиты, сверху посыпанные стружками миндаля.

Они поговорили о Майроне и Бернис, о Рональде, племяннике миссис Уайтекер (своих детей у нее не было) и об их приятельнице миссис Перкинс, которая лежала, бедняжка, в больнице с переломом шейки бедра.

В полдень миссис Гринберг отправилась домой, миссис Уайтекер приготовила себе на ланч тост с сыром, а после ланча приняла таблетки: белую, красную и две маленькие оранжевые.

В дверь позвонили.

Миссис Уайтекер пошла открывать. На пороге стоял молодой человек с волосами до плеч, очень светлыми, словно седыми, на нем были сверкающие серебряные доспехи и белый плащ.

— Здравствуйте, леди, — сказал он.

— Здравствуйте, — ответила миссис Уайтекер.

— Прибыл сюда на поиски.

— Очень интересно, — сдержанно ответила миссис Уайтекер.

— Не позволите ли войти? — спросил он.

Миссис Уайтекер покачала головой:

— Извините, боюсь, что нет.

— Разыскиваю Святой Грааль, — сказал молодой человек. — Ведь он у вас?

— А документы какие-нибудь у вас есть? — спросила миссис Уайтекер. Она понимала, что глупо пускать в дом незнакомца без документов, тем более когда ты в возрасте и живешь на пенсию. Запросто могут ограбить или еще что похуже.

Молодой человек спустился вниз по садовой тропинке. К ее калитке был привязан огромный серой масти боевой конь, смахивавший на тяжеловоза, с высоко поднятой головой и умными глазами. Порывшись в седельной сумке, рыцарь вернулся со свитком.

В свитке, подписанном Артуром, королем всех бриттов, доводилось до сведения всех лиц любого рода и звания, что податель сего, Галахад, рыцарь Круглого стола[29], находится в Воистину Праведном и Благородном Поиске. Ниже прилагался его рисованный портрет. Сходство вполне улавливалось.

Миссис Уайтекер кивнула. Вообще-то она ожидала увидеть удостоверение с фотокарточкой, но свиток был даже более красноречив.

— Пожалуй, вам лучше войти, — сказала она.

На кухне миссис Уайтекер налила рыцарю чаю и провела в гостиную.

Увидев на каминной полке Святой Грааль, Галахад преклонил перед ним колено. Чашку с чаем он аккуратно поставил на бурый ковер. Полоска света, пробившаяся через тюлевые занавески, озарила его благоговейное лицо золотистым светом, превратив волосы рыцаря в серебряный ореол.

— Воистину это Святой Грааль, — сказал он спокойно и трижды быстро моргнул, словно желая прогнать слезу, набежавшую на бледно-голубые глаза.

И склонил голову в безмолвной молитве.

Наконец Галахад встал и повернулся к миссис Уайтекер.

— Благородная леди, хранительница Святая Святых, позвольте мне теперь отбыть из этой обители с Благословенной Чашей, ибо мои странствия окончены, а мой священный долг исполнен.

— Простите? — не поняла миссис Уайтекер.

Галахад подошел к ней и взял ее старческие руки в свои.

— Поиски окончены, — сказал он. — Святой Грааль предо мной.

Миссис Уайтекер поджала губы:

— Вы не могли бы поднять с пола чашку с блюдцем?

Галахад, извинившись, исполнил ее просьбу.

— Нет. Я так не думаю, — сказала миссис Уайтекер. — Мне бы хотелось, чтобы он остался здесь. Ему здесь самое место, между собачкой и фотографией моего Генри.

— Возможно, мне следует заплатить вам золотом? Не так ли? Я готов принести вам золота, леди...

— Нет. Не нужно мне никакого золота, спасибо. Просто не хочу и все, — сказала миссис Уайтекер, выпроваживая рыцаря к входной двери. — Рада была познакомиться.

Конь, упершись головой в забор, щипал ее гладиолусы. Несколько соседских ребятишек замерли на тротуаре, наблюдая.

Галахад достал из седельной сумки пару кусочков сахара и предложил самому храброму из них угостить коня. Дети захихикали, и к нему потянулись сразу несколько раскрытых ладоней. А одна девочка постарше погладила коня по морде.

Галахад грациозно вскочил на коня, и тот зацокал копытами вниз по Хауторн Креснт.

Миссис Уайтекер провожала его взглядом, пока он не скрылся из виду, и, вздохнув, вернулась в дом.

Уикенд прошел спокойно.

В субботу миссис Уайтекер поехала на автобусе в Мейрсфилд проведать племянника Рональда, его жену Юфонию и дочек, Клариссу и Диллиан. Она привезла им смородиновый пирог собственного приготовления.

В воскресенье утром миссис Уайтекер отправилась в церковь. Она ходила в церковь Святого Иакова Меньшего, которая была слишком большой («Это не просто церковь, но место, где радостно встречаются единомышленники») для того, чтобы миссис Уайтекер чувствовала себя в ней вполне комфортно, но ей нравился викарий, преподобный Варфоломей, правда, когда он не играл на гитаре.

После службы она хотела было сказать ему, что у нее в гостиной стоит Святой Грааль, но передумала.

В понедельник миссис Уайтекер была занята в саду за домом. У нее был небольшой травяной сад, которым она ужасно гордилась: укроп, вербена, мята, розмарин, тимьян и буйные заросли петрушки. Надев грубые зеленые перчатки для садовых работ и опустившись на колени, она полола свой садик и собирала в полиэтиленовый пакет слизняков.

К слизнякам миссис Уайтекер проявляла редкое добросердечие. Она относила их в дальний конец своего сада, который граничил в железной дорогой, и выбрасывала за забор.

Она срезала петрушку для салата, когда за ее спиной раздался кашель. Это был Галахад, высокий и прекрасный, в своих сверкающих на солнце доспехах. Он держал в руках что-то длинное, завернутое в промасленную кожу.

— Я вернулся, — сказал он.

— Здравствуйте, — сказала миссис Уайтекер. Она медленно выпрямилась и сняла свои перчатки. — Что ж, раз вы здесь, могли бы мне помочь.

Она протянула ему пакет со слизняками и велела выбросить их за забор.

И они пошли на кухню.

— Чаю или лимонаду? — спросила она.

— То же, что и вам, — ответил Галахад.

Миссис Уайтекер достала из холодильника кувшин с лимонадом собственного приготовления и послала Галахада сорвать веточку мяты. Еще она достала два высоких стакана, осторожно ополоснула мяту, положила в каждый стакан по нескольку листиков и налила лимонад.

— Ваш конь остался у калитки? — спросила она.

— О да. Его зовут Гриззел.

— И вы, кажется, долго сюда добирались.

— Да, очень долго.

— Понятно, — сказала миссис Уайтекер. Она достала из-под раковины синюю пластмассовую миску и наполовину наполнила водой. Галахад отнес ее Гриззелу, подождал, покуда конь напился, и вернул пустую миску хозяйке.

— Что ж, — сказала она, — как я понимаю, вы снова за Граалем.

— О да, ведь я все еще ищу его. — Он поднял с пола свой сверток, положил на скатерть и развернул. — За Грааль я предлагаю вам вот это.

Это был меч с клинком длиной почти четыре фута, сплошь испещренным изящно выгравированными словами и символами. Рукоять была отделана золотом и серебром, а в навершии сиял большой драгоценный камень.

— Очень красивый, — нерешительно заметила миссис Уайтекер.

— Это Бальмунг, изготовленный Велундом Смитом[30] в стародавние времена. Его брат-близнец зовется Фламберг[31]. Кто носит его, непобедим в войнах и неукротим в сражениях. Кто носит его, всегда храбр и благороден. Рукоять меча украшает сардоникс Биркон, он защитит своего хозяина от яда, подсыпанного в вино или эль, и от предательства друзей.

Миссис Уайтекер уставилась на меч.

— Он, должно быть, очень острый, — сказала она помолчав.

— Им можно разрубить надвое упавший с головы волос. И даже разрезать солнечный луч, — гордо сказал Галахад.

—Тогда, наверное, его лучше убрать, — сказала миссис Уайтекер.

— Он вам не понравился? — разочарованно спросил Галахад.

— Нет, благодарю, — сказала миссис Уайтекер.

Ей пришло в голову, что ее покойному мужу Генри меч бы наверняка понравился. Он повесил бы его на стену в кабинете, рядом с чучелом карпа, пойманного в Шотландии, и хвастал бы перед гостями.

Галахад завернул Бальмунг в промасленную кожу и перевязал веревкой.

Он был расстроен.

Миссис Уайтекер приготовила ему сандвичей со сливочным сыром и огурцом на обратную дорогу, завернув их в плотную бумагу, и дала яблоко для коня. Кажется, Галахаду это было приятно.

А она помахала ему на прощанье.

В тот день она ездила на автобусе в больницу к миссис Перкинс, которую все не выписывали, бедняжку. Миссис Уайтекер испекла для нее кекс с цукатами, но без орехов, от которых пришлось отказаться, поскольку зубы у миссис Перкинс были уже не те.

Вечером она немного посмотрела телевизор и рано легла спать.

Во вторник в дверь позвонил почтальон. Миссис Уайтекер как раз была наверху в кладовке, где медленно и тщательно, шаг за шагом, наводила порядок, и подойти не успела. Почтальон оставил записку, в которой говорилось, что он принес посылку, но никого не оказалось дома.

Миссис Уайтекер вздохнула.

Она положила записку в сумочку и отправилась на почту.

Посылка была от племянницы Ширеллы из Сиднея, Австралия. Она прислала фотографии своего мужа Уолласа и двух дочерей, Дикси и Вайолет, а также ракушку, обернутую в вату.

Миссис Уайтекер хранила много таких ракушек в своей спальне. На самой любимой красовался выполненный эмалью вид на Багамы. Это был подарок сестры Этель, умершей в 1983 году.

Она положила ракушку и фотографии в сумку, с которой ходила за покупками, и заглянула в «Оксфам»: все равно по пути.

— Здравствуйте, миссис У, — сказала Мэри.

Миссис Уайтекер уставилась на нее. Губы накрашены (возможно, не совсем подходящим оттенком и не очень ровно, но это, решила миссис Уайтекер, со временем придет), и в элегантной юбке. Большое достижение.

— А, здравствуйте, милочка, — ответила миссис Уайтекер.

— На прошлой неделе заходил тут один, спрашивал о той вещи, что вы купили. О металлической чашке. Я сказала ему, как вас найти. Надеюсь, вы ничего не имеете против?

— Нет, дорогуша, — сказала миссис Уайтекер. — И он меня нашел.

— Он такой необыкновенный! В самом деле необыкновенный, — шумно вздохнула Мэри. — В такого я могла бы влюбиться. И он был на большой белой лошади и все такое.

Она и спину прямее держит, с одобрением заметила миссис Уайтекер.

С книжной полки она взяла новый роман «Ее величественная страсть», хоть и не прочла еще два предыдущих, купленных в прошлый раз.

Взяла она и «Рыцарский роман, или Легенду о галантности» и даже его открыла. На нее пахнуло плесенью. На самом верху первой страницы красными чернилами было аккуратно написано: «EX LIBRIS Фишера».

Она поставила книгу на место.

Когда миссис Уайтекер вернулась домой, Галахад ее уже дожидался. Он катал на своем Гриззеле детишек вдоль по улице.

— Я рада, что вы здесь, — сказала она. — Мне как раз нужно кое-что передвинуть.

Она отвела его в чулан, где он переставил ей старые чемоданы, и теперь она могла без труда добраться до дальнего буфета.

Там было очень пыльно.

Почти до вечера он двигал с места на место вещи, а она убиралась.

На щеке у Галахада был шрам, а одна рука плохо сгибалась.

Они немного поговорили, пока она мела и терла. Миссис Уайтекер рассказала ему о своем покойном муже Генри; и как благодаря страховке удалось уплатить за дом; и вон сколько у нее вещей, а оставить некому, разве что Рональду и его жене, но они-то любят все современное. Она рассказала, как познакомилась с Генри во время войны, когда он был в отряде противовоздушной обороны, а она неплотно закрыла на кухне шторы; и о дешевых танцплощадках, куда они ходили; и как, когда война закончилась, поехали в Лондон, где она впервые попробовала вино.

Галахад рассказал ей о своей матери Элейне[32], более взбалмошной, чем это вообще возможно и к тому же отчасти ведьме; о дедушке, короле Пелесе[33], благородном, но немного рассеянном; о юности в замке Блиант на острове Радости; о своем отце, в известном смысле полном безумце, которого он знал как Рыцаря Печального Образа и который на самом деле был Ланселотом Озерным, величайшим из рыцарей, но скрывавшимся и выжившим из ума; и о том, как, будучи молодым оруженосцем, проводил свои дни в Камелоте.

В пять часов миссис Уайтекер, обозрев дела рук своих, решила, что они достойны одобрения; она открыла окно, чтобы проветрить, и они спустились на кухню, где она поставила чайник.

Галахад сел за стол.

Из кожаного кошелька на поясе он достал круглый белый камень размером с шарик для крикета.

— Это вам, моя леди, — сказал он, — в обмен на Святой Грааль.

Миссис Уайтекер взяла камень, который с виду не казался таким тяжелым, и поднесла его к свету. Он был молочного цвета, полупрозрачным, а внутри, в лучах предзакатного солнца, поблескивали серебряные искорки. Камень был теплым.

И покуда она его держала, ее охватило странное чувство. В глубине души она вдруг ощутила мир и покой. *Безмятежность*, пришло в голову верное слово; она была безмятежной.

Неохотно она положила камень обратно на стол.

— Очень красивый, — сказала она.

— Это Философский камень, который наш предок Ной повесил в Ковчеге, чтобы был свет, когда не было света; он способен превращать в золото низкие металлы; но у него есть и другие свойства, — торжественно объяснил Галахад. — И это не все. Есть еще кое-что. Вот.

Из кожаной сумы он достал яйцо и протянул ей. Размером с гусиное, оно было блестящего черного цвета с алыми и белыми пятнами. Когда миссис Уайтекер его коснулась, волосы у нее на затылке встали дыбом.

В первый момент она ощутила непереносимый жар и свободу. Она слышала потрескивание далеких огней, и на долю секунды словно воспарила над миром, поднимаясь и опускаясь на огненных крыльях.

Она положила яйцо на стол, рядом с Философским камнем.

— Это яйцо птицы Феникс, — сказал Галахад, — из далекой Аравии. В один прекрасный день из него вылупится птица Феникс; а когда настанет срок, птица совьет огненное гнездо, отложит в него яйцо и умрет, чтобы возродиться из пламени в другие времена.

— Я почему-то так и подумала, — сказала миссис Уайтекер.

— А в довершение ко всему, леди, — сказал Галахад, — я принес вам вот это.

Он достал из сумы и отдал ей яблоко, вырезанное из цельного рубина, и на янтарной подставке.

Не без волнения она взяла его в руки. Яблоко оказалось неожиданно мягким: пальцы оставили вмятину, а по руке побежала струйка рубинового сока.

Кухня наполнилась почти неощутимым, волшебным запахом летних фруктов, малины, и персиков, и земляники, и красной смородины. И словно из далекой дали она смутно слышала поющие голоса и музыку эфира.

— Это яблоко из сада Гесперид, — тихо сказал Галахад. — Вкусив от него, можно исцелиться от любой болезни или раны, сколь бы глубокой она ни была; снова вкусив, можно вернуть молодость и красоту; вкусив в третий раз, по слухам, можно обрести бессмертие.

Миссис Уайтекер слизнула с руки липкий сок. На вкус он был как тонкое вино.

На одно мгновение ей вдруг вспомнилось, каково это, быть молодой: когда у тебя упругое, стройное тело, которое тебе подвластно, и ты можешь неприлично скоро просто так мчаться по переулку, и когда при виде твоей радости и непосредственности тебе улыбаются встречные мужчины.

Миссис Уайтекер взглянула на сэра Галахада, самого красивого из рыцарей, который сидел на ее кухне, такой прекрасный и благородный.

Она перевела дух.

— Это все, что я вам принес, — сказал Галахад. — И мне не просто было их раздобыть.

Миссис Уайтекер положила на свой кухонный стол наливное яблоко. Она посмотрела на Философский Камень, на Яйцо птицы Феникс, и на Яблоко Жизни.

Потом пошла к себе в гостиную и взглянула на каминную полку: на фарфоровую собачку, и на Святой Грааль, и на черно-белую фотографию покойного Генри, без рубахи, улыбающегося, с мороженым в руке, почти сорок лет тому назад.

И вернулась на кухню. Чайник уже засвистел. Ополоснув кипятком заварочный чайник, она положила в него две и еще одну чайную ложку заварки и залила водой. И все это не проронив ни слова.

Наконец повернулась к Галахаду.

— Заберите это яблоко, — твердо сказала она. — Вам не следует предлагать подобные вещи старым дамам. Так не годится. — Она немного помолчала. — Остальное я возьму. Они неплохо будут смотреться на каминной полке. Две вещи за одну, иначе я не согласна.

Галахад просиял. Он убрал рубиновое яблоко в суму, опустился на колено и поцеловал ей руку.

— Довольно, — сказала миссис Уайтекер.

Она налила им чаю в чашки из своего лучшего сервиза, который доставала по особым случаям.

Чай они пили в молчании.

А когда с ним было покончено, перешли в гостиную.

Галахад перекрестился и забрал Святой Грааль.

Миссис Уайтекер поставила на его место Яйцо и Камень. Яйцо немного кренилось на одну сторону, и его пришлось прислонить к фарфоровой собачке.

— Смотрятся очень мило, — сказала миссис Уайтекер.

— Да, — согласился Галахад. — Очень мило.

— Может, возьмете с собой чего-нибудь? — спросила она.

Он покачал головой.

— Хотите кекса? — предложила она. — Может статься, сейчас вы решите, что вам его совсем не хочется, а через несколько часов будете ему рады. И возможно, вам следует зайти в одно место. Давайте-ка, я вам его заверну.

Она проводила его до крохотной туалетной комнаты в конце коридора, а сама пошла на кухню со Святым Граалем в руках. В кладовке у нее осталось с Рождества немного оберточной бумаги, она завернула в нее Чашу и перевязала бечевкой. Потом отрезала большой кусок кекса с цукатами и орехами и положила его в коричневый бумажный пакет, вместе с бананом и ломтиком сыра в серебряной фольге.

Когда Галахад вышел, она передала ему бумажный пакет и Святой Грааль, а потом поднялась на цыпочки и поцеловала в щеку.

— Ты хороший мальчик, — сказала она. — Будь осторожен.

Он обнял ее, и она выпроводила его из дома и захлопнула дверь. Налила себе еще чашечку чая и тихо плакала в бумажный платочек, слушая цоканье копыт по Хоуторн Креснт.

В среду миссис Уайтекер никуда не выходила.

А в четверг отправилась на почту за пенсией. И на обратном пути зашла в «Оксфам».

Женщина за кассой была ей незнакома.

— А где Мэри? — спросила миссис Уайтекер.

Женщина с подкрашенными в синеву седыми волосами и в синих очках, на оправе которых посверкивали звездочки, покачала головой и пожала плечами.

— Сбежала с молодым человеком, на лошади. Хм. Я вас спрашиваю. Мне сегодня нужно быть в центре, в «Хасфилде». Меня сменит мой Джонни, пока мы найдем кого-нибудь еще.

— Ну, — сказала миссис Уайтекер, — это хорошо, что она нашла себе молодого человека.

— Ей-то, может, и хорошо, — сказала дама на кассе, — а кое-кому сегодня нужно быть в «Хасфилде».

На полке у задней стены миссис Уайтекер обнаружила старый, весь в пятнах, серебряный сосуд с длинным носиком. Приклеенный сбоку ценник свидетельствовал, что он оценен в шестьдесят пенсов. Сосуд был похож на гладкий, удлиненный заварочный чайник.

Она взяла еще один роман из серии издательства «Миллс энд Бун», который прежде не читала. Он назывался «Ее одинокая любовь». С книгой и серебряным сосудом подошла к кассе.

— Шестьдесят пять пенни, дорогуша, — сказала кассирша, взяв у нее из рук сосуд и разглядывая его. — Забавная старая вещица, не правда ли? Этим утром поступила. — На боку сосуда и ручке изящной вязью были выгравированы иероглифы. — Это, должно быть, соусник.

— Нет, не соусник, — сказала миссис Уайтекер, которая точно знала, что это такое. — Это лампа.

Коричневой бечевкой к ручке было привязано маленькое, ничем не примечательное медное колечко.

— Вообще-то, — сказала миссис Уайтекер, — я, пожалуй, возьму только книгу.

Она заплатила пять пенсов за роман и отнесла лампу на место, туда, где ее нашла. В конце концов, сказала себе миссис Уайтекер по дороге домой, мне было бы некуда ее поставить.

Николас Был

...старше первородного греха, и голова у него была белее белого. Ему хотелось умереть.

Малорослые обитатели пещер Севера не знали его языка, они говорили на собственном наречии, напоминавшем птичий щебет, и совершали непонятные ритуалы, когда не были заняты повседневной работой.

Раз в год, несмотря на его протесты и рыдания, они изгоняли его в Бесконечную Ночь. За одну эту ночь он должен был проведать каждого в мире ребенка, оставив возле кроватки один из невидимых даров пославших его карликов, покуда детишки спали в ледяных объятиях времени.

Он завидовал Прометею и Локи, Сизифу и Иуде[34]. Его наказание было суровее.

Ох. Хо. Хо.

Цена

У бродяг и бездомных принято оставлять знаки на воротах и деревьях и дверях, благодаря которым такие, как они, могут понять, кто живет в домах и фермах, попадающихся им на пути. Мне представляется, что кошки тоже оставляют подобные знаки; иначе чем объяснить, что именно под нашими дверьми весь год напролет появляются голодные, блохастые, бездомные кошки?

Мы даем им приют. Избавляем от блох и клещей, кормим и отвозим к ветеринару. Платим за прививки и — что, конечно, возмутительно — кастрируем и стерилизуем.

И они остаются с нами: на несколько месяцев, на год или навсегда.

Чаще всего они появляются летом. Мы живем как раз на таком удалении от города, куда городские жители выбрасывают их, выживать.

Больше восьми кошек кряду у нас, кажется, не живет, и редко случается, чтобы их было меньше трех. В настоящий момент кошачье население моего дома состоит из: Гермионы и Поды, соответственно полосатой и черной, бешеных сестричек, которые живут наверху, в моем кабинете, и не общаются с другими; Снежинки, голубоглазой белой длинношерстой кошечки, которая много лет жила в лесу прежде чем отказалась от своих диких повадок в пользу мягких диванов; и последней, но самой крупной — Фербол, длинношерстой черно-бело-оранжевой, похожей на подушку дочери Снежинки, которую крошечным котенком я обнаружил однажды в нашем гараже, придушенную и почти мертвую, так как ее голова запуталась в старой сетке для бадминтона, и которая, к нашему удивлению, не умерла, но выросла и превратилась в самую покладистую кошку, какую я когда-либо встречал.

И наконец еще Черный Кот. Другого имени у него нет, просто Черный Кот, а появился он почти месяц назад. Вначале мы не поняли, что он собирается остаться здесь жить: он выглядел слишком упитанным, чтобы быть беспризорным, слишком взрослым и бойким, чтобы считаться брошенным. Он был похож на маленькую пантеру, а в ночи казался огромным темным пятном.

Однажды я обнаружил его на нашей старой веранде: примерно восьми или девяти лет от роду, самец, с желто-зелеными глазами, очень дружелюбный и невозмутимый. Я решил, что он живет где-то по соседству.

На несколько недель я уехал, чтобы закончить работу над книгой, а когда вернулся, он все еще жил на веранде и спал в старой кошачьей корзинке, которую принесли ему дети. И при этом он изменился до неузнаваемости. У него было несколько залысин и глубокие царапины на шкурке. Кончик одного уха был оборван. Под глазом — глубокая рана и порвана губа. Он похудел и выглядел измученным.

Мы отвезли Черного Кота к врачу, где нам дали антибиотики, которые мы скармливали ему вместе с кошачьими консервами.

Нам было любопытно, с кем он сражался. С нашей прекрасной белой полудикой Снежинкой? С енотами? С клыкастым крысохвостым опоссумом?

После каждой ночи шрамов становилось все больше, и однажды у него оказался прокушен бок; в другой раз живот был располосован глубокими царапинами, которые при прикосновении кровоточили.

Когда дошло до такого, я отнес его в подвал, чтобы он мог оправиться у печи, среди груды коробок. Он оказался на удивление тяжелым, этот Черный Кот, и в подвал я отнес его в корзинке, вместе с лотком, едой и водой. Я плотно закрыл за собой дверь. А когда поднялся наверх, мне пришлось помыть руки, так как они были в крови.

Он оставался в подвале четыре дня. Вначале он был так слаб, что не мог даже есть: раненый глаз заплыл, когда ходил, он прихрамывал, и его шатало от слабости, а из рваной губы сочился желтый гной.

Я приходил к нему утром и вечером, кормил, давал антибиотики, которые смешивал с едой, обрабатывал гноящиеся раны и говорил с ним. В довершение ко всему у него был понос, и хоть я менял содержимое лотка ежедневно, от лотка ужасно воняло.

Четыре дня, которые Черный Кот провел у меня в подвале, были ужасными для моей семьи: крошечная дочка поскользнулась в ванне, ударилась головой и едва не утонула; я узнал, что от проекта, в который я вложил душу (переработка для Би-би-си романа Хоуп Миррлиз «Луд в тумане»[35]), компания отказалась, и у меня не было сил начинать с нуля, предлагая его другим каналам или другим СМИ; дочь, уехавшая в летний лагерь, стала забрасывать нас душераздирающими письмами и открытками, по пять-шесть на дню, умоляя забрать ее оттуда; сын чуть не подрался с лучшим другом, и они больше не общались; а жена, возвращаясь вечером домой, сбила оленя, который выбежал на дорогу прямо перед автомобилем. Олень погиб, машина была разбита, а у жены оказалась рассечена бровь.

На четвертый день кот прихрамывая бродил по подвалу, в нетерпении изучая стопки книг и комиксов, коробки с письмами и кассетами, картинами, и подарками, и прочим имуществом. Он принялся мяукать, чтобы я выпустил его, и хоть и неохотно, я это сделал.

Он вернулся на веранду, где проспал остаток дня.

На следующее утро у него на боках появились новые глубокие царапины, а пол веранды был усеян клочьями черной шерсти.

В письмах, которые пришли от дочери в тот день, говорилось, что в лагере не так уж плохо и она продержится там еще несколько дней; сын и его друг разрешили свои разногласия, и я так никогда и не узнал, что послужило причиной ссоры, коллекционные карты, компьютерные игры, «Звездные войны» или Девочка. Оказалось, что продюсер Би-би-си, наложивший вето на «Луда в тумане», брал взятки (или «сомнительные кредиты») у независимой кинокомпании, за что был отправлен в бессрочный отпуск, а его преемница, о чем я с радостью узнал из ее факса, как раз и предложила мою кандидатуру на этот проект, перед своим уходом из Би-би-си.

Я подумывал было вернуть Черного Кота обратно в подвал, но не стал этого не делать. Взамен я решил выяснить, что за животное каждую ночь приходит в наш дом, и разработать план его возможной поимки.

На дни рождения и Рождество моя семья дарила мне гаджеты и прочие дорогие игрушки, возбуждающие мое воображение, но в конечном счете редко покидающие свои коробки. У меня есть дегидратор, электрический разделочный нож и хлебопечка, а в прошлом году мне подарили бинокль ночного видения. На Рождество я зарядил в него батарейки и обошел с ним подвал — так как не мог дождаться сумерек, — выслеживая стаю воображаемых скворцов. (В бинокль не рекомендовалось смотреть при свете, чтобы не повредить его, а возможно, и глаза в придачу.) После я убрал его в коробку, и он так и лежал теперь в моем кабинете, среди компьютерных проводов и ненужных вещей.

Возможно, подумал я, если это животное, собака или кошка, или енот, или кто-там-еще, увидит меня на веранде, оно и не явится, а потому я поставил себе стул в кладовке величиной чуть больше туалета, из которой была видна веранда, и когда все в доме уснули, зашел на веранду пожелать Черному Коту доброй ночи.

Этот кот, сказала моя жена, когда он появился у нас впервые, — *почти человек*. В самом деле, его огромная львиная мордочка очень смахивала на лицо: широкий черный нос, желто-зеленые глаза, клыкастый, но дружелюбный рот (со все еще гноящейся раной на нижней губе).

Я погладил его по голове, почесал под подбородком и пожелал удачи. После чего ушел в свою кладовку, погасив на веранде свет.

Там я сидел в темноте с биноклем ночного видения в руке. Я включил бинокль, и его окуляры излучали зеленоватый свет.

Время шло, было темно.

Я развлекался тем, что смотрел в бинокль, учась наводить фокус, видеть мир зеленых теней. И ужаснулся, увидев, сколько насекомых роится в ночном воздухе: ночной мир напоминал кошмарный суп, в котором кишмя кишит жизнь. Тогда, немного опустив бинокль, я стал смотреть в черно-синюю ночь, пустую, мирную и спокойную.

Время шло. Я старался не заснуть, тяжко страдая от отсутствия сигарет и кофе, насильно избавленный от этих вредных привычек, которые наверняка помогли бы не сомкнуть глаз. Но не успел я слишком погрузиться в мир грез и снов, как в саду раздался вой, который сразу стряхнул с меня оцепенение. Схватив бинокль, я поднес его к глазам и увидел всего-навсего Снежинку, белую кошку, пронесшуюся по палисаднику пятном зеленовато-белого света. Она пропала среди деревьев слева от дома. Я был разочарован.

И собирался вновь принять расслабленную позу, но мне пришло в голову поинтересоваться, что же так напугало Снежинку, и я принялся внимательно осматривать окрестности, выискивая огромного енота, собаку или злобного опоссума. И вдруг увидел, как по подъездной дорожке к дому движется нечто. В бинокль я видел все так ясно, словно днем.

Это был дьявол.

Я никогда прежде не видел дьявола, и хотя когда-то писал о нем, если бы меня приперли к стенке, я признался бы, что не верю в его существование; он был для меня воображаемой фигурой, по-мильтоновски трагической. Однако то, что теперь двигалось по дорожке к дому, не было мильтоновским Люцифером[36]. Это был дьявол.

Сердце так забилось в груди, что мне стало больно. Я надеялся, что он меня не видит, что, сидя в доме и глядя в окно, я надежно спрятан.

А приближавшаяся фигура мерцала и менялась. Одно мгновение она была темной, похожей на Минотавра[37], в следующее — изящной и женственной; потом превращалась в кота, огромного, покрытого шрамами серо-зеленого дикого кота с перекошенной от ненависти мордой.

На мою веранду ведут ступени, четыре некрашенных деревянных ступени (я знал, что они белые, хотя в бинокле они были серыми, как и все остальное). На нижней ступени дьявол остановился и что-то крикнул, я не разобрал, три-четыре слова на скулящем, воющем языке, архаичном и позабытом, должно быть, еще в древнем Вавилоне; и хотя не понял ни слова, я почувствовал, как, когда он их произносил, у меня на затылке волосы встали дыбом.

И тут я услышал приглушенное стеклом низкое рычание: это был вызов, и, медленно и нетвердо ступая, стала спускаться навстречу дьяволу черная фигура. Это был Черный Кот, который уже не напоминал пантеру и шатался и спотыкался при ходьбе, как только что сошедший на берег моряк.

Тем временем дьявол превратился в женщину. Она сказала коту что-то нежное и успокаивающее, на языке, похожем на французский, и протянула к нему руку. Он впился в руку зубами, и тогда ее губы искривились, и она в него плюнула.

Тут женщина взглянула на меня, и если у меня еще оставались в том сомнения, теперь я точно знал, что это дьявол: в глазах ее горел красный огонь, хотя в бинокль это и не видно — только оттенки зеленого. Дьявол видел меня в окно. Он меня видел. Я в том нисколько не сомневаюсь.

Дьявол, корчась и извиваясь, превратился в нечто вроде шакала, в существо с плоской мордой, огромной головой и бычьей шеей, полугиену-полудинго. В его шелудивой шкуре копошились черви, но он продолжал подниматься по ступеням.

Черный Кот прыгнул, и, извиваясь, они принялись кататься по земле так быстро, что я не успевал ничего разглядеть.

И при этом не издавали ни звука.

Вдали, на проселочной дороге, куда выходит наш подъездной путь, загромыхал припозднившийся грузовик, через бинокль его горящие фары сияли, как зеленые солнца. Я убрал бинокль и увидел в темноте слабый желтый свет фар, а затем красный — задних фонарей, а потом и они пропали.

Когда я снова поднес к глазам бинокль, смотреть было уже не на что. Только на ступенях сидел Черный Кот и смотрел в темноту. Я поднял бинокль выше и увидел нечто, возможно, стервятника, улетавшего прочь.

Я пошел на веранду, поднял Черного Кота и погладил его, и сказал ему много добрых и ласковых слов. Он жалобно мяукнул, когда я подошел, но очень скоро уснул у меня на руках, и я положил его в корзинку, а сам пошел наверх, спать. А наутро обнаружил на футболке и джинсах капельки засохшей крови.

Это было неделю назад.

Но такое случается не каждую ночь, хотя и довольно часто: мы знаем об этом по ранам кота и по боли, которую я читаю в его львиных глазах. У него уже не сгибается левая передняя лапа и ослеп правый глаз.

Не могу понять, чем мы заслужили появление у нас Черного Кота. И кто его послал. И еще, как ни трусливо и эгоистично это звучит, мне хотелось бы знать, надолго ли его еще хватит.

Мост тролля

Большую часть железнодорожных путей разобрали в начале шестидесятых, когда мне было три или четыре. А услуги, оказываемые в поезде, свели к минимуму. И ехать теперь можно было лишь до Лондона, а городок, в котором я жил, стал конечной станцией.

Мои самые первые яркие воспоминания: мне полтора года, мама в больнице, рожает сестру, и бабушка ведет меня в центр города на мост, и поднимает на ручки, чтобы я увидел внизу паровоз, который, пыхтя, ползет по дороге, похожий на железного черного дракона.

В течение следующих нескольких лет пыхтящих паровозов совсем не осталось, а вместе с ними исчезли и сети железных дорог, соединявших деревню с деревней и городок с городком.

Мне было неведомо, что паровозы отслужили свой век. Но к тому времени, когда мне исполнилось семь, они были уже в прошлом.

Мы жили в старом доме на окраине города. Напротив было пустое поле под паром. Обычно я карабкался на забор, где читал, укрывшись в тени какого-то деревца; а когда тянуло на приключения, исследовал окрестности нежилой усадьбы за полем. Там, над покрытым ряской искусственным прудом, был низко перекинут деревянный мост.

Мост тролля

Во время моих набегов я никогда не встречал там ни сторожей, ни смотрителей и никогда не пытался войти в дом. Это могло навлечь неприятности, а кроме того, я свято верил, что во всех старых домах водятся привидения.

Я был не то что легковерен, просто мне верилось во все темное и опасное. В моем детском воображении ночи были населены одетыми в черное голодными призраками и ведьмами, которых сбивает с ног ветер.

Вера в обратное успокаивала: днем безопасно. Днем всегда безопасно.

У меня был ритуал: в последний день занятий перед летними каникулами, по дороге домой, я снимал ботинки и носки и, держа их в руках, вышагивал по каменистой тропинке своими нежными розовыми ступнями. После, все лето, я надевал ботинки только если заставляли. И упивался своей босоногой свободой, пока в сентябре вновь не начинались занятия в школе.

Когда мне было семь, я нашел в лесу тропинку. Был жаркий и солнечный летний день, и меня занесло довольно далеко от дома.

Я чувствовал себя открывателем новых земель. Пройдя мимо усадьбы, с ее заколоченными слепыми окнами, миновал незнакомый лес. Спускаясь по крутому слону, я оказался в тени, в густых зарослях, на тропинке, по которой прежде не ходил; сквозь листву пробивались зеленые и золотые пятна света, и мне показалось, что я очутился в волшебной стране.

Вдоль тропинки пролегало русло тоненького ручейка, который кишмя кишел крошечными прозрачными головастиками. Я выловил одного, долго смотрел, как он дергался и извивался на моей ладони, и бросил обратно в ручей.

Я шел вниз по течению. Совершенно прямая тропинка заросла невысокой травой. Время от времени я находил отличные камешки: ноздреватые, оплавленные — коричневые, и пурпурные, и черные. Если посмотреть через них на свет, можно было увидеть все цвета радуги. Решив, что они невероятно ценные, я набил ими карманы.

Так я все шел по золотисто-зеленому коридору, и никто мне не повстречался на пути.

Я не был голоден и не испытывал жажды. Мне просто хотелось узнать, куда ведет тропинка. Она все еще была прямая как стрела, и совершенно ровная. На всем пути тропинка оставалась прежней, в отличие от местности окрест. Вначале я шел по дну оврага, крутые склоны которого густо заросли травой. Затем — по гребню, и, глядя вниз, мог видеть верхушки деревьев и редкие крыши далеких домов. Тропинка оставалась плоской и прямой, а я шел по ней через долины и плато, долины и плато. В конце концов, в одной из долин, я вышел к мосту.

Мост был построен из ярко-красного кирпича, и висел надо мной огромной аркой. С одной стороны к нему вели вырубленные в камне ступеньки, а на самом верху я увидел маленькие деревянные ворота.

Я был удивлен, увидев здесь следы присутствия человека, ведь я не сомневался, что тропинка имеет природное происхождение, как вулкан. Скорее из любопытства, чем по какой-то иной причине (в конце концов, как мне представлялось, я прошел уже сотни миль и мог оказаться *где угодно*), я поднялся по ступенькам и прошел в ворота.

Я был незнамо где.

Вверху мост был вымощен глиной. По обеим его сторонам простирались поля. С одной стороны — пшеничное, с другой — поросшее травой. В засохшей глине виднелись следы огромных тракторных колес. Я пересек мост, чтобы удостовериться, что здесь и вправду никого. Мои босые ноги беззвучно ступали по земле.

На мили вокруг я ничего не увидел, кроме поля с пшеницей, травы и деревьев.

Я сорвал колосок, высыпал сладкие зерна, покатал на ладони и принялся задумчиво жевать.

Мост тролля

И тут я понял, как проголодался, и спустился по ступенькам на заброшенный железнодорожный путь. Пора было возвращаться. Я не заблудился; мне следовало вернуться по той же тропинке, вот и все.

Под мостом меня ждал тролль.

— Я тролль, — сказал он. И немного помолчав, добавил, будто поясняя: — *Тролль, кроль, профитроль.*

Он был огромен: его макушка доставала до свода моста. Он был почти прозрачным: хоть и смутно, я мог видеть сквозь него кирпичи и деревья.

Он был плотью и кровью моих ночных кошмаров. У него были огромные крепкие зубы, и ужасные когти, и сильные волосатые руки. Волосы длинные, как у одной из пластиковых кукол моей сестры, и глаза навыкате. Он был гол, и его член свисал из кустистых зарослей между ног.

— Я тебя слышал, Джек, — прошептал он голосом ветра. — Я слышал, как ты топал по моему мосту. А теперь я съем твою жизнь.

Мне было всего семь, и это было днем, и я не помню, чтобы я испугался. Детям не страшно сталкиваться лицом к лицу с героями сказок, они знают, как с ними обходиться.

— Не ешь меня, — сказал я троллю. На мне были коричневая полосатая футболка и коричневые вельветовые штаны. Волосы у меня тоже были коричневыми, а одного из передних зубов не хватало. Я как раз учился свистеть через эту дырку, но пока не преуспел.

— Я съем твою жизнь, Джек, — повторил тролль.

Я смотрел ему прямо в лицо.

— Скоро сюда придет моя старшая сестра, — соврал я, — она намного вкуснее меня. Лучше съешь ее.

Тролль понюхал воздух и улыбнулся.

— Ты совсем один, — сказал он. — На тропинке больше ничего нет. Совсем ничего. — Он наклонился, и его пальцы пробежали по мне: так прикасаются слепые — точно бабочки порхают у лица. Он понюхал свои пальцы и покачал своей огромной головой.

— У тебя нет старшей сестры. Только младшая, а она сегодня гостит у подружки.

— И все это ты узнал по запаху? — поразился я.

— Тролли могут чуять радугу, и звезды, — прошептал он печально. — Тролли могут чуять сны, которые ты видел, когда еще не родился. Подойди ближе, и я съем твою жизнь.

— У меня в кармане очень ценные камни, — сказал я. — Возьми их вместо меня. Смотри. — И я показал ему чудесные оплавленные камни, что нашел по дороге.

— Шлак, — сказал тролль. — Мусор, который остался от паровоза. Для меня они ценности не представляют. — Он широко раскрыл рот. У него были острые зубы. А его дыхание пахло перегноем и изнанкой всех вещей. — Хочу есть. Сейчас.

Он становился все крепче и реальнее, а внешний мир сделался тусклым и призрачным.

— Подожди. — Я чувствовал под ногами влажную землю, шевелил пальцами, цепляясь за реальную жизнь. Я смотрел в его огромные глаза. — Ты не хочешь съесть мою жизнь. Не сейчас. Мне всего семь. Я еще и не жил. Не все прочел книги. Не летал на самолете. Не научился как следует свистеть. Почему бы тебе не отпустить меня? А когда стану старше и вырасту, и тебе будет что есть, я вернусь.

Тролль посмотрел на меня глазами, похожими на паровозные фары, и кивнул.

— Вот тогда и возвращайся, — сказал он. И улыбнулся.

Я повернулся и пошел обратно по прямой тропинке, оставшейся там, где была железная дорога.

А потом побежал.

Я несся по тенистой тропинке, пыхтя и отдуваясь, пока не почувствовал острую боль в боку, и так, держась за бок, побрел домой.

Мост тролля

Пока я рос, полей оставалось все меньше. Один за другим, ряд за рядом, вырастали дома и дороги, названные в честь полевых цветов и популярных писателей. Наш дом, старинный обшарпанный викторианский дом, был продан, и его снесли, а на месте сада появились новые дома.

Дома возводили повсюду.

Однажды я даже заблудился в новом квартале, выросшем на месте пустыря, где я знал каждую травинку. Правда, я не особенно огорчался оттого, что поля застроили. Старую усадьбу купила транскорпорация, и повсюду вокруг усадьбы тоже выросли дома.

Через восемь лет я вновь оказался на заброшенной железной дороге, и не один.

Мне было пятнадцать; к тому времени я сменил две школы. Ее звали Луиза, и она была моей первой любовью.

Я любил ее серые глаза, пушистые каштановые волосы и неуверенную походку (как у олененка, который учится ходить, — звучит банально, за что прошу извинить). Когда мне было тринадцать, я увидел, как она жует резинку, и запал на нее как падает с моста самоубийца.

Главная неприятность заключалась в том, что мы были лучшими друзьями и оба ходили на свидания к другим.

Я никогда не говорил ей о любви, я даже не говорил, что она мне нравится. Ведь мы были приятелями, только и всего.

В тот вечер я был у нее: мы сидели в ее комнате и слушали первый диск группы «Stranglers», который назывался «*Rattus Norvegicus*»[38]. Панк тогда только начинался, и все было таким волнующим: возможности в музыке и во всем остальном казались бесконечными. И вот, когда мне пора было возвращаться домой, она решила меня проводить. Держась за руки, невинно, как добрые друзья, мы неторопливо шли к моему дому.

Луна светила ярко, и мир был видимым и бесцветным, а ночь — теплой.

Дойдя до дома, мы увидели в моих окнах свет и остановились. Мы говорили о группе, которую я сколотил, но в дом так и не вошли.

А потом решили, что теперь я ее провожу. И пошли обратно.

Она рассказывала о ссорах с младшей сестрой, которая таскала у нее косметику и духи. Луиза подозревала, что сестра уже занимается сексом с мальчиками. Сама она была девственницей. Оба мы были девственны.

Мы стояли на дороге у ее дома, под желтым уличным фонарем, и с улыбкой смотрели друг на друга, на черные губы и бледно-желтые лица.

А потом снова куда-то шли, выбирая тихие улицы и безлюдные тропинки.

Тропинка в одном из новых кварталов вывела нас к лесу, и мы не стали сворачивать.

Тропинка была прямая и очень темная, и только огни далеких домов светили нам, как звезды, а луна освещала путь. Мы вздрогнули, когда перед нами что-то засопело и фыркнуло, и прижались друг к другу, а когда увидели, что это барсук, засмеялись и продолжили путь.

Мы несли всякий вздор о том, что нам снится, и чего мы хотим, и о чем мечтаем.

И все это время я хотел ее поцеловать, и коснуться ее груди, а может, даже раздвинуть ей ноги.

Это был мой шанс. Мы как раз дошли до старого кирпичного моста и остановились. Я прижался к ней, и ее губы раскрылись навстречу моим.

Но она вдруг застыла, словно окаменев.

— Привет, — сказал тролль.

Я отпустил Луизу. Под мостом было темно, и всю темноту заполнила его тень.

— Я ее заморозил, — сказал тролль, — так что мы можем поговорить. И я готов съесть твою жизнь.

Мое сердце подпрыгнуло, и я задрожал.

— Нет.

— Ты обещал вернуться. И вернулся. Ты научился свистеть?

— Да.

— Хорошо. Я вот совсем не умею. — Он принюхался и кивнул. — Я доволен. Ты вырос, набрался опыта. Больше еды. Больше меня.

Я сгреб в охапку Луизу, послушную, как зомби, и подтолкнул к нему.

— Не ешь меня. Я не хочу умирать. Возьми ее. Бьюсь об заклад, она вкуснее. И на два месяца старше. Почему бы тебе не съесть ее?

Тролль молчал.

Он обнюхал Луизу с головы до ног, втягивая носом воздух возле ее ступней, и внизу живота, возле груди и волос.

Потом посмотрел на меня.

— Она невинна, — сказал он. — А ты нет. Я ее не хочу. Я хочу тебя.

Я вышел из тени и взглянул на звезды.

— Но на свете еще много такого, чего я никогда не делал, — сказал я отчасти самому себе. — Вообще никогда. Я никогда не занимался сексом. Никогда не был в Америке. Я... — Я помолчал. — Я не успел ничего совершить. Еще не успел.

Тролль не ответил.

— Я мог бы еще раз вернуться. Когда стану старше.

Тролль все молчал.

— Я точно вернусь. Обещаю.

— Вернешься ко мне? — спросила Луиза. — Почему? Разве ты уезжаешь?

Я обернулся. Тролль исчез, и со мной под мостом стояла девушка, которую, как мне казалось, я любил.

— Нам пора домой, — сказал я. — Пойдем.

Всю обратную дорогу мы молчали.

Она стала встречаться с ударником из моей группы, а много позже вышла за кого-то замуж. Однажды мы встретились, в поезде, когда она уже была замужем, и она спросила, помню ли я ту ночь.

Я сказал, что помню.

— Ты тогда мне очень нравился, Джек, — сказала она. — Мне казалось, ты собираешься меня поцеловать. И предложишь встречаться. Я бы согласилась. Если бы ты предложил.

— Но я не предложил.

— Да, — сказала она, — ты не предложил.

Волосы у нее были очень коротко подстрижены, и это ей не шло.

Больше мы с ней не встречались. Стриженая женщина с натянутой улыбкой ничем не напоминала девушку, которую я любил, и разговор с ней был мне неприятен.

Я переехал в Лондон, а потом, через несколько лет, вернулся назад, но город, в который вернулся, не был похож на тот, что я помнил: там не осталось ни полей, ни ферм, ни каменистых тропинок; и как только смог, я уехал оттуда в крохотную деревушку в десяти милях от города.

Я переехал вместе со своей семьей, так как был уже женат и у меня был маленький сын, в старый дом, который когда-то, в прежние времена, был железнодорожной станцией. Шпалы выкопали, и супружеская пара, жившая напротив, выращивала на том месте овощи.

Я старел. Однажды я обнаружил у себя седые волосы; в другой раз, слушая запись своего голоса, понял, что он стал таким же, как у моего отца.

Работал я в Лондоне, в крупной звукозаписывающей компании. Обычно ездил в Лондон поездом, а вечером возвращался назад.

Мне пришлось снять там крошечную квартирку; трудно было всякий раз возвращаться домой, поскольку группы, которых мы записывали, выбирались на сцену не раньше полуночи. Это также означало, что если хотел, я легко мог заняться случайным сексом, а я хотел.

Я думал, что Элеонора, так звали мою жену, мне следовало сказать об этом раньше, ничего не знает о других женщинах; но однажды зимним днем, вернувшись домой после двухнедельной увеселительной поездки в Нью-Йорк, я обнаружил свой дом пустым и холодным.

Она оставила мне письмо, не записку. Пятнадцать страниц, аккуратно отпечатанных, и каждое слово в нем было правдой. Включая приписку: «*Ты ведь совсем меня не любишь. И никогда не любил*».

Надев теплое пальто, я вышел из дома, ошеломленный и оцепенелый.

Снега не было, но земля смерзлась, и листья хрустели под ногами. Деревья черными скелетами смотрелись на фоне хмурого зимнего неба.

Я шел вдоль шоссе. Мимо проезжали машины, в Лондон и из Лондона. Один раз я споткнулся о ветку, не заметив ее в груде замерзших листьев, порвал брюки и оцарапал ногу.

Так я дошел до соседней деревни. Дорога под прямым углом пересекала реку и тропинку, которую я никогда прежде не видел, и я пошел по тропинке, глядя на наполовину замерзшую речку. Вода в ней журчала, плескалась и пела.

Заросшая травой тропинка вела через поля; она была прямой как стрела.

В одном месте я нашел присыпанный землей камень. Я взял его, очистил от грязи. Это был кусок оплавленной породы красноватого цвета со странным радужным блеском. Я положил камень в карман пальто и держал в руке все время, пока шел, ощущая его надежное тепло.

Река сильно петляла, а я все продолжал идти.

Я шел примерно час, когда наконец увидел новые маленькие квадраты домов вверху на набережной.

И тут я обнаружил мост и понял, где я: снова на старой тропинке, просто вышел к мосту с другой стороны.

Сбоку на мосту были граффити: БЛИН; БЕРРИ ЛЮБИТ СЬЮЗАН и даже пресловутое НФ — Народный фронт.

Я стоял под мостом красного кирпича, где валялись обертки от мороженого, хрусткие пакеты и одинокий использованный презерватив, стоял и смотрел на свое дыхание, на холодном воздухе превращавшееся в облачко.

Кровь на ранке уже подсохла.

По мосту над моей головой проезжали автомобили; я даже слышал, как в одном громко играло радио.

— Привет! — сказал я спокойно, немного смущенный тем, как глупо звучу. — Привет!

Ответа не было. Только ветер шуршал мусором и листвой.

— Я вернулся. Я ведь обещал. И вернулся. Привет!

Молчание.

И я заплакал, нелепо и беззвучно.

Чья-то лапа коснулась моего лица.

— Я не думал, что ты вернешься, — сказал тролль.

Теперь он был моего роста, а все остальное осталось прежним. Спутанные длинные волосы с застрявшими листьями, огромные печальные глаза.

Я пожал плечами и вытер рукавом лицо.

— Но я вернулся.

Над нами, весело крича, пробежали трое мальчишек.

— Я тролль, — сказал тролль очень тихо и испуганно. — *Тролль, кроль, профитроль.*

Его трясло.

Я протянул руку и взял его за огромную когтистую лапу.

— Все нормально, — сказал я. — Правда. Все хорошо.

Он кивнул.

Тролль повалил меня на землю, на листья, на обертки и использованный презерватив, придавив своим телом. А потом поднял голову, открыл рот и съел мою жизнь, жуя ее своими крепкими острыми зубами.

Когда закончил, он встал и отряхнулся. Сунул руку в карман своего пальто и достал ноздреватый оплавленный камешек. Шлак.

И протянул мне.

— Это твой, — сказал тролль.

Я посмотрел на него: моя жизнь ему прекрасно подошла, словно он носил ее многие годы. Я взял у него камешек и понюхал. Почуял запах паровоза, с которого он выпал когда-то очень давно. И крепко зажал в своей волосатой лапе.

— Спасибо, — сказал я.

— Удачи, — ответил тролль.

— Ну да. Конечно. Тебе тоже.

Тролль усмехнулся мне в лицо.

А потом повернулся ко мне спиной и двинулся по тропинке, по которой я пришел, к деревне, к пустому дому, из которого я вышел в то утро; он шагал и насвистывал на ходу.

И с тех самых пор я здесь. Прячусь. Жду. Я — часть этого моста.

Из тени смотрю, как мимо проходят люди: как они выгуливают собак, говорят, в общем, живут своей жизнью. Порой люди заходят под мост, постоять, пописать, заняться любовью. Я на них смотрю, но молчу; и они меня не видят.

Тролль, кроль, профитроль.

Я намерен остаться тут, где всегда темно. Я слышу, как все вы ходите, как топаете и громыхаете по моему мосту.

О да, я все слышу.

Но я вам не покажусь.

Не спрашивай Джека

Никто не знал, откуда игрушка взялась, кому из предков или дальних родичей принадлежала прежде чем ее отдали в детскую.

Это была резная шкатулка, расписанная красным и золотым. Нет сомнений, она привлекала внимание и, во всяком случае так считали взрослые, возможно, представляла ценность как предмет старины. К сожалению, замок проржавел, а ключ потерялся, и выпустить Джека не представлялось возможным. И все же шкатулка была замечательная, тяжелая, резная и с позолотой.

Дети с ней не играли. Она лежала на самом дне старого деревянного ящика с игрушками, такого же старого и огромного, как пиратский сундук с сокровищами. Джек-в-табакерке был погребен под куклами и паровозиками, клоунами и бумажными звездами, и магическими фокусами, и сломанными марионетками с безнадежно запутанными нитями, в нарядных платьях (вот обрывки старинного подвенечного платья, а вот сплющенный временем черный цилиндр), украшенных бижутерией; с треснувшими обручами и елочными макушками, с лошадками на палочке. Подо всем этим и лежала шкатулка.

Дети с ней не играли. Оставшись наверху одни, они перешептывались. В пасмурную погоду, когда ветер завывал в трубе, а дождь барабанил по крыше и по карнизам с шумом бежала вода, они рассказывали друг другу истории о Джеке, хоть никогда его и не видели. Один утверждал, что Джек — злой волшебник, помещенный в коробку в наказание за преступления, слишком ужасные, чтобы о них рассказывать; другой (я уверен, это была одна из девочек) склонялся к мысли, что шкатулка на самом деле — ящик Пандоры, и Джек сидит там для того, чтобы не дать плохим вещам снова выйти наружу. Они даже не прикасались к шкатулке, но время от времени кому-то из взрослых вдруг случалось вспомнить старого доброго Джека-в-табакерке и, достав из ящика, водрузить шкатулку на каминную полку, вот тогда, набравшись храбрости и выждав немного, дети снова прятали ее на самое дно.

Дети не играли с Джеком-в-табакерке. А когда они выросли и разъехались из большого дома, старую детскую заперли, и о ней почти позабыли.

Хотя на самом деле было не так. Дети всю жизнь помнили, как поодиночке, в синем лунном свете, босиком поднимались в детскую. Это было сродни лунатизму: беззвучные шаги по деревянным ступеням и затертому ковру. Они вспоминали, как открывали драгоценный ящик, как, перерыв кукол и одежду, доставали из него шкатулку.

Когда мальчик или девочка касался замочка, крышка откидывалась, медленно, как восходит солнце, и тогда начинала играть музыка и появлялся Джек. Он не выскакивал из табакерки, потому что у него не было пружинки, но медленно и неотвратимо поднимался и манил ребенка, чтобы тот наклонился к нему, и улыбался.

И тогда, в лунном сиянии, он говорил им вещи, которые они не могли ни запомнить, ни позабыть.

Старший мальчик погиб на войне. Младший, когда родители умерли, унаследовал дом, однако тот у него отобрали, так как однажды ночью его нашли в подвале с тряпьем, парафином и спичками: он собирался сжечь большой дом до тла. Его отвезли в дурку, и возможно, он все еще там.

Другие дети, то есть когда-то девочки, а теперь женщины, все как одна отказались вернуться в дом, в котором выросли; окна в доме закрыли ставнями, а на двери повесили огромные замки, и сестры приезжали сюда так же редко, как навещали могилу старшего брата и то существо, что некогда было их младшим братом, а точнее сказать, никогда.

Шли годы, девочки стали старухами, а в их детской свили гнезда совы и летучие мыши, и среди забытых игрушек обосновались крысы. Звери без интереса смотрят на поблекшие картинки на стенах, оставляя помет на том, что некогда было ковром. А глубоко в ящике, в шкатулке, все еще сидит Джек. Он улыбается и ждет, и свято хранит свою тайну. Он ждет, когда придут дети. И может так ждать целую вечность.

Пруд с золотыми рыбками и другие истории

Шел дождь, когда я прилетел в Лос-Анджелес, и я вдруг почувствовал, что оказался в мире черно-белого кино.

В аэропорту меня ждал водитель в черной униформе, в руке он держал белую картонку, хоть и с ошибкой, но с аккуратно выведенной моей фамилией.

— Я отвезу вас прямо в отель, сэр, — сказал водитель. Кажется, он был слегка разочарован тем, что у меня не оказалось багажа, и ему нечего было поднести до машины, кроме видавшей виды дорожной сумки с футболками, бельем и носками.

— Это далеко?

Он покачал головой.

— Минут двадцать пять — тридцать. Бывать здесь доводилось?

— Нет.

— Ну так я вам скажу, в Лос-Анджелесе все в тридцати минутах. Куда бы вы ни отправились. Тридцать минут, не больше. — Он засунул мою сумку в багажник лимузина, который назвал рыдваном, и открыл мне дверцу.

— И откуда вы приехали? — спросил он, когда мы вырулили на скользкие, мокрые, в неоновых пятнах улицы.

— Из Англии.

— Из Англии?

— Ну да. Вы там бывали?

— Неср. В кино видел. Вы артист?

— Писатель.

Он потерял ко мне интерес, лишь время от времени вполголоса костерил встречных водителей.

Крутанув руль, перестроился в другой ряд, и мы обогнали четыре машины, застрявшие в нашем прежнем ряду.

— Когда в этом городе вдруг начинает накрапывать дождь, все тут же забывают, как водить машину, — сказал он. Я вжался в спинку сиденья. — У вас в Англии все время дожди, я слышал. — Это было утверждение, не вопрос.

— Иногда.

— Что значит иногда! В Англии дожди идут каждый день, — засмеялся он. — И еще густой туман. Очень, очень густой.

— Я бы не сказал.

— Чегой-то вы бы не сказали? — Он был озадачен. — Я в кино видел.

Мы помолчали, пробираясь сквозь голливудский дождь; но очень скоро он не выдержал:

— Просите номер, где умер Белуши[39].

— Что вы сказали?

— Белуши. Джон Белуши. Как раз в этом отеле. Передоз. Слыхали?

— А, ну да.

— О его смерти сняли кино. В главной роли какой-то толстяк, ничуть не похож. Но никто правду так и не сказал. Ви-те, он был не один. С ним еще двое. Кинокомпаниям не захотелось копаться во всем этом дерьме. Но когда водишь лимузин, много чего услышишь.

— Правда?

— Робин Уильямс и Роберт Де Ниро. Они с ним были. Унюхались в хлам.

Пруд с золотыми рыбками...

Возле здания отеля — белого шато в псевдоготическом стиле — я попрощался с водителем; регистрируясь, я не стал просить номер, в котором умер Белуши.

Я добрался к моему шале под дождем, с сумкой и связкой ключей, которыми, как объяснил портье, мне придется открывать множество дверей и ворот. В воздухе пахло мокрой пылью и, как ни странно, микстурой от кашля. Было сумрачно, почти темно.

Вода текла отовсюду. Она сбегала ручьями через внутренний двор, с шумом заполняя небольной пруд, примыкавший к задней стене ограды.

Я поднялся в небольшую сырую комнатку. Слишком убогое место для звездной смерти.

Постель была слегка влажной, а дождь все выбивал свой сумасшедший ритм по коробу кондиционера.

Я немного посмотрел по телевизору повтор сериала «Будем здоровы!», незаметно перешедшего в «Такси», которое, став черно-белым, превратилось в «Я люблю Люси»[40], и наконец отправился спать.

Мне снились безостановочно бьющие в ударные ударники в тридцати минутах езды.

А разбудил меня телефон.

— Э-ге-гей! Как устроился, неплохо?

— Кто это?

— Джекоб со студии. Мы ведь завтракаем вместе, э-гей?

— Завтракаем?

— Ну и ладно. Я к тебе заеду через тридцать минут. Столик уже заказан. Ну и ладно. Ты получил мои сообщения?

— Я...

— Вчера вечером отправил по факсу. До скорого.

Дождь кончился. Солнце светило ярко и горячо: настоящим голливудским светом. Я дошел до главного здания, ступая по ковру листьев эвкалипта, излучавших тот самый запах микстуры от кашля.

На стойке администратора мне передали конверт с присланными по факсу моим графиком на ближайшие несколько дней и приветственными посланиями с накарябанным на полях «Это будет блокбастер!» и «Что-что, но это будет круто!» Факс был подписан Джекобом Клейном, человеком из телефона. Никогда не имел никаких дел с человеком по имени Джекоб Клейн.

К отелю подъехала небольшая спортивная красная машина. Из нее вышел человек и помахал мне рукой. Я подошел. У него была аккуратная пегая бородка, вполне переводимая в денежный эквивалент улыбка и золотая цепь на шее. Он показал мне экземпляр «Сынов человеческих».

Это был Джейкоб. Мы пожали друг другу руки.

— А Дэвид тоже будет? Дэвид Гэмбол?

Дэвидом Гэмболом звали человека, с которым я обсуждал по телефону мою поездку. Он не был продюсером. Я вообще точно не знал, кем он был. Он представился как «участник проекта».

— Дэвид больше не имеет отношения к студии. Можно сказать, теперь курирую проект я. Хочу, чтобы ты знал, после твоей книги я на взводе. Э-гей.

— А это хорошо? — Мы сели в машину. — И где будет проходить встреча?

Он покачал головой.

— Это не встреча, — сказал он. — Это завтрак. — Я был озадачен, и ему стало меня жаль. — Это как бы предваряющая встречу встреча, — пояснил он.

Мы отправились в молл примерно в получасе езды от отеля, и Джейкоб по дороге поведал, как ему понравилась моя книга и как он счастлив, что я принимаю теперь участие в проекте. Он сказал, это была его идея поселить меня в этом отеле.

— Это добавит тебе ощущений от Голливуда, каких ни за что не получишь во «Временах года» и «Ма мэзон», не так ли? — и поинтересовался, дали ли мне шале, в котором умер Джон Белуши. Я ответил, что не знаю; скорее всего, нет.

— А тебе известно, с кем он был в тот вечер? Они скрывают это на своих студиях.

— Нет. С кем же?

— С Мерил и Дастином.

— Мы говорим о Мерил Стрип и Дастине Хоффмане?

— Ну да.

— А откуда тебе это известно?

— Люди говорят. Это ж Голливуд. Понимаешь?

Я кивнул, как будто понимаю, но на самом деле ничего не понял.

Люди говорят, что книги пишутся сами по себе, и это ложь. Сами по себе книги не пишутся. Для этого требуются и мысли, и поиски, и ломота в спине, и заметки в блокноте, а времени и работы — вообще немеряно.

Правда, к «Сынам человеческим» это не относится; эта книга была написана сама по себе.

Нам, писателям, непрестанно задают вопрос: «Откуда вы берете ваши идеи?»

Ответ на него таков: из всего сразу. Вещи находят друг друга. И внезапно, когда соединяются верные компоненты, получается — *абрракадабра*!

Началось с того, что практически случайно я посмотрел документальный фильм о Чарльзе Мэнсоне[41] (он был записан на видеокассету, которую мне передал друг, где, помимо него, были вещи, которые я действительно хотел посмотреть): там была запись первого ареста Мейсона, когда все думали, что он невиновен и что правительство просто придирается к хиппи. И там, на экране, был человек с харизмой, красивый оратор-мессия. Ради такого не то что в ад босиком побежишь — ради такого убьешь.

Начался судебный процесс, и через несколько недель красавец превратился в еле волочащего ноги, с бессвязной речью, похожего на обезьяну человека с вырезанным на лбу крестом. Как бы то ни было, гениальная личность исчезла, ее не стало. Но ведь прежде была.

Далее было показано, как бывший сокамерник с тяжелым взглядом говорил: «Чарли Мэнсон? Послушайте, да это же посмешище. Ничто. Мы над ним потешались. Понимаете? Он ничто!»

И я согласился. А ведь было время, когда Мэнсон еще не был харизматичным лидером. Я подумал о благодати, о чем-то данном свыше, чего он вдруг лишился.

Я жадно досмотрел документальный фильм. И тогда, комментируя черно-белые кадры, человек за кадром что-то сказал. Я перемотал, и он сказал это снова.

Так пришла идея. Так появилась книга, которая возникла сама по себе.

А сказал он следующее: младенцы, рожденные женщинами «Семьи» от Мэнсона, были разосланы по детским домам, и по суду каждому дали имя, конечно же, совсем другое, не Мэнсон.

И я подумал о дюжине двадцатипятилетних сыновей Мэнсона. О даре свыше, полученном ими, всеми одновременно. Двенадцать юных Мэнсонов, во всем своем великолепии, со всего мира направляющихся в Лос-Анджелес. И одной дочери, тщетно пытающейся помешать им объединиться и, как будет сказано на четвертой стороне обложки, «осознать их ужасающее предназначение».

Я писал «Сынов человеческих» как одержимый: через месяц я закончил книгу и отправил своему агенту, которую здорово удивил («Ну, это не совсем то, что вы обычно пишете, дорогой мой», — ободряюще сказала она), и которая впервые продала мою книгу с аукциона много дороже, чем я предполагал. (Гонорара, вырученного за остальные книги, три сборника изящных, полных аллюзий странных историй о призраках, едва хватило, чтобы оплатить компьютер, на котором они были написаны.)

А затем, вновь на аукционе, права на ее экранизацию были куплены Голливудом. Книгой заинтересовались три или четыре студии: я заключил договор со студией, которая предложила мне написать сценарий. Я чувствовал, что фильма не будет, что они с этим не справятся. Но тут из моего аппарата стали извергаться факсы, это было поздно вечером, и большинство были подписаны неким Дэйвом Гэмболом; наконец однажды утром я подписал контракт в пяти экземплярах, увесистый, как кирпич; а несколько недель спустя мой агент сообщила, что пришел первый чек и билеты в Голливуд, на «предварительные переговоры». Это было похоже на сон.

Билеты были в бизнес-класс. И в тот момент, когда их увидел, я понял, что это не сон.

Так что в Голливуд я оправился в первом салоне аэробуса, жуя копченую лососину и имея при себе еще тепленьких «Сынов человеческих» в твердом переплете.

Итак, завтрак.

Мне сказали, как понравилась моя книга. Имен этих людей я не уловил. У всех мужчин либо борода, либо бейсболка, либо и то и другое; женщины на удивление привлекательны, но в каком-то абстрактном смысле.

Заказ делал Джейкоб, он же и платил. Он объяснил мне, что предстоящая встреча — простая формальность.

— От твоей книги мы без ума, — сказал он. — А зачем было покупать права, если бы мы не хотели снять по ней фильм? Зачем заказывать *тебе* сценарий, если не ради того своеобразия, какое ты можешь привнести в проект? Твоей *самости*.

Я очень серьезно кивнул, словно литературная самость была результатом моих целенаправленных длительных усилий.

— Такое придумать. Такую книгу написать. Ты просто уникум.

— Один из самых-самых, — сказала то ли Дайна, то ли Тайна, а возможно, Динна.

Я поднял бровь.

— И что от меня потребуется?

— Восприимчивость, — сказал Джейкоб. — И позитивность.

Дорога на студию заняла примерно полчаса. На маленькой красной машине Джейкоба мы въехали в ворота, и Джейкоб принялся выяснять отношения с охраной. Я решил, что он тут недавно, и у него еще нет постоянного пропуска.

А когда мы въехали на территорию, выяснилось, что у него нет и парковочного места. Я и сейчас не понимаю, почему: судя по его же словам, место для парковки так же непреложно свидетельствует о статусе на студии, как подарки от императора определяли статус придворного в древнем Китае.

Мы проехали по улицам странно плоского Нью-Йорка и припарковались перед огромным старым банком.

Еще десять минут пешком, и я оказался в конференц-зале, где Джейкоб и все, с кем мы завтракали, ждали кого-то еще. В суматохе я не уловил, кто это был и чем он или она интересен. Достав экземпляр своей книги, я положил ее перед собой, как оберег.

Кто-то вошел. Это был высокий, остроносый, с острым подбородком человек со слишком длинными волосами, словно, похитив кого-то много моложе себя, он стащил у него волосы. Как ни странно, родом он был из Австралии.

Он сел.

Посмотрел на меня.

— Давай, — сказал он.

Я глянул на своих новых знакомых, но ни с кем не встретился взглядом, они отводили глаза. И тогда я начал говорить: о книге, о сюжете, о концовке — взрыве в ночном клубе, где хорошая дочка Мэнсона подорвала всех остальных. Или думает, что подорвала. О том, что всех сыновей Мэнсона мог бы сыграть один актер.

— И вы в это верите? — это был его первый вопрос.

На него было легко ответить. На этот вопрос мне уже приходилось отвечать по меньшей мере двум дюжинам британских журналистов.

— Верю ли я, что Чарльз Мэнсон одержим некоей сверхъестественной силой, и эта одержимость теперь передалась его многочисленным детям? Нет. Верю ли я, что произошло нечто странное? Думаю, мне ничего другого не остается. Если коротко, возможно, дело было в том, что его безумие оказалось в шаге от безумия внешнего мира. Не знаю.

— М-м-м. Этого парнишку Мэнсона. Может его сыграть Киану Ривз?

Господи, нет, подумал я. Джейкоб перехватил мой взгляд и отчаянно кивнул.

— Почему бы нет? — ответил я. Все это мне только мнилось и не имело отношения к реальности.

— Мы ведем переговоры с его командой, — задумчиво кивнул Некто.

И меня отправили писать для них сценарный план. Под *ними*, как я понял, имелся в виду тот австралиец, впрочем, я не вполне уверен.

Прежде чем я ушел, мне вручили 700 долларов, за которые я расписался: суточные, за две недели.

Два дня я писал сценарный план. Я старался позабыть о книге, представив себе историю как кино. Работа спорилась. Я сидел в своей маленькой комнате с ноутбуком, присланным со студии, и распечатывал страницу за страницей на струйном принтере оттуда же. Ел я прямо в номере.

После полудня я прогуливался по бульвару Сансет и доходил до «почти круглосутчного» книжного, где покупал газету. Потом на полчаса садился во дворике отеля и читал. А получив свою дозу солнца и свежего воздуха, шел обратно в сумерки, переделывать свою книгу в нечто совсем другое.

Очень старый афроамериканец, служащий отеля, мучительно медленно каждый день проходил в это время через двор, поливал растения и кормил рыбок. Проходя, он всегда улыбался, а я кивал в ответ.

На третий день, когда, стоя у пруда, он рукой доставал из него мусор: несколько монет и пачку из-под сигарет — я встал и подошел.

— Привет! — сказал я.

— Сэ... — ответил он.

Я хотел было попросить его не называть меня сэром, но не смог придумать, как это сделать, чтобы он не обиделся.

— Красивые рыбки.

Он кивнул и заулыбался.

— Декоративный карп. Привезли сюда прямо из Китая.

Мы смотрели, как они плавают в маленьком пруду.

— Интересно, не скучно им?

Он покачал головой.

— Мой внук, он ихтиолог, знаете?

— Рыб изучает?

— Угу. Он говорит, у них памяти хватает примерно на тридцать секунд. Вот они плавают в пруду, и им все тут внове, типа, ой, я тут и не был никогда. А встретив рыбку, которую сто лет знают, они спрашивают: «Кто ты, чужак»?

— Вы не могли бы попросить вашего внука сделать кое-что для меня? — Старик кивнул. — Я где-то читал, что продолжительность жизни карпов неизвестна. Они якобы не старятся, как мы. Умирают, когда их убивают люди, или хищники, или болезни, но не старятся и не умирают сами по себе. То есть могут жить вечно.

Он кивнул:

— Я спрошу. В самом деле интересно. Что до этих трех, вот этого я назвал Призрак, ему года четыре-пять. Но два других, они-то приехали прямо из Китая, когда я начал здесь работать.

— И когда же это было?

— Кажется, в одна тысяча девятьсот двадцать четвертом году от Рождества Господа нашего. Ну, сколько бы вы мне дали?

Я не мог ответить. Его словно вырезали из старого дерева. Больше пятидесяти, но моложе Мафусаила. Так я и сказал.

— Я родился в 1906-м. Богом клянусь.

— И где же, в Лос-Анджелесе?

Он покачал головой.

— Когда я родился, на этом месте была апельсиновая роща, очень далеко от цивилизации.

Он рассыпал корм по поверхности воды. Ловя его, все три серебристо-белые рыбины выскакивали и смотрели на нас — или так казалось, — а их круглые рты все открывались и закрывались, словно они говорили с нами на своем бессловесном, тайном языке.

Я указал на того, о котором он говорил:

— Это Призрак, да?

— Призрак, верно. А тот, под кувшинкой, вон, хвост торчит, видите? Его зовут Бастер, в честь Бастера Китона[42]. Китон как раз останавливался здесь, когда привезли эти двух, постарше. А это наша Принцесса.

Принцессу легко было отличить от остальных. Она была нежно-кремового цвета, с ярким темно-красным пятном вдоль спины, что очень ее выделяло.

— Красотка.

— Да, в самом деле. Все при ней.

Он глубоко вздохнул и принялся кашлять, и хриплый кашель сотрясал все его хрупкое тело. В тот момент я впервые распознал в нем девяностолетнего старика.

— С вами все в порядке?

Он кивнул.

— Да все, все хорошо. Старые кости, — сказал он. — Старые кости.

Мы пожали друг другу руки, и я вернулся в свой сумрак, к сценарному плану.

Я распечатал дописанный текст и отправил его факсом на студию, Джейкобу.

На следующий день он приехал ко мне в шале. Вид у него был расстроенный.

— У вас все в порядке? Проблемы со сценарным планом?

— Просто черт знает что. Мы сняли кино с... — и он назвал имя известной актрисы, которая пару лет назад сыграла сразу в нескольких успешных фильмах. — Не прогадали, а? Только она уже не молода, как прежде, а настаивает, чтобы ее сняли обнаженной, и там просто не на что смотреть, поверь. Ну а сюжет такой: один фотограф умеет уговаривать женщин обнажиться для него. И тогда он их *трахает*. Только никто не верит, что он это делает. И вот шеф полиции, которого играет миссис Дайте-Я-Покажу-Вам-Голый-Зад, приходит к заключению, что она сможет его арестовать только если прикинется одной из этих женщин. Короче, она с ним спит. И получается такое дело...

— Она в него влюбляется?

— Ну да. И понимает, что женщины всегда будут зависеть от мужского взгляда на женщин, а чтобы доказать свою любовь, когда полиция приходит его арестовывать, она поджигает фотографии и погибает вместе с ними. Но сначала на ней сгорает одежда. Как тебе?

— Никак.

— Мы тоже так подумали, когда посмотрели. Уволили режиссера, сократили фильм и сделали досъемку. Теперь у нее под одеждой спрятан микрофон. А когда она начинает в него влюбляться, выясняется, что он убил ее брата. Ей снится сон, что на ней сгорает одежда, а проснувшись, она едет с группой на задержание. Но в это время его убивает ее младшая сестра, с которой он тоже *трахался*.

— Ну и чем это лучше?

Он качает головой.

— Да, барахло. Если бы она дала нам снять в обнаженке дублершу, возможно, результат был бы иной.

— А что вы думаете о моем сценарном плане?

— О чем?

— О сценарном плане, который я вам послал.

— Ах да. Сценарный план. Очень понравился. Нам всем. Он классный. Просто потрясающий. Мы в шоке.

— И что дальше?

— Ну, когда все успеют его пролистать, мы соберемся и обсудим.

Он похлопал меня по спине и ушел, оставив меня скучать в Голливуде.

Я решил написать рассказ. Мысль мне пришла еще в Англии, до отъезда. История о маленьком театре на пирсе. Когда идет дождь, там показывают волшебные фокусы. Но публика не в состоянии отличить волшебство от иллюзии, и для нее не имеют никакого значения иллюзии, становящиеся реальностью.

В тот день, во время прогулки, я купил несколько книг о волшебных фокусах и викторианских иллюзиях в «почти круглсуточном» книжном. История, точнее, сама суть истории так или иначе уже жила в моей голове, и я хотел кое-что уточнить. Я присел на скамейку во внутреннем дворике и просмотрел книги, решив попытаться создать в рассказе особую атмосферу.

Я читал про фокусников, карманы которых были набиты всякими мелкими вещицами, какие только можно себе представить, и которые могли достать из них все, что попросите. Никакой иллюзии, просто достойная восхищения организованность и прекрасная память. На страницу упала тень. Я поднял голову.

— Привет еще раз, — сказал я старому афроамериканцу.

— Сэ, — ответил он.

— Прошу, не называйте меня так. Я спохватываюсь, что не надел костюм и все такое, — и я назвал ему мое имя.

А он в ответ:

— Праведник Дундас.

— Праведник? — Я не был уверен, что верно расслышал.

Он гордо кивнул.

— Иногда да, а иногда — нет. Так меня мама назвала, хорошее имя.

— Да.

— И что вы здесь делаете, сэ?

— Сам толком не знаю. Кажется, от меня ждут сценарий. Во всяком случае, я жду, когда мне скажут, что пора начинать его писать.

Он почесал нос.

— Тут все киношники останавливаются, если бы я прямо сейчас начал называть имена, до следующей среды перечислил бы лишь половину.

— А кто вам больше нравился?

— Гарри Лэнгдон. Он был джентльмен. Джордж Сандерс. Англичанин, как и вы. Скажет бывало: «А, Праведник. Помолись за мою душу». А я ему: «Ваша душа на вашем попечении, мистер Сандерс», — и все-таки я за него молился. А еще Джун Линкольн[43].

— Джун Линкольн?

В его глазах вспыхнули искры, и он улыбнулся.

— Она была королевой экрана. Она была лучше, чем любая из них: Мэри Пикфорд или Лилиан Гиш, или Теда Бара, или Луиза Брукс... Она была самой лучшей. У нее это было. Знаете, что я имею в виду?

— Сексапильность.

— Не только. В ней было все, о чем можно мечтать. Когда вы видели ее фото, вам хотелось... — Он замолчал, рисуя рукой маленькие круги, точно пытаясь поймать ускользающие слова. — Даже не знаю. Может, встать на колено, как встает перед своей королевой рыцарь в сверкающих доспехах. Джун Линкольн, она была лучше всех. Я рассказывал о ней моему внуку, он пытался найти что-нибудь посмотреть, но не вышло. Ничего не осталось. Она живет только в памяти стариков, таких, как я, — постучал он себе по лбу.

— Должно быть, она была необыкновенной.

Он кивнул.

— А что с ней сталось?

— Повесилась. Говорили, все потому, что для звукового кино она бы не подошла, но это не так: голос у нее был такой, что вы бы запомнили, если б хоть раз услыхали. Гладким и темным был ее голос, как ирландский кофе. Некоторые утверждают, что ее сердце было разбито мужчиной — или женщиной, — а еще что она играла на деньги, или связалась с гангстерами, или пила. Кто знает? Времена были такие.

— Я так понял, что вы-то ее голос слышали.

Он усмехнулся.

— Она сказала: «Мальчик, ты не посмотришь, куда подевалась моя пелерина?» — а когда я ее принес: «Ты хороший мальчик». А мужчина, что был с ней, сказал: «Не дразни прислугу, Джун», — и тогда она мне улыбнулась, дала пять долларов и сказала: «Он не против, правда, мальчик?» — и я только затряс головой. А она сделала так губами, знаете?

— Муа?

— Типа того. И я почувствовал это вот здесь, — он похлопал себя по груди. — Эти губы. Из-за них все на свете позабудешь.

Он прикусил нижнюю губу и сосредоточился на вечности. Я не знал, где он сейчас, в какой эпохе. Наконец он снова посмотрел на меня.

— Хотите видеть ее губы?

— В каком смысле?

— Идемте за мной.

— И что это будет? — Я уже представил себе отпечатки губ, застывшие в бетоне, как отпечатки ладоней перед Китайским театром Граумана[44].

Он покачал головой и поднес свой корявый палец к губам. *Молчи.*

Я закрыл свои книги. Мы пересекли двор, а когда добрались до маленького пруда, он остановился.

— Посмотрите на Принцессу, — сказал он.

— На ту, что с красным пятном, да?

Он кивнул. Рыба напомнила мне китайского дракона, такого же мудрого и бледного. Рыба-призрак, белая, как старая кость, если не считать алого пятна на спине, длинного и изогнутого. Она затаилась в пруду, слегка покачиваясь и как будто размышляя.

— Вот, смотрите, на спине, — сказал он. — Видите?

— Я не совсем понимаю.

Он помедлил, глядя на рыбу.

— Может, вам лучше присесть? — Я сам не ожидал, что так проникнусь возрастом мистера Дундаса.

— Мне платят не за то, чтобы я сидел, — сказал он очень серьезно. А потом добавил, словно объясняя малому ребенку: — В те времена, казалось, все это были боги. А теперь сплошь телевизор: мелкие герои. Мелкие людишки в ящике. Я кое-кого из них здесь вижу. Мелкие людишки.

Звезды в былые времена — это были гиганты в серебристом свечении, огромные, как дома... а если вы их видели живьем, они *все равно* были как дома. Люди в них верили.

Здесь устраивали вечеринки. Если ты тут работал, ты не мог все это не видеть. Подавали и спиртное, и травку, и такое там творилось — вы не поверите. Как-то была тут вечеринка... фильм назывался «Сердца пустыни». Слыхали о таком?

Я покачал головой.

— Один из лучших фильмов 1926 года, наряду с «Чего стоит слава» с Виктором МакЛагленом и Долорес дель Рио и «Эллой Синдерс» с Коллин Мур[45]. О них-то вы слышали?

Я снова покачал головой.

— Ну а о Вагнере Бакстере? Белле Беннетт?

— А кто они?

— О, это были настоящие звезды в 1926-м. — Он минутку помолчал. — «Сердца пустыни». Они устроили вечеринку здесь, в отеле, когда закончились съемки. Подавали вино, и пиво, и виски, и джин, — это были времена сухого закона, но студии полицию, можно сказать, купили, и те смотрели сквозь пальцы; и еда была всякая, и развлечения; в вечеринке участвовали Рональд Кольман и Дуглас Фербенкс отец, не сын, и все занятые артисты и съемочная группа; им играл джаз-банд, они расположились вон там, где сейчас шале.

В тот вечер Джун Линкольн была в центре всеобщего внимания. Она играла в фильме арабскую принцессу. Арабов тогда принято было считать страстными и похотливыми. А теперь... ну, жизнь не стоит на месте.

Я не знаю, с чего все началось. Говорили, будто это был спор или пари, а может, просто она была пьяна. Я тогда подумал, что она пьяна. В общем, она встала, а джаз-банд в это время играл что-то медленное и нежное. Она подошла сюда, где я сейчас стою, и опустила руки прямо в пруд. Она смеялась, смеялась, как заводная...

Мисс Линкольн поймала подплывшую к ней рыбку и зажала в обеих руках; а когда вынула руки из воды, она держала рыбку прямо перед собой.

И тут я разволновался, потому что рыбок этих только что привезли из Китая, и каждая стоила двести долларов. Ну и мне, конечно, поручили за ними приглядывать. Правда, у меня из зарплаты за них бы не вычли. Но все же двести долларов — это была куча денег в те времена.

А потом она всем нам улыбнулась, и, наклонившись, медленно так поцеловала рыбу, прямо в спину. А та даже не дернулась, просто лежала в ее руке, а она целовала ее своими губами, красными, как коралл, а все, кто там был, засмеялись и одобрительно закричали.

Она пустила рыбку обратно в пруд, и какое-то мгновение та как будто не хотела от нее уплывать, застыла на месте, тычась ртом в ее пальцы. Но тут начался фейерверк, и она уплыла.

Ее помада была красно-красно-алой, и на спине у рыбки остался след ее губ. Вон, видите?

Принцесса, белый карп с ярко-красной отметиной на спине, шевельнула плавником и двинулась в очередное тридцатисекундное путешествие вокруг пруда. Красная отметина в самом деле напоминала отпечаток губ.

Он бросил щепотку рыбьего корма в воду, и все три рыбины, выпрыгивая из воды, кинулись его пожирать.

Я отправился обратно в свое шале, со своими книгами о давних иллюзиях. Телефон звонил: кто-то со студии. Со мной хотят поговорить о сценарной заявке. Машина приедет через тридцать минут.

— А Джейкоб тоже будет?

Но линия уже была мертва.

Встречался со мной Некто с помощником, очкариком в костюме. Это был первый здесь для меня человек в костюме, а очки у него были ярко-синие. Кажется, он волновался.

— Где вы остановились? — спросил Некто.

Я сказал.

— Это не там, где Белуши?

— Кажется, там.

Он кивнул.

— Он был не один, когда умер.

— Неужели?

Он потер пальцем свой острый нос.

— На вечеринке были еще двое. Оба режиссеры, из самых на тот момент известных. Имена вам ни к чему. Я узнал об этом, когда занимался последним фильмом про Индиану Джонса.

Повисло неловкое молчание. Мы сидели за огромным круглым столом, нас было только трое, и перед каждым лежал экземпляр написанного мной сценарного плана. Наконец я спросил:

— И что вы об этом думаете?

В ответ оба кивнули, почти синхронно.

А после попытались, приложив немало усилий, объяснить мне, насколько он им не по нраву, стараясь при этом не произносить слов, которые могли бы меня огорчить. Это был очень странный разговор.

— У нас проблема с третьим актом, — сообщили они, неопределенно намекая, что ни я, ни мой сценарный план, ни даже третий акт здесь ни при чем, и все дело только в них.

Им хотелось, чтобы люди были посимпатичнее. Чтобы свет был ярче, а тень темнее, и никаких оттенков серого. Они хотели, чтобы героиня была героической. Я кивал и делал пометки.

В конце нашей встречи я за руку попрощался с Австралийцем, а его помощник в синих очках проводил меня через путаницу коридоров, чтобы я вновь обрел внешний мир, и мою машину, и моего водителя.

Пока мы шли, я спросил, нет ли на студии фото Джун Линкольн.

— Кого?

Как выяснилось, его звали Грег. Он достал маленький блокнот и что-то в нем черкнул карандашом.

— Звезды немого кино. Знаменитости 1926 года.

— Она снималась у нас?

— Понятия не имею, — признался я. — Но она была знаменитой. Более знаменитой, чем Мари Провост[46].

— Кто?

— «Победитель, которого съела собака». Одна из самых ярких звезд немого кино. Умерла в нищете, когда появился звук, и ее объела собственная такса. Ник Лоу написал о ней песню[47].

— Кто?

Я процитировал первую строчку, а потом сказал:

— В общем, Джун Линкольн. Может кто-нибудь найти для меня ее фото?

Он еще что-то записал в блокноте. И кивнул.

Мы уже вышли на солнечный свет, где меня ждала машина.

— Кстати, — сказал он, — вам следует знать, это все полное дерьмо.

— Простите?

— То, что он говорит. С Белуши были вовсе не Спилберг с Лукасом, а Бетт Мидлер и Линда Ронштадт. У них была кокаиновая оргия. Об этом все знают. Он говорит полное дерьмо. А его просто из милости взяли младшим ассистентом продюсера на фильм про Индиану Джонса. Будто это его фильм. Придурок.

Мы пожали друг другу руки, я сел в машину и вернулся в отель.

В ту ночь меня настигла разница во времени, и я проснулся, окончательно и бесповоротно, в четыре утра.

Я встал, помочился, натянул джинсы (а спал я в футболке) и вышел на улицу.

Я хотел видеть звезды, но огни города были слишком яркими, а воздух — слишком грязным. Небо было грязно-желтым и беззвездным, и я вспомнил все созвездия, какие можно видеть над небом Англии, и впервые вдруг глубоко, глупо затосковал по дому.

Мне не хватало звезд.

Я собирался поработать над рассказом или продолжить писать сценарий. А вместо этого засел за второй вариант сценарного плана.

Я сократил число младших Мэнсонов с двенадцати до пяти и сделал более очевидным с самого начала, что один из них, в этом варианте мужского пола, — неплохой парень, а вот остальные четверо — определенно негодяи.

Со студии мне прислали журнал. От него исходил запах старой дешевой бумаги, а на обложке стоял фиолетовый штамп с названием студии и словом «АРХИВ» внизу. На обложке красовался Джон Берримор в лодке.

Одна из статей была посвящена смерти Джун Линкольн. Оказалось, что мне трудно ее читать и еще труднее понять: насколько я могу судить, статья содержала намеки на греховные пристрастия, приведшие ее к гибели, но написана была так, словно содержала шифр, ключ к которому уже неизвестен современному читателю. А может статься, подумалось мне, автор некролога вовсе ничего не знал и его намеки не имели под собой оснований.

Зато много более интересными и понятными были фотографии. Целую страницу занимал обведенный траурной рамкой снимок женщины с огромными глазами и нежной улыбкой, курившей сигарету (дым был пририсован с помощью ретуши, на мой взгляд, очень неумело: неужели люди когда-то покупались на столь неудачные подделки?); на другом снимке она была запечатлена в театральных объятиях Дугласа Фэрбэнкса; еще небольшой снимок, где она стоит на подножке машины, с двумя крохотными собачками на руках.

Судя по фото, ее красота была несовременной. Ей не хватало отстраненности Луизы Брукс, сексапильности Мэрилин Монро, распутной элегантности Риты Хейуорт. Она была звездочкой двадцатых, столь же тусклой, как и остальные. Я не ощутил тайны в этих огромных глазах и коротко стриженных волосах. У нее были превосходно накрашенные пухлые губки. И я не мог себе представить, как бы она выглядела, доживи до наших дней.

Но Джун Линкольн была реальна; она жила на свете. Перед ней преклонялись, ее обожали зрители в кинотеатрах. Она поцеловала рыбку и бродила по территории моего отеля семьдесят лет назад: для Англии это не срок, для Голливуда — вечность.

Когда я приехал снова обсуждать мой сценарный план, на студии не было никого из тех, с кем мы встречались прежде. Меня провели к очень молодому человеку в крошечном офисе, который, ни разу не улыбнувшись, сообщил, как ему понравился мой сценарный план и как он рад, что студия владеет правами на экранизацию.

Он сказал, что, по его мнению, особенно мне удался образ Чарльза Мэнсона, и что, возможно, «как только его удастся полностью отмасштабировать», это будет еще один Ганнибал Лектор.

— Но. Хм. Мэнсон. Это реальный человек. Сейчас сидит в тюрьме. Это его люди убили Шерон Тейт.

— Шерон Тейт?

— Актрису. Звезду. Она была беременна, а ее убили. Она была женой Полански.

— *Романа* Полански?

— Да, режиссера.

Он нахмурился.

— Мы готовимся заключить с ним контракт.

— Это хорошо. Он хороший режиссер.

— Он об этом знает?

— О чем? О книге? О фильме? О смерти Шерон Тейт?

Он покачал головой: я не угадал.

— Мы ведем переговоры о трех картинах. Там фигурирует и Джулия Робертс. Так вы говорите, Полански не знает о вашем сценарии?

— Нет, я хотел сказать...

Он посмотрел на часы.

— Где вы остановились? Надеюсь, вас разместили в хорошем отеле?

— Да, спасибо, — сказал я. — Я в паре шале от номера, в котором умер Белуши.

Я ожидал, что услышу еще парочку звездных имен и что Джон Белуши в тот вечер приказал долго жить Джули Эндрюс и мисс Пигги Маппет. Но я ошибся.

— Как это умер? — спросил он, наморщив юный лоб. — Белуши не умер. Мы снимаем фильм с его участием.

— Это был его брат, — объяснил я, — который умер много лет назад.

Он пожал плечами.

— Похоже, что дыра, — сказал он. — В следующий раз скажите им, что хотите остановиться в «Бель Эр». Может, перевезти вас в другой отель?

— Нет, спасибо, — ответил я. — Я к этому уже привык. Так что насчет сценарного плана?

— Пусть пока полежит.

Я увлекся двумя старыми театральными иллюзиями, которые нашел в своих книгах: «Мечта художника» и «Заколдованная створка окна». Это были метафоры, которые не вызывали у меня сомнений; но историю, которая их проиллюстрирует, я еще не придумал. Я написал несколько предложений, из которых никак не составлялись начальные абзацы, и несколько абзацев, из которых никак не складывались первые страницы. Поскольку писал на компьютере, я вышел из программы, ничего не сохранив.

Я стоял во дворе отеля и смотрел на карпов, двух белых и одного белого с красным пятном. Они были похожи на тех рыб, что рисует Эшер[48], и это меня удивило: мне никогда не приходило в голову, что в его рисунках есть что-то хотя бы отдаленно похожее на реальность.

Праведник Дундас протирал листья растений. У него была бутылка со специальным средством и тряпка.

— Привет, Праведник.

— Сэ.

— Прекрасный денек.

Он кивнул, и закашлялся, и постучал кулаком в грудь, и снова кивнул.

Отвлекшись от рыб, я уселся на скамейку.

— Почему вас не отправили на пенсию? — спросил я. — Разве вы не должны были выйти на пенсию много лет назад?

Он продолжал свое занятие.

— Да нет же, я — местная достопримечательность. Они ведь *просто утверждают*, что в этом отеле останавливались все мировые звезды, зато *я* рассказываю про них всякие небылицы, что, мол, заказывал на завтрак Гари Грант.

— Вы и это помните?

— Черт, нет же. Да кто ж это проверит! — Он снова закашлялся. — А что вы пишете?

— Ну, на прошлой неделе я писал сценарный план для одного фильма. Потом переделывал. А теперь... мне чего-то не хватает.

— А теперь-то что пишете?

— Рассказ, который никак не получается. Про магический фокус викторианских времен, который назывался «Греза художника». На сцену выходит художник с большим холстом, который он устанавливает на мольберт. На холсте изображена женщина. Он смотрит на свою работу и страдает, что у него нет таланта истинного художника. Наконец он засыпает, полотно оживает, женщина сходит с него и велит ему не сдаваться. Не оставлять усилий. И предрекает, что однажды он станет великим художником. А потом возвращается обратно. Свет гаснет. Он просыпается и видит просто картину...

— ...а другая иллюзия, — рассказывал я женщине на студии, которая в начале встречи поступила недальновидно, изобразив ко мне интерес, — называлась «Заколдованная створка». Над сценой висит окно, и в нем возникают лица, хотя никого кругом нет. Мне кажется, я могу установить странную параллель между этим окном и, положим, телевизором: в конце концов, сходство очевидно.

— Я люблю смотреть «Сайнфелд»[49], — сказала она. — Вы смотрите этот сериал? Вообще ни о чем. То есть прямо целые выпуски совершенно пустые. А еще мне нравился Гарри Шендлинг до того, как он стал вести новое шоу и сделался противным.

— Иллюзии, — продолжал я, — как все великие иллюзии, заставляют нас задуматься о природе реальности. Но они также обозначают игру слов, а еще выводят на мировой уровень проблему того, чем обернутся развлечения. Фильмы существовали до кино, а телек — до телевидения.

Она нахмурилась.

— Это что, кино?

— Надеюсь, что нет. Это рассказ, если у меня получится его написать.

— Тогда давайте поговорим о кино. — Она пролистала стопку заметок. Ей было лет двадцать пять, и она была одновременно привлекательной и бесполой. Я предположил, что это одна из женщин, которые были тогда на завтраке, то ли Динна то ли Тайна.

Вдруг она на чем-то споткнулась и прочла:

— «Я знал невесту, когда она танцевала рок-н-ролл»?

— Кто это написал? Эта фраза из другого фильма.

Она кивнула.

— Короче, должна вам сказать, что ваш сценарный план... можно назвать спорным. Эта история про Мэнсона — мы не уверены, что она прокатит. Мы можем обойтись без него?

— Но в этом-то вся суть. Я хочу сказать, что книга называется «Сыны человеческие», и она посвящена его детям. Если выбросить Мэнсона, мало что останется, не так ли? Ведь вы купили права на экранизацию именно этой книги. — Я протянул ей книгу, свой талисман. — Отказаться от образа Мэнсона, не знаю, это все равно что заказать пиццу, а когда ее привезут, сетовать на то, что она плоская, круглая и покрыта сыром и томатным соусом.

По ней нельзя было определить, слышала ли она хоть что-то из того, что я сказал.

Она спросила:

— Как вам название «Головорезы»?

— Не знаю. Речь о фильме по моей книге?

— Мы бы не хотели, чтобы люди решили, что речь пойдет о религии. *Сыны человеческие*. Звучит так, словно фильм антихристианский.

— Ну, можно сказать, я действительно подразумеваю, что сила, которой обладают дети Мэнсона, в известном смысле от дьявола.

— Ах вот как?

— Я говорю об этом в книге.

Ей удалось изобразить жалостный взгляд, из разряда тех, каким смотрят только люди, знающие, что книги — в лучшем случае права на вольную экранизацию, которой можно одарить остальное человечество.

— Ну, я не думаю, что студия сочтет это приемлемым, — сказала она.

— Вы знаете, кто такая Джун Линкольн? — спросил я.

Она покачала головой.

— А Дэвид Гембол? Джейкоб Клейн?

Она снова покачала головой, на этот раз немного нетерпеливо. И протянула мне список, по ее мнению, необходимых исправлений, из которого следовало, что я должен переделать практически все. На страничке было указано «кому»: мне и еще нескольким человекам, чьих имен я не сумел распознать, а еще на ней значилось «от кого»: от Донны Лири.

Я сказал:

— Спасибо, Донна, — и направился обратно в отель.

Целый день я был не в духе. А потом придумал способ переделать сценарный план, чтобы учесть все замечания, приведенные в списке.

Еще день я размышлял, несколько дней писал и наконец факсом отправил третий вариант на студию.

Праведник Дундас, убедившись в моем искреннем интересе к Джун Линкольн, принес мне свой альбом, и я обнаружил, что это псевдоним родившейся в 1903 году Рут Баумгартен, назвавшейся так в честь месяца июня и президента Америки. Это был старый альбом в кожаном переплете, размером и весом напоминавший фамильную Библию. Когда она умерла, ей было двадцать четыре года.

— Жаль, вы ее не видели, — сказал Праведник Дундас. — А фильмов с ее участием почти не сохранилось. Она была такой талантливой. Она была самой большой из всех звезд.

— Она была хорошей актрисой?

Он решительно покачал головой:

— Неа.

— Или необыкновенной красавицей? Если это так, значит, я чего-то не заметил.

Он снова покачал головой.

— Камера ее любила, это точно. Но дело не в этом. Среди девочек на подпевке многие были красивее ее.

— Тогда что же?

— Она была звездой, — пожал он плечами, — и этим все сказано.

Я перелистывал страницы: вырезки с отзывами о фильмах, о которых я никогда не слышал, и оригиналы и копии которых утрачены много лет назад, потеряны или уничтожены огнем: нитратная пленка отличалась повышенной пожароопасностью; вырезки из иллюстрированных журналов: Джун Линкольн, занятая в роли, Джун Линкольн на отдыхе, Джун Линкольн на съемках «Рубахи ростовщика», Джун Линкольн в огромном меховом манто, позволяющем датировать снимок точнее, чем странная прическа и неизменная сигарета.

— Вы ее любили?

— Не так, как любят женщин...

Мы помолчали, и он перелистнул страницу.

— Моя жена убила бы меня, если бы сейчас услышала.

Снова молчание.

— Ну да. Тощая мертвая белая женщина. Возможно, что и любил. — Он закрыл альбом.

— Но ведь для вас она не умерла, не так ли?

Он покачал головой. И ушел. А альбом остался у меня.

Секрет иллюзии «Греза художника» заключался в следующем: женщину плотно привязывали к обратной стороне полотна. Полотно было дополнительно укреплено проволокой, и когда художник легко и небрежно вносил на сцену холст и ставил его на мольберт, женщина там уже была. А само полотно было устроено как штора и могло подниматься и опускаться.

А иллюзия «Заколдованная створка» выполнялась с помощью зеркал: зеркало, поставленное под определенным углом, отражало лица людей, стоявших за кулисами.

И сегодня многие иллюзионисты используют на своих представлениях зеркала, чтобы заставить зрителей думать, будто они видят то, чего нет.

Это просто, если вы знаете, как это делать.

— Прежде чем мы начнем, — сказал он, — я должен вам сказать, что никогда не читаю сценарий. Я пришел к мысли, что это сковывает мое творческое воображение.

Не беспокойтесь, мой помощник составляет конспект, чтобы быстро войти в курс дела.

У него были борода и длинные волосы, и он немного походил на Иисуса, правда, я сомневался, что у Иисуса могли быть такие безупречные зубы. Он представлялся мне самой важной персоной из тех, с кем я говорил до сих пор. Звали его Джон Рей, и даже я о нем слышал, хоть и не вполне понимал, чем он занимался: кажется, его имя обычно значилось в начале фильма, сразу после слов ИСПОЛНИТЕЛЬНЫЙ ПРОДЮСЕР. Голос со студии, назначивший встречу, сообщил, что они, то есть студия, очень воодушевлены тем, что он «присоединился к проекту».

— А разве конспект не сковывает ваше воображение?

Он усмехнулся.

— Что ж, мы все считаем, что вы проделали впечатляющую работу. Даже очень впечатляющую. Осталось лишь несколько нерешенных вопросов.

— Например?

— Ну, этот Мэнсон. И идея с его выросшими детьми. Мы тут в офисе набросали кое-что: попробуйте взять за основу. Один парень, скажем, Джек Головорез — это идея Донны...

Донна скромно наклонила голову.

— Его сажают за сатанизм и поджаривают на электрическом стуле, а он, умирая, обещает вернуться и всех уничтожить. Дальше действие уже в наши дни, и мы видим молодых парней, подсевших на игру «Головорез», у героя которой его лицо. И поскольку они играют в его игру, они становятся им одержимы. Может, у него что-то странное в лице, на манер Джейсона или Фредди[50].

Он замолчал, словно ожидая моего одобрения.

Тогда я сказал:

— И кто же придумал эту компьютерную игру?

Он указал на меня пальцем:

— Вы ведь у нас писатель, душа моя. Хотите, чтобы мы сделали за вас всю работу?

«Надо думать о кино, — решил я. — Они ничего другого не понимают». И сказал:

— Но ведь то, что вы предлагаете, это как «Мальчики из Бразилии»[51], только без Гитлера.

Он выглядел озадаченным.

— Был такой фильм Айры Левина, — сказал я. Но в его глазах не промелькнуло и тени узнавания. «Ребенок Розмари». — Никакой реакции. — «Щепка»[52].

Он кивнул; монетка провалилась в автомат.

— Принято, — сказал он. — Вы пишете роль для Шерон Стоун, а мы сделаем все возможное, чтобы ее заполучить. У меня есть выход на ее команду.

На этом я ушел.

Той ночью было холодно, а в Лос-Анджелесе такого быть не должно, и воздух еще сильнее пах микстурой от кашля.

Недалеко от Лос-Анджелеса жила моя давняя подруга, и я решил встретиться с ней. Я позвонил по номеру, который был у меня записан, начав поиски, растянувшиеся почти на весь вечер. Мне давали новый номер, я по нему звонил, там мне снова давали номер, и я снова звонил.

Наконец, набрав очередной номер, я узнал ее голос.

— А ты знаешь, где я? — спросила она.

— Нет, — ответил я. — Просто мне дали этот номер.

— Это телефон больничной палаты, — сказала она. — Здесь лежит моя мама. С кровоизлиянием в мозг.

— Прости. У нее все в порядке?

— Нет.

— Прости.

Мы неловко помолчали.

— Как ты? — спросила она.

— Довольно плохо, — ответил я.

И рассказал ей все, что со мной случилось. И что я при этом испытываю.

— Почему все так получается? — спросил я.

— Просто они боятся.

— Почему боятся? Чего?

— Потому что ты им нужен, пока с твоим именем связаны только успешные проекты.

— В смысле?

— Если ты дашь добро, студия снимет фильм, который обойдется им в 20-30 миллионов долларов, и если фильм провалится, твое имя навсегда будет связано с этим провалом, и ты потеряешь свой статус. Если же ты откажешься, ты ничем не рискуешь.

— В самом деле?

— Типа того.

— А откуда ты все это знаешь? Ты музыкант и не имеешь отношения к кино.

Она устало засмеялась.

— Я здесь живу. Все, кто здесь живет, это знают. Ты не пробовал поспрашивать людей про сценарии?

— Нет.

— Так попробуй. Спроси. Парня на автозаправке. Кого угодно. У всех есть сценарии. — Тут кто-то к ней обратился, и она ответила, а мне сказала: — Извини, нужно идти, — и повесила трубку.

Я не нашел обогреватель, если он там был, и замерзал в своем крошечном шале, точно таком, в каком умер Белуши, с бездарной картинкой на стене и промозглой сыростью в воздухе.

Я приготовил себе ванну, чтобы согреться, но когда из нее выбрался, мне стало еще холоднее.

Белые золотые рыбки сновали взад-вперед, то прячась, то появляясь из-под листьев кувшинок. У одной из них была темно-красная отметина, в принципе похожая на отпечаток губ: странное клеймо, оставленное полузабытой богиней. В воде отражалось серое утреннее небо.

Я мрачно смотрел на воду.

— У вас все в порядке?

Обернувшись, я увидел стоящего рядом Праведника Дундаса.

— Рано вы встаете.

— Плохо спал. Страшно холодно.

— Надо было сказать администратору. Вам бы принесли обогреватель и еще одеял.

— Мне это даже в голову не пришло.

Дышал он с огромным трудом.

— А у вас все в порядке?

— Нет, черт побери. Стар я. Вот доживешь до моих лет, парень, у тебя тоже будет не все в порядке. Но когда ты помрешь, я буду еще тут. Как работа?

— Не знаю. Я больше не пишу сценарий, а «Греза художника», рассказ о волшебных фокусах викторианских времен, не двигается с места. Действие происходит на морском побережье в Англии, в дождь. На сцене фокусник показывает свое искусство, и публика неуловимо меняется. Это их глубоко трогает.

Он медленно кивнул.

— «Греза художника». Ну-ну. А себя вы кем представляете, художником или иллюзионистом?

— Не знаю. Мне кажется, ни то, ни другое.

Собравшись было уходить, я вдруг вспомнил одну вещь.

— Мистер Дундас, — спросил я, — а у вас есть сценарий? Написанный вами?

Он покачал головой.

— И вы никогда не писали сценариев?

— Только не я.

— Честно?

Он ухмыльнулся:

— Честно.

Я вернулся к себе. Пролистал английское издание своих «Сынов человеческих», спрашивая себя, как получилось, что была издана такая нелепая писанина, зачем Голливуд купил на нее права, и почему теперь они не хотят снимать по книге фильм.

Вновь принявшись за «Грезу художника», я потерпел прискорбную неудачу. Герои были как неживые. Они не могли ни дышать, ни двигаться, ни говорить.

Я пошел в туалет и пустил в унитаз ярко-желтую струю. По зеркалу пробежал таракан.

Вернувшись в гостиную, я создал новый файл и написал:

Я вспоминаю Англию. Шел дождь.
Театр на пирсе, странной тени след...
Смешались страх, и магия, и ложь.

Страх слыть безумцем вечно вводит в дрожь.
Как в сказке, магия спасет от бед.
Я вспоминаю Англию. Шел дождь.

В моей душе лишь пустоту найдешь,
Над одиночеством не одержать побед.
Смешались страх, и магия, и ложь.

Клубок из правд всем видится как ложь.
Лицо скрывая, не увидишь свет.
Я вспоминаю Англию. Шел дождь...

Маг палочкой взмахнет — и даст ответ,
Всю правду скажет — только толку нет.
Я вспоминаю Англию. Шел дождь.
Смешались страх, и магия, и ложь.

Я не знал, хорошее ли вышло стихотворение, но это не имело значения. Я написал нечто для себя новое и неожиданное, и это было чудесно.

Заказав завтрак в номер, я попросил принести обогреватель и парочку одеял.

На следующий день я написал шестистраничный сценарный план к фильму под названием «Головорез», где Джека Головореза, серийного убийцу, с вырезанным на лбу огромным крестом, казнят на электрическом стуле, но он возвращается в видеоигре и овладевает сознанием четырех парней. Пятый его побеждает, предав огню электрический стул, который был выставлен в качестве экспоната в Музее восковых фигур, где днем работала его девушка, которая ночью исполняла экзотические танцы.

Я по факсу отправил на студию свой план, а сам отправился спать.

Отходя ко сну, я искренне надеялся, что студия официально отвергнет мой сценарий и я наконец смогу вернуться домой.

Во сне я увидел иллюзион, в котором человек с бородой и в бейсболке затащил на сцену экран и ушел. Серебристый экран завис в воздухе без всякой видимой опоры.

Но вскоре замерцал, и началось немое кино: я увидел женщину, которая смотрела прямо на меня. Это была Джун Линкольн, это она мерцала на экране, и это она из него вышла и уселась на краешке моей кровати.

— Ты пытаешься сказать мне, чтобы я не сдавался? — предположил я.

В душе я понимал, что это сон. Я смутно помнил: мне известно, что эта женщина — звезда, и сожалел о том, что ни один из ее фильмов не сохранился.

В моем сне она была воистину прекрасна, несмотря на белый след вокруг шеи.

— С чего бы мне это делать? — удивилась она.

В моем сне от нее пахло джином и старым целлулоидом, хотя я и не помню, чтобы в моих снах от когонибудь чем-нибудь пахло. Она улыбнулась мне безупречной черно-белой улыбкой:

— Я ведь вышла из игры, не так ли? — и прошлась по комнате. — Не могу поверить, что этот отель все еще существует, — добавила она. — Я здесь трахалась. — Ее голос трудно было различить сквозь потрескивание и шипение.

Вернувшись к кровати, она уставилась на меня, как кошка смотрит на мышиную нору. Спросила:

— Ты мой поклонник?

Я покачал головой. Она подсела ближе и взяла мою теплую руку своей серебристой рукой.

— Никто уже никого не помнит, — сказала она. — В этом городе в тридцати минутах.

Мне хотелось спросить ее кое о чем.

— Куда подевались звезды? — решился я. — Я все гляжу на небо, их там нет.

Она указала на пол:

— Ты смотрел не туда.

Оказалось, что пол в моем шале — это тротуар, и на каждой его плитке изображена звезда, а рядом значится имя, из тех, которые ни о чем мне не говорят: Клара Кимбол Янг, Линда Арвидсон, Вивиан Мартин, Норма Телмедж, Олайв Томас, Мэри Майлз Минтер, Сина Оуэн...

Джун указала на окно:

— И еще там.

Окно было открыто, и из него я мог видеть весь простиравшийся подо мной Голливуд: бесконечное пространство мерцающих разноцветных огней.

— Разве это не лучше, чем звезды? — спросила она.

И она была права. Я даже видел созвездия уличных фонарей и автомобильных фар. Я кивнул.

Ее губы коснулись моих.

— Не забывай меня, — прошептала она, но так печально, словно заранее знала, что ее просьба напрасна.

Я проснулся от телефонного звонка. Сняв трубку, сипло что-то пробормотал.

— Это Джерри Квойнт, со студии. Нам необходимо встретиться на ланче.

Снова нечто нечленораздельное.

— Мы высылаем машину, — сказал он. — Ресторан от вас в получасе езды.

Они ждали меня на открытом воздухе, где было светло и зелено.

На этот раз я бы очень удивился, если бы хоть кого-то узнал. Под закуску мне сообщили, что Джон Рей «свалил из-за разногласий по контракту», а Донна, «видимо», ушла вместе с ним.

Оба мои собеседника были бородаты, а у одного из них была плохая кожа. Худая женщина показалась мне приятной.

Они спросили, где я остановился, а когда я ответил, один из бородачей сообщил (взяв с нас слово, что дальше это не пойдет), что в тот день Белуши принимал наркоту вместе с политиком по имени Гари Харт[53] и одним из «Eagles».

После чего они заверили, что с нетерпением ждут от меня истории.

И тогда я спросил:

— Мы о чем сейчас говорим? О «Сынах человеческих» или о «Головорезе»? Дело в том, — пояснил я, — что с последним у меня проблема.

Они выглядели озадаченными.

Да нет же, сказали они, речь идет о «Я знал невесту, когда она танцевала рок-н-ролл». Здесь есть, сообщили мне, и Высокий Замысел, и Добрый Посыл. К тому же, добавили они, это Очень Своевременно, что важно для города, в котором все, что происходило час назад, уже Древняя История.

Они признались, что подумали, как было бы здорово, если бы наш герой мог спасти юную леди от замужества без любви, а в конце они вместе танцевали бы рок-н-ролл.

Я указал им, что для этого им следует купить права у Ника Лоу, написавшего песню, и сообщил, что нет, я не знаю имя его агента.

Они, усмехнувшись, ответили, что с этим проблемы не будет.

И предложили, чтобы я поразмыслил как следует над проектом, прежде чем начну писать сценарный план, и каждый из них назвал пару имен начинающих звезд, которых мне при этом следует иметь в виду.

Я пожал каждому руку и сказал, что непременно так и сделаю. А еще я заметил, что мне удастся лучше с этим справиться по возвращении в Англию.

И они со мной согласились.

За несколько дней до того я спросил Праведника Дундаса, был ли кто-нибудь с Белуши в его шале в ту ночь, когда он умер.

Ведь если кто об этом знал, так это он.

— Один он был, — не моргнув ответил Праведник Дундас, старый, как Мельхиседек. — Какое кому, к чертям собачьим, дело, был с ним кто-нибудь или нет. Один он умер.

Мне странно было покидать отель.

— Сегодня днем я уезжаю, — сообщил я администратору.

— Очень хорошо, сэр.

— Вам не трудно будет... дело в том... служащий отеля, мистер Дундас. Пожилой джентльмен. Даже не знаю. Я не видел его дня два. А мне хотелось бы с ним попрощаться.

— С одним из уборщиков?

— Да.

Она озадаченно уставилась на меня. Она была очень красивой, а ее губная помада была цвета раздавленной ежевики. Она явно ожидала, что кто-то наконец откроет ее для кино.

Сняв трубку, она с кем-то поговорила, потом повернулась ко мне:

— Мне очень жаль, сэр, но мистера Дундаса уже несколько дней не было на работе.

— Вы не могли бы дать мне номер его телефона?

— Мне очень жаль, сэр, но по нашим правилам это запрещено. — Говоря все это, она смотрела прямо на меня, чтобы я видел, что ей *действительно очень* жаль.

— А как ваш сценарий? — спросил я.

— Как же вы узнали?

— Ну...

— Он сейчас у Джоэля Силвера[54], — сказала она. — Мой приятель Арни, мой соавтор, работает курьером. Он занес сценарий в офис Джоэля, словно тот прислан откуда-то из агентства.

— Удачи! — пожелал я.

— Спасибо, — сказала она, улыбнувшись ежевичными губами.

В справочнике было два Дундаса Пэ, что показалось мне невероятным даже для Америки, не говоря уж о Лос-Анджелесе.

Первый оказался мисс Персефоной Дундас.

Когда, набрав второй номер, я спросил Праведника Дундаса, мужской голос поинтересовался:

— Кто говорит?

Я назвал себя, объяснил, что уезжаю из отеля, а у меня осталась вещь, принадлежащая мистеру Дундасу.

— Слушайте, мистер. Мой дедушка умер. Прошлой ночью.

Шок возвращает жизнь избитым фразам: у меня реально кровь отхлынула от лица и перехватило дыхание.

— Мне очень жаль. Он был мне симпатичен.

— Угу.

— Это, должно быть, случилось совсем неожиданно.

— Он был стар. И все время кашлял. — Кто-то спросил, с кем он говорит, он ответил: ни с кем, а мне сказал: — Спасибо что позвонили.

Я растерялся.

— Вы, возможно, не поняли: у меня остался его альбом.

— Эта фигня со старыми вырезками?

— Да.

Пауза.

— Оставьте у себя. Это уже никому не нужно. Слушайте, мистер, мне надо бежать. — Щелчок, и в трубке тишина.

Когда я засовывал альбом в сумку, на выцветший переплет упала слеза, и только тогда я понял, что плачу.

Во дворе я остановился, прощаясь с Праведником Дундасом и Голливудом.

Три призрачных белых карпа дрейфовали, покачивая плавниками, сквозь свое вечное сегодня.

Я помнил их имена: Бастер, Призрак и Принцесса; но никто на свете уже не смог бы их различить.

У выхода из отеля меня ждала машина. До аэропорта было тридцать минут езды, ровно столько, сколько нужно, чтобы все забыть.

Съеденный (сцены из фильма)

ИНТ. ОФИС ВЕБСТЕРА. ДЕНЬ.
ВЕБСТЕР сидит,
Читая «Лос-Анджелес таймс». Входит МАКБРАЙД
и идут ФЛЭШБЕКИ его рассказа
о том, как его СЕСТРА отправилась в Голливуд
одиннадцать месяцев назад,
делать карьеру и общаться со звездами.
От друзей он услышал, что она «сделалась странной».
Решив, что села на иглу, а то и чего похуже,
сам отправился в Голливуд
и нашел ее под мостом.
Очень бледная, она кричит ему: «Я заблудилась!» —
и плача убегает. ВЫСОКИЙ ЧЕЛОВЕК, ОДЕТЫЙ
В ЧЕРНОЕ,
хватая за рукав, советует оставить все как есть:
«Забудь о ней», — но это невозможно...
(В СЕПИИ
вы видите их обоих подростками,
МОЛОДОЙ МАКБРАЙД и СЕСТРА
хихикают в подъезде: «Я покажу тебе мой...» —
и прижимаются друг к другу все ближе...

Съеденный (сцены из фильма)

КАМЕРА ДВИЖЕТСЯ
за летящей бабочкой.
Мы слышим, как они прерывисто дышат и сопят
в темноте.
КРУПНЫЙ ПЛАН он кончает ей в руку,
она облизывает ладонь: корчит гримаску, улыбается...
НАПЛЫВ ее губы, и зубы, и язык.)
ФЛЭШБЕК
Вебстер говорит, что возьмет на контроль,
Лос-Анджелес — город, где сгинет любой,
девчонок он пачками пожирает,
бросает на свалку, счета пополняет.
ПЕРЕБИВКА
ФИОЛЕТОВАЯ КИСКА. ИНТ. ПОГРУЖЕНИЕ,
ТРИ ОБНАЖЕННЫЕ ЖЕНЩИНЫ танцуют за доллары
Вебстер заходит и с одной говорит,
сует двадцатку, показывает фотографию,
та стоит так близко, что
мог бы дотронуться (но вышибалы на страже,
напичканные стероидами, они бы руки-то переломали),
и ему кажется, она знает, о ком он спросил.
Вебстер уходит.
ИНТ. КОНДОМИНИМУМ ВЕБСТЕРА. НОЧЬ.
Дома ждет видео.
ЖЕНЩИНА, прекрасная, как жизнь
выстрелом из грудной клетки (груди выставлены напоказ)
дает совет: оставить все как есть,
забыть, — а она придет к нему,
очень скоро.
НАПЛЫВ
ИНТ. МАКБРАЙД В ОТЕЛЕ. НОЧЬ.
МакБрайд лежит на кровати один,
смотрит ненавязчивое платное порно.
Он раздет. Мажет член вазелином,
медленно и лениво, кончать ему неохота.

СТУК в окно. Привстает на постели,
безвольный и напуганный (все-таки третий этаж),
открывает окно.
Входит СЕСТРА, с виду как мертвая,
умоляет о ней забыть.
Он сам знает, как ему поступить.
Сестра плетется к двери.
А там ждет его ЖЕНЩИНА В ЧЕРНОМ.
Брюнетка в коже, чертовски странная,
С улыбкой переступает порог.
Они в постели.
Сестра стоит в сторонке, она не ушла.
И смотрит, как брюнетка трахает МакБрайда
(кожа у нее синяя, как у мертвеца. И она одета).
Брюнетка коротко машет рукой.
С сестры ниспадает одежда. Зрелище жуткое:
кожа вся в ранах и порезах; одного соска нет.
Она снимает перчатки, и мы видим руки:
пальцы словно ребра или куриные крылышки,
словно их обглодали, а потом достали из помойки,
эти сухие кости с клочьями плоти и хрящами.
Она засовывает пальцы в рот брюнетке...
И РАСТВОРЯЕТСЯ ВО ТЬМЕ.
ИНТ. ОФИС ВЕБСТЕРА. ДЕНЬ.
ЗВОНИТ ТЕЛЕФОН. Это МакБрайд: «Можете не искать.
Я ее нашел и возвращаюсь домой.
Вам причитаются пятьсот долларов и моя благодарность».
КАМЕРА ОТЪЕЗЖАЕТ. Вебстер смущен и расстроен.
Далее МОНТАЖ. Проходит неделя,
мы видим, как он ест, пьет, писает, напивается.
Мы видим, как он выгоняет из постели СВОЮ ПОДРУЖКУ.
И как снова играет с видео...
ВИДЕО-ДЕВУШКА смотрит на него и говорит,
что скоро вернется. «Обещаю, скоро».

Съеденный (сцены из фильма)

ПЕРЕБИВКА
МЕСТО, ГДЕ ПРЯЧУТСЯ ЕДОКИ. ПОДЗЕМЕЛЬЕ.
Бледные люди стоят, как скотина в загоне.
Мы видим МакБрайда. У него на груди не осталось плоти.
Белое мясо. И можно видеть сквозь ребра:
сердце не бьется. Зато легкие дышат свободно,
вдох и выдох. Гной вытекает из глаз
на запавшие щеки. Пытается помочиться,
но ничего не выходит. Он хочет умереть.
СОН:
Вебстер беспокойно спит,
Он видит МакБрайда, труп под мостом,
Все В ПЕРЕБИВКУ, и много всякой еды,
чтобы стало понятно: это искусство.
ЭКСТ. ЛОС-АНДЖЕЛЕС. ДЕНЬ.
ВЕБСТЕР уже одержим.
Он должен найти женщину из видео.
Кого-то он бьет, кого-то трахает,
а в памяти засело: «Я скоро вернусь, очень скоро».
Наконец он в тюрьме. И за ним приходят
ЧЕЛОВЕК В ЧЕРНОМ в сопровождении БРЮНЕТКИ,
которые, отперев камеру, проводят его к выходу,
они покидают тюрьму. Через дверь.
Его ведут к автостоянке. Все ниже,
ниже стоянки, куда-то под
город, где затаилось и скорчилось нечто, чмокая и шипя,
и что-то, блестя, смеется, а что-то вопит.
За ними бредут остальные просто-едоки...
Они приковывают Вебстера наручниками
к КРОШЕЧНОМУ ЧЕЛОВЕКУ
в вагинах и зубах
и отводят
в САЛОН КОРОЛЕВЫ.
(Здесь отступление: проснулась жена,

разбуженная страшным сном. «Ты меня ненавидел.
Ты привел домой женщин, которых я не знала,
а они меня знали, и мы подрались,
а когда стали кричать, ты вылетел отсюда со свистом.
Но прежде сказал, что нашел себе девушку для траханья и еды».
Это пугает меня несильно. Когда люди пишут,
их посещают мелкие бесы. Так что я пожимаю плечами.)
Наручники сняли. Оставляют одного.
Драпировка из красного бархата поднимается,
является Королева. Мы узнаем ее,
это женщина с видео.
«Мир так славно, так удобно делится
на просто-едоков и их добычу».
Так она говорит. Ее голос мягок и сладок.
Таков медовый муравей: крошечная голова,
Грудь, крошечные ручки,
а дальше — набитый медом живот,
огромный и отвислый,
прозрачный, весь из меда, и сладкий, как порок.
У КОРОЛЕВЫ прекрасное маленькое личико,
бледные груди с голубыми прожилками и розовыми сосками
и белые руки. Но там, ниже грудей, —
зыбкая гора, вместившая кита,
медовый муравей, огромный, как амбар,
иль слон, иль динозавр, или любовь.
Опаловая плоть зовет его к себе.
Бедняга Вебстер кивает и подходит.
(В длину она, должно быть, футов двадцать пять.)
Она велит ему раздеться.
Член набух. Но он дрожит и выглядит потерянным.
Он стонет: «Я никогда так сильно не хотел».
Она берет его в рот, и лижет, и сосет...
Здесь мы задержимся. Язык взглядов

Съеденный (сцены из фильма)

Становится банальным жестким порно
(а губы глянцевы и красен язык).
НАПЛЫВ на ее лицо. Слышно, как он шепчет: «О.
О, детка. Да. О. Возьми его, возьми в рот».
Она открывает рот с усмешкой,
откусывает член.
Кровь бьет струей
ей прямо в рот. Она не проронила почти ни капли.
Мы не станем переводить камеру на его лицо,
только ее.
Теперь, когда лишился члена, и кровь уже не хлещет,
его лицо. Он потрясен и — отныне — свободен.
Несколько едоков его уводят.
И он в цепях рядом с МакБрайдом.
В грязи валяются начисто обглоданные скелеты,
они усмехаются, им снится, что из них варили суп.
Бедолаги.
Вот почти и все.
Оставим их теперь.
ПЕРЕБИВКА в проеме двери стоит БРОДЯГА,
с тремя холодными пальцами ДРУГОГО БРОДЯГИ,
они голодают, но чертовски здорово трахаются руками,
а по этим телам, покрытым ворохом старого тряпья,
картона и газет,
невозможно определить их пол.
ПЕРЕБИВКА
и вновь мы наблюдаем за полетом бабочки.

Белая дорога

«... Хотел бы я, чтоб вы однажды
пришли в мой дом.
Я многое бы мог вам показать».
Моя невеста вдруг потупит взор и вздрогнет.
Ее отец, его друзья — все рады.
«И что же, мистер Фокс?» — хихикает блондинка
в углу. Волосы — пшеничные колосья,
и тучей грозовой глаза, крутые бедра,
и изогнувшись, смеясь, ждет продолженья.
«Мадам, я не сказитель, — и поклонясь, спрошу: —
Быть может, *вам* есть что сказать?»
И вновь улыбка.
Кивая, встанет, губы шевельнутся:
«Городскую девочку, простушку, бросил любовник,
школяр. Крови давно не шли,
и живот уже было не спрятать,
она — к нему, проливая горючие слезы.
Он по головке гладит,
клянется: женится, и они убегут,
однажды ночью,
к тетке. Она и верит;
хотя, конечно, видела, как он смотрел
на хозяйскую дочь,

что красива и богата, — верит.
Или хочет верить.
В его улыбке читалась хитрость,
в его глазах, черных и жгучих, и рыжине волос. Что-то толкнуло ее с утра
пораньше отправиться в их потайное местечко,
под дубом,
и взобравшись на дерево, ждать.
В ее-то положении.
Возлюбленный крался в тени, прячась от света,
с ним была сума,
из нее достал он мотыгу, нож, простыню.
Работал он споро, копал
возле терновника, под дубом,
тихонько насвистывал, рыл ей могилу, напевая
старую песню...
Спеть ее вам, люди добрые?»
Она умолкает, а мы все и хлопаем, и кричим,
ну, может, не все.
У моей нареченной волосы черные,
щеки как персик и алые губы,
вид недовольный.
А красавица (Кто она? Из постояльцев, должно быть.) поет:
«Вышел лис в сиянии ночи,
И стал у луны просить что есть мочи
Лунного света,
Чтобы всю ночь идти до рассвета,
Ведь до логова так далеко!
Э-о! Э-о!
Ведь до логова так далеко. Э-о!»
Голос ее так сладок, но у суженой он еще слаще.
«И когда могилка была готова,
Маленькая могилка, ведь она была невеличкой,
Даже и с брюхом,

Стал он расхаживать взад и вперед,
Ходил вокруг дуба, подбирал слова:
Доброй ночи, крошка, любимая,
меня в лунном свете так к тебе тянет,
к тебе, с ребенком под сердцем. Иди, обниму.
И обнимал он полуночный воздух рукой,
в другой сжав короткий, но острый нож,
и ударил ножом во тьме ночной,
раз и другой.
На дубе дрожа, она наблюдала, стараясь потише
дышать,
Но дереву дрожь предалась. Взглянул он наверх
и сказал:
Держу пари, это совы,
А потом снова: *Иль кошка*
забралась? Эй, киска... Она замерла
и не дышала, в дерево вжалась. На рассвете
взял он мотыгу и нож
и ворча и ругаясь
двинулся прочь.
Нашли ее в поле, бродила она
И была без ума.
Листья застряли в ее волосах,
Песнь на устах:
Ветвь сгибалась,
Ветвь ломалась.
Я видела нору,
Что вырыл Лис.
Поклялись любить
И вместе жить.
Я видела нож,
Что вынул Лис.
Говорят, у ребенка
лисья лапа вместо руки.
Со страху, ворчат повитухи. А школяр сбежал».

Белая дорога

Она садится, хлопают все.
Улыбка замерла в уголках губ: но мне известно,
Что я найду в ее серых глазах. Она смотрит,
ей интересно.
«Я читал, на Востоке лисы преследуют священников
и ученых,
принимая облик женщин, домов, гор, богов
и процессий,
но их выдают хвосты», — я начинаю,
но отец суженой прерывает.
«А ты, моя радость, ты сказку хотела
Нам рассказать?»
Невеста краснеет, щеки алее роз:
«Хотела, отец. Но только не сказку, но сон,
что мне снился».
Голос ее тих и нежен, голос чарует,
А там, за окном, звуки ночи: ухают совы,
но, как говорится, коль живешь возле леса,
сов бояться тебе не с руки.
Она на меня взглянула.
«Ах, это вы! В моем сне вы примчались, позвали:
Радость моя, пойдем ко мне в дом,
Вниз по белой дороге.
Ты столько всего
Увидишь в пути!
Я спросила, как ваш дом найти,
Вдоль белой дороги, длинной и темной, в тени дерев,
где днем все желто и зелено, а утром и вечером тьма.
И ночью
черным-черно; нет лунной дорожки на белой
дороге...
Сказали вы, мистер Фокс, и мне это странно, но сны
так предательски четки и темны,
что можете вы зарезать свинью, и тушу ее
привязать к седлу черного жеребца.

И вы улыбались,
да, мистер Фокс, и красные губы блестели, сверкали глаза,
зеленые, что ловят девичьи души, и желтые зубы,
что сердца их разрывают».
«О Боже», — я улыбался. Глаза все застыли на мне,
не на ней,
хоть говорила она. Глаза, о, глаза.
«И вот, в моем сне, мне мнится, как будто я еду в ваш
дом,
куда вы так часто меня приглашали,
пройтись по полянам и тропкам, увидеть запруды,
скульптуру из Греции, тис,
тополей аллею, и грот, и беседку.
И вот в моем сне, во сне я не хотела
идти туда с компаньонкой,
с отцветшей, сморщенной девой, которая не сможет
оценить ни ваш дом, мистер Фокс;
ни бледную вашу кожу, ни глаза-изумруды, ни уговоры.
По белой дороге я поскакала, по кровавому следу,
на Бетси, моей кобыле. Деревья вверху зелены.
С дюжину миль след вел все прямо, потом завернул
через луга и канавы, вниз по тропе
(и я напрягала зренье, чтобы его различить,
капля за каплей: видно, свинья, как подобает, была уж
мертва),
А узду натянула уже перед домом.
Но дом-то каков! Огромный, прекрасный,
и пейзаж вкруг него, и окна, колонны,
белого камня колонны, редкого и дорогого.
Скульптура была в том саду, перед домом,
Спартанский ребенок и лис у него в одежде,
вонзивший зубы в живот, нежную плоть раздирая,
дитя не кричит и не плачет,
разве плачет холодный мрамор?
В глазах только боль, и стоял он на постаменте,

вкруг которого вырезаны семь слов.
Я обошла постамент, прочитала:
Будь смел,
будь смел,
но не слишком.
Привязав на конюшне кобылу,
меж черных жеребцов,
с безумьем и кровью в глазах,
я никого не встретила дорогой.
Тогда вошла я в парадный вход — и вверх по лестнице.
Огромные двери были прикрыты плотно,
в ответ на стук никто не вышел.
Во сне (ведь это сон был, мистер Фокс, не забывайте,
ах, что-то вы бледны) ваш дом меня зачаровал,
охвачена была я любопытством (вам оно известно,
я по глазам читаю), убийственным для кошек.
Наконец нашла я дверцу, незапертую,
и ее толкнула.
Шла по обшитым дубом коридорам,
где на полках бюсты, безделицы,
я шла, и звук шагов ковры скрывали,
и наконец вошла в огромный зал.
И снова, выложенные красным камнем
на белом мраморном полу, слова:
Будь храбр,
будь храбр,
но не слишком.
Иль кровь твоя
холодной станет вдруг.
И там ступени
широкой лестницы, застеленные красным
ковром, ведущие из зала,
и я по ним пошла, но тихо-тихо.
Вот дверь дубовая: и вот уж я
в столовой, так я поняла, узрев

остатки страшной трапезы на блюдах,
остывшей, с роем пировавших мух.
Там недожеванной рука лежала
и мертвое лицо, а в жизни
та женщина похожа на меня».
«Господь нас защити от снов подобных! —
    воскликнул тут отец. —
Как это возможно?»
«Но то был сон всего лишь», — я сказал.
    И женская улыбка
блеснула в глубине тех серых глаз. О уверенья,
куда без них? «За столовой была другая комната,
такая, что эта вот гостиница могла бы
в ней поместиться, и была полна
та комната вещей, лежавших грудой.
Колец, браслетов, ожерелий, платьев,
жемчужных нитей, меха, и шелков,
и юбок кружевных, и муфт, и перьев,
ботинок женских, шляп и драгоценных
рубинов и алмазов. Ну а дальше
решила я, что я попала в ад. Во сне...
Там дальше грудой
лежали головы, все женщин молодых. А на стене
там части тел прибиты. И грудами лежали груди,
и печень, и желудки, и глаза... Нет, не могу.
И все вокруг гудело
от мух: *жужвельзежужвельзежуж,* как я разобрала.
Я не могла вдохнуть зловонный воздух,
бросилась оттуда, и зарыдала, прислонясь к стене».
«То логовище лиса было, значит», — блондинка говорит.
(«Нет, конечно», — шепчу я.)
«Они неаккуратны, вечно в норах
валяются и кожа-кости,
и перья от добычи. Их зовут французы
Ренар, шотландцы — Тод».

Белая дорога

«Имен не выбирают», — тут говорит отец моей невесты.
Он дышит тяжело, и все они, как видно:
огонь камина лица освещает, они красны, от эля,
от огня,
а на стенах висят трофеи
охотничьи. Невеста продолжает: «Снаружи слышу шум,
движенье...
Бегу назад по красному ковру,
все по ступеням вниз, но поздно: дверь распахнулась!
Кубарем скатившись
и без надежды, в страхе и бессильи
я спряталась за стол. — И смотрит на меня. —
И тут вошли вы, да, то были вы,
вы распахнули дверь, ввалились, держа за горло
женщину. Рыжеволоса, молода, она кричала и отбива-
лась как могла,
а вы, вы насмехались, весь в поту. Довольной
была усмешка ваша. — Лицо моей невесты багровеет. —
Скинули вы плащ, короткий, старый,
вы, мистер Фокс, пока она кричала, ей горло перерезали
от уха
до уха; слышать мне пришлось,
как задыхалась, булькала, давилась
она своею кровью, я молилась,
закрыв глаза, ждала конца, но долго, о, слишком
долго
была она жива. Я выглянула из укрытья.
Вы улыбались, меч держа в руках,
в крови по локоть».
«Но ведь это не так», — я ей напомнил.
«Да, то был сон. Лежала
она на мраморе, а вы кромсали, резали и рвали.
Вы отделили голову от плеч,
Меж мертвых влажных губ язык засунув.
И бледные отрезали ей руки.

И груди отрубили, а потом
Вы начали рыдать и выть. Внезапно,
вскочили вы, за волосы держа,
по лестнице помчались с головой. Как только
вы удалились, я рванулась к двери.
Вскочив на Бетси, я галопом
домой помчалась белою дорогой».
И тут все поглядели на меня. Я поставил кружку
на старый, на видавший виды стол.
«Не было так, не может быть так, — тут я всех заверил. —
И не дай Господь, чтоб было так.
Сон дьявольский. Такого
уж никому не пожелаешь».
«Но прежде чем покинула тот дом
и загнала до пены я кобылу,
с которой мы стремглав вперед летели
по белой той дороге с красным следом
(и разве то свиньи вы кровь пролили, а, мистер Фокс?)
и прежде чем я оказалась здесь,
упав без чувств, не говоря ни слова,
перед отцом, и братьями, друзьями...»
Любят честные фермеры лисью охоту,
Слушают, под ноги глядя, молчат.
«Так вот, но прежде, мистер Фокс,
я подхватила с пола, из лужи крови,
руку. Той женщины, что на моих глазах
вы растерзали». «Но ведь не было так...»
«Не сон то был, зверюга и убийца!»
«Но ведь не было так...»
«Ты монстр, ты Жиль де Рэ!»
«И не дай Господь, чтобы было так!»
Она улыбнулась, улыбкой холодной и злой.
Волосы пышные у моей невесты,
и розы цветут на устах. На щеках же красные пятна.
«Вот, мистер Фокс! Держите! Вот белая ручка!»

Белая дорога

Меж грудей она прятала (мечтал я о них,
о нежных веснушчатых грудях)
и теперь положила на стол, предо мной.
И все они алчно смотрели,
как я ее взял, ту вещицу.
Покрытая шерстью, подушечки, когти.
«Ведь то не рука!» — говорю им. Но кто меня слышит!
Со свистом кулак врезается в ухо, по плечу бьет дубинка,
я шатаюсь,
и тут настигает удар сапога, я падаю на пол.
И градом удары посыпались.
Плачу, кричу, извиваюсь, ту лапу держа.
возможно, что вою. Теперь
я вижу ее, сероглазую эту блондинку,
как губы ее разомкнула улыбка,
как юбкой шурша, выбегает, взглянув напоследок
на то, что творится. Далекий ей путь предстоит
в эту ночь.
И когда ускользает, я с пола отчетливо вижу: под юбкой
там хвост между ног; я мог бы сказать им,
но уже не скажу ничего. Сегодня она побежит
на всех четырех своих лапах по белой дороге.
Но если охотники? Вдруг?
Будь храбр, шепчу, умирая. *Будь храбр, но не слишком.*
Вот и конец рассказу.

Королева ножей

Последующее появление дамы — дело личного вкуса.

Уилл Голдстон. Трюки и иллюзии

Когда был маленьким, время от времени
Я жил у бабушки с дедушкой.
(У стариков подолгу лежал шоколад,
до моего приезда; вот какова она, старость.)
Дедушка на рассвете завтрак всегда готовил:
По чашке чаю, и тосты, и мармелад
(в фольге золотой и серебряной). А обед и ужин
готовила бабушка. Кухня
вновь становилась ее наделом; сковороды все
    и кастрюли,
ложки, ножи и мутовки — челядью были ее.
Готовя, песенки пела обычно:
Дейзи, Дейзи, ответь мне, —
или, порой:
Ты заставил меня полюбить, а я того не хотела,
я не хотела.
Петь не умея вовсе. Да и готовка ей трудно давалась.
Дедушка дни проводил наверху,
В крохотной темной каморке, куда мне не было хода,
переводя на бумагу чужие улыбки.
С бабушкой мы ходили на скучные променады.
Обычно я изучал поросший травой пустырь

сразу за домом, заросли ежевики и садовый сарай.
Трудно было им управляться с наивным мальчишкой,
ему развлеченья придумать. И вот однажды
взяли они меня в королевский театр,
    в варьете!
Огни погасли, занавес красный поднялся.
Известный в то время комик
вышел, побормотал свое имя (в обычной своей манере),
выставил зеркало, встал с ним вровень,
поднял руку и ногу, и в отраженьи
видели мы, он как будто летел;
то был коронный номер, и хлопали все и смеялись.
Потом он шутил, неудачно
и несмешно. Его неловкость и странность,
вот на что мы пришли смотреть.
Бестолковый лысый очкарик
немного похож был на деда. Но наконец он ушел.
Танцовщиц ряд длинноногих сменил исполнитель песни,
которую я не знал. В зале сидели
все старики, как мои, усталые пенсионеры,
и все они были довольны. Дедушка в перерыве
очередь отстоял за шоколадным мороженым. Съели
мы свои порции, когда уже гасли огни.
Поднялся пожарный занавес, а потом настоящий.
Вновь танцовщицы вышли на сцену,
а затем прокатился гром, и дым заклубился;
из дыма возник человек и кланялся. Мы захлопали.
Вышла дама, сама улыбка, переливаются крылья,
мерцают. А пока мы следим за улыбкой,
у фокусника на кончиках пальцев вырастают цветы,
    и шелка, и флажки.
Флаги всех стран, локтем толкнув, сказал дед.
Все в рукаве уместилось.
С юности (я с трудом представлял
дедушку юношей или ребенком) он был одним из тех,

кто в точности знал, как делают вещи.
Сам собрал телеприемник, сказал он, когда женился;
тот был огромным, с крошечным экраном.
И не было тогда телепрограмм;
но все равно они его смотрели,
не зная точно, люди ль то иль тени.
Он что-то изобрел, патентовал,
но в производство это не внедрили.
На выборах в совет он третьим был.
И починить мог бритву и приемник,
и пленки проявлял, печатал фото, построил куклам дом.
(Для мамы: чудом сохранился — потрепанный,
стоял в саду, мок под дождем и снегом.)
Тут выкатился черный ящик,
на нем сидела женщина, вся в блестках.
Тот ящик был высоким и объемным —
вполне мог поместиться человек. Открыв,
    они его вертели
и так и сяк, стучали по нему. И ассистентка
в него зашла, сияя. А фокусник закрыл за нею дверцу,
и когда открыл — там было пусто. Поклон,
    аплодисменты.
Зеркала, мне дедушка шептал. *На самом деле*
    в ящике она.
По мановенью ящик вдруг сложился как домик
    карточный.
Есть потайная дверца, мне дедушка сказал;
Бабуля шикнула, мол, молчите.
А фокусник в улыбке показал
нам мелких полный рот зубов
и медленно приблизясь, вдруг указал на бабушку
    с поклоном
и пригласил подняться с ним на сцену.
Все хлопали и веселились. Смутилась,
растерялась моя бабуля. Ну а я, сидевший

так близко, что чуял запах его лосьона,
шептал: «Меня, меня возьмите...»
Он ждал. «Перл, что же ты? — ей дедушка сказал. —
Иди...»
Так сколько же ей было? Шестьдесят? Недавно
бросила курить. Еще худела. Гордилась,
что у ней все зубы целы, прокуренные, желтые, — свои.
У дедушки зубов как не бывало: он в юности еще,
катаясь
на велике, удумал прицепиться
к автобусу, чтоб ехать побыстрей.
Автобус повернул, дедуля
поцеловал асфальт на мостовой.
А она жевала лакричник,
глядя в телевизор; сосала леденцы, его дразня.
Но вот она встает; стаканчик
с мороженым и палочкой оставив,
и по проходу к лестнице идет.
Уже на сцене фокусник ей хлопал. Молодчина.
Вот кто она была.
А из кулис выходит ассистентка в сверкающей одежде,
и ящик выкатывает, красный в этот раз.
Она, ты видишь? Дедушка шептал,
Та самая, которая пропала. Она.
Возможно, что она. Все, что я видел —
сверкающая женщина, а рядом — моя бабуля
(смутившись, жемчуг теребя).
Та женщина нам улыбнулась и замерла,
Как каменная или из пластмассы.
А фокусник тут ящик подкатил,
туда, где бабушка ждала, поставил.
Тут он заговорил с ней: где живет, откуда, как зовут,
и все такое.
И: мы случайно раньше не встречались? Бабуля покачала
головой.

Открыл он ящик, и она зашла.
Нет, кажется, не та, тут дедушка продолжил,
размышляя, *у той, кажись, темнее волос.*
Я ничего в ответ сказать не мог.
Гордился бабушкой и был смущен,
надеясь, не сделает та ничего такого, за что краснеть придется;
песен петь не станет. Тут дверцу
за ней захлопнули, а наверху, где голова, открыли
оконце. *Перл! С тобой там все в порядке?* С улыбкой
она кивнула, фокусник прикрыл оконце. Ассистентка
дала ему футляр, и из него достал он меч, и тем мечом разрезал
тот ящик, а потом еще, еще,
и дедушка, смеясь, мне пояснял:
Лезвие там не закреплено, вместо него другое,
фальшивое, его-то мы и видим.
Тут фокусник достал лист из металла
и им разрезал ящик пополам.
И верхнюю взяв половину,
где половина бабушки была,
поставили ее на сцену.
Вот эту половинку.
Открыл он вновь окошко на минутку,
оттуда бабушка на нас смотрела
доверчиво. *Когда закрыл окошко в прошлый раз,*
она спустилась вниз по лесенке,
теперь стоит там,
мой дедушка мне тихо сообщил.
Она потом расскажет, как это делается.
Лучше б помолчал он: мне так хотелось волшебства тогда.
Теперь в тот ящик воткнули два ножа, туда, где шея.
Вы там еще, скажите, Перл? А может,
хотите песню нам исполнить?

Королева ножей

Она запела «*Дейзи, Дейзи*». Он поднял ящик,
стал ходить по сцене, и голос доносился
то с одного конца, а то с другого.
Но это он поет, сказал дедуля, *ведь голос-то его.*
Похож на бабушкин, я возразил.
Конечно же похож, конечно! Он умеет.
Он в этом дока. Он собаку съел.
Тут фокусник открыл вновь ящик,
теперь размером с шляпную коробку.
Бабуля песенку свою допела и затянула новую:
Э-эй, а вот и мы, возничий пьян, лошади еле плетутся,
и мы возвращаемся, мы возвращаемся
назад, назад, обратно в город Лондон. Бабуля
там родилась, бывало, вспоминала
вдруг что-то страшное из детства. Как однажды дети
ворвались в магазин ее отца, крича: *Жид, жид пархатый!*
Еще не разрешала она носить мне черную рубаху,
ей были памятны те марши через Ист-энд:
чернорубашечники Мозли
сестре под глаз поставили фингал.
А фокусник неспешно, взяв нож,
разрезал поперек коробку. И пение в тот миг оборвалось.
Потом, соединив все части, достал из них свои ножи
и меч,
открыл окошко сверху; там бабушка моя нам улыбалась
смущенно, приоткрыв в улыбке
прокуренные зубы. Вновь закрыв окошко,
достал он нож последний, а потом
открыл и дверцу, но там было пусто.
Он сделал жест — и красный ящик тоже
исчез. *Там, в рукаве,* услышал шепот деда,
но что хотел сказать, он сам не знал.
Два голубя через кольцо огня летали, по его веленью,
а после
сам фокусник в дыму вновь растворился.

Она под сценой или за кулисой,
сказал мне дед, *пьет чай теперь,*
с цветами к нам вернется иль коробкой
конфет. Я б предпочел второе.
На сцене танцовщицы отплясали, в последний раз
к нам вышел грустный комик.
А на поклон в финале вышли все.
Отличная работа, сказал мне дедушка. *Твои глаза вострее,*
смотри внимательно, сейчас, наверно, выйдет.
Но нет. Не вышла. А на сцене пели:
Тебя несет волна на гребне,
все выше и вперед,
и солнце светит.
Занавес упал, мы протолкались в холл и там слонялись.
Потом спустились к входу в закулисье
и ждали там, пока бабуля выйдет.
Но вышел фокусник, одетый по-простому,
и ассистентка — не узнать ее без грима.
Мой дедушка его остановил, но тот пожал плечами:
    по-английски
не говорю, достал
из-за уха моего полкроны, а дальше
во тьму и дождь он вышел.
И бабушку я больше не увидел. Мы домой вернулись
и стали жить как прежде.
И дедушка готовил нам еду. А это значит,
что на завтрак, обед и ужин и на файв-оклок мы ели
тосты и мармелад в серебряной фольге
и пили чай. Пока я не вернулся
к родителям.
Мой дедушка так резко постарел, как будто годы
над ним возобладали в одну ночь.
О Дейзи, Дейзи, пел он, *дай мне ответ.*
Если б одна ты была на свете и я один,
Отец сказал бы, не робей, мой сын.

Королева ножей

В нашей семьей голос был лишь у дедушки,
его прочили в канторы,
но ему приходилось печатать снимки,
починять приемники и электробритвы...
Братьев — известный дуэт «Соловьи» —
по телевизору мы раньше смотрели.
Дед свыкся с одиночеством как будто. Но однажды,
когда за леденцами, вниз, на кухню,
по лестнице спустился ночью, я увидел
дедулю. Он там стоял босой,
метал в коробку нож и пел:
Ты заставил меня полюбить, а я того не хотела.
Я не хотела.

Метаморфозы

Позже станут ссылаться на смерть сестры, на рак, пожравший ее двенадцатилетнюю жизнь, на опухоли мозга размером с утиное яйцо, и на семилетнего сопливого мальчика, стриженного ежиком, который широко распахнутыми карими глазами смотрел, как она умирает в белой больнице, и утверждать: «С этого все началось», — и возможно, так и было.

В биографическом фильме «Перезагрузка» (*реж. Роберт Земекис, 2018*), перебивкой его показывают подростком, на глазах у которого в больничной палате умирает от СПИДа учитель биологии. Они говорят о препарировании лягушки.

— Но зачем же резать? — спрашивает юный Раджит, и музыка звучит наплывом. — Не лучше ли оставить ее жить?

Учитель, роль которого исполнил ныне покойный Джеймс Эрл Джонс, вначале как будто пристыжен, но потом его словно воодушевляет какая-то мысль, и он кладет руку на костлявое плечо мальчика.

— Ну, если кто и сможет решить задачу, так это ты, Раджит, — говорит он, и голос его тонет в басовом наигрыше.

Мальчик кивает и смотрит на нас с решимостью, граничащей с фанатизмом.

Только в жизни ничего этого не было.

II.

Серый ноябрьский день, Раджит, высокий сорокалетний мужчина; обычно он носит очки с темной оправой, но в настоящий момент он их снял. То, что он без очков, подчеркивает его наготу. Он сидит в ванне, словно не замечая, что вода уже остыла, и репетирует заключительную часть своей речи. В повседневной жизни он слегка сутулится, но теперь выпрямился и взвешивает каждое слово, прежде чем его произнести. Он не умеет выступать на публике.

Бруклинская квартира, которую он снимает вместе с другим ученым и архивариусом, сегодня пуста. Его член в прохладной воде сморщился и стал похож на орех.

— А это означает, — громко и медленно произносит он, — что в войне с раком мы победили.

Он выдерживает паузу, выслушивая вопрос воображаемого репортера из дальнего угла комнаты.

— Побочные эффекты? — отвечает он самому себе, и голос его эхом отдается в ванной. — Да, они есть. Но насколько мы смогли установить, ничего такого, что вызвало бы необратимые изменения.

Он выбирается из обшарпанной фарфоровой ванны, голый идет к унитазу, и его выворачивает: страх перед выступлением пронзает его, как разделочный нож. Когда рвать больше нечем и спазмы прекращаются, Раджит полощет рот, одевается и отправляется на метро в Манхэттен.

III.

Это открытие, позже напишет журнал «Тайм», может «изменить саму основу медицины столь же фундаментально, как это случилось после открытия пенициллина».

— Что если, — говорит Джефф Голдблюм, играющий в фильме взрослого Раджита, — научиться перезагружать генетический код? Столь много бед бывает лишь потому, что тело забыло, что следует делать. Все дело в коде. Программа глючит. Что если... внести в нее корректировки?

— Ты сошел с ума! — говорит ему в фильме хорошенькая блондинка, его подруга. В реальной жизни у него нет подруги; в реальной жизни у Раджита время от времени случается платный секс с молодыми людьми из эскорт-агентства «Аякс».

— Послушай, — говорит Джефф Голдблюм, и у него это получается лучше, чем у настоящего Раджита, — это похоже на компьютер. Вместо того чтобы пытаться устранить один за другим глюки, возникшие из-за сбоя в программе, можно переустановить программу. Вся информация при этом сохраняется. Мы приказываем нашему телу перепроверить все РНК и ДНК, то есть заново ее считать. И перезагрузиться.

Актриса улыбается и останавливает его поцелуем, игривым, и выразительным, и страстным.

IV.

У женщины рак селезенки, лимфоузлов и брюшной полости: поражение лимфообразующих тканей. Еще у нее пневмония. Она согласилась на предложение Раджита испытать на себе действие препарата. Ей известно, что требование вылечить рак в Америке незаконно. Совсем недавно она была толстой. Теперь она теряет в весе и напоминает Раджиту снеговика на солнце: с каждым днем она тает, и с каждым днем, он чувствует, у нее все меньше решимости.

— Это не лекарство в обычном смысле слова, — говорит он. — Это несколько химических инструкций.

Похоже, она не понимает. Он вводит ей в вену две ампулы прозрачной жидкости.

И вскоре она засыпает.

А когда просыпается, рака у нее нет. Однако вскоре после этого она умирает от пневмонии.

Два дня, предшествовавших ее смерти, Раджит провел в раздумьях, как объяснить тот факт, подтвержденный впоследствии вскрытием, что у пациента отныне имелся член, то есть пациент был во всех отношениях, функционально и по хромосомному ряду, мужского пола.

V.

Двадцать лет спустя: скромная квартирка в Новом Орлеане (хотя это могло быть и в Москве, или Манчестере, или Париже, или Берлине). Сегодня грандиозная ночь, и Джо/а собирается всех ошеломить.

Ей следует выбрать между кринолином в стиле полонез, какие принято было носить при французском дворе в восемнадцатом веке (фижмы с турнюром, темно-красный корсаж с лифом под декольте на шнуровке) и копией придворного платья сэра Филипа Сиднея из черного бархата с серебряной нитью, с гофрированным воротником и гульфиком. В конце концов, взвесив все за и против, Джо/а делает выбор в пользу платья. Проходят двенадцать часов: Джо/а открывает бутылочку с маленькими красными пилюлями, на каждой — значок «х», и проглатывает две. В десять утра Джо/а отправляется в постель, начинает мастурбировать, эрекция неполная, но он/а засыпает до наступления оргазма.

Комната очень маленькая. Повсюду развешена одежда. На полу коробка из-под пиццы. Обычно Джо/а громко храпит, но при перезагрузке вообще не издает никаких звуков, возможно, впадая в нечто вроде комы.

Просыпается Джо/а в десять вечера, чувствуя себя нежной и обновленной.

Раньше, когда Джо/а только начинал/а, после каждой перезагрузки он/а тщательно осматривала себя, разглядывая грудь и соски, крайнюю плоть или клитор, определяя, какие шрамы исчезли и какие остались. Но теперь, привыкнув, она просто надевает нижнюю юбку, лиф и платье, ее новые груди (высокие и упругие) сдавлены корсажем, а подол платья волочится по полу, и это означает, что Джо/а может надеть старинную пару ботинок от доктора Мартенса (невозможно знать заранее, что придется делать: бегать, ходить или пинать кого-то, и от шелковых туфель проку не будет).

Наряд венчает высокий напудренный парик. Надушившись, Джо/а ощупывает юбку, палец проникает между ног, (Джо/а не носит штанишек, претендуя на полную аутентичность, с такой-то обувью), и затем проводит этим пальцем за ушами, на счастье или, скорее, для привлекательности. Таксист звонит в дверь в 11:05, и Джо/а спускается. Он/а едет на бал.

Завтра вечером Джо/а примет следующую дозу; работа, которую выполняет Джо/а по будням, сугубо мужская.

VI.

Раджит всегда считал гендерное воздействие средства всего лишь побочным эффектом. Нобелевскую премию давали за средство от рака (перезагрузка, как выяснилось, воздействовала на большинство видов рака, но не на все).

Хоть он и был умным человеком, Раджит оказался поразительно недальновидным. Он не смог кое-что предвидеть. К примеру:

Что некоторые раковые больные предпочтут умереть, чем сменить пол.

Что католическая церковь выступит против этой химической пусковой схемы, к тому времени выпущенной в продажу под названием «Перезагрузка», в основном потому, что гендерная метаморфоза предполагала, что женское тело, перезагружаясь, вмещало в себя плоть зародыша, а мужчины не могут беременеть. Множество религиозных сект отвергли Перезагрузку, чаще всего ссылаясь на следующую цитату из Книги Бытия: «И сотворил Бог человека по образу Своему, по образу Божию сотворил его; мужчину и женщину сотворил их» (Бытие 1:27).

Против «Перезагрузки» выступили: ислам, русская православная церковь, римско-католическая церковь (при многих несогласных), униатская церковь, ортодоксальные иудаисты, альянс фундаменталистов США.

Применение «Перезагрузки» по рекомендации компетентного врача одобрили большинство буддистов, церковь Иисуса и современных святых, греческая православная церковь, саентологи, англиканская церковь (при многих несогласных), либеральный и реформированный иудаизм, коалиция нового века Америки.

И ни одна из церквей и сект не предполагала возможности использования «Перезагрузки» для развлечения и получения удовольствий.

И хотя Раджит сознавал, что «Перезагрузка» сделает ненужными операции по перемене пола, ему не приходило в голову, что кто-либо может применять его средство из прихоти, или из любопытства, или для того, чтобы скрыться. Так, он не смог предвидеть, что возникнет черный рынок «Перезагрузки» и подобных ему химических веществ; а также то, что через пятнадцать лет после начала продаж «Перезагрузки» с одобрения Агентства по продуктам питания и лекарственным средствам ее незаконные аналоги будут стоить на черном рынке в десять раз дороже героина или кокаина.

VII.

В нескольких новых коммунистических государствах Восточной Европы хранение этих препаратов каралось смертной казнью.

По сообщениям из Таиланда и Монголии, там насильно перезагружали мальчиков в девочек, чтобы повысить им цену на рынке интимных услуг.

В Китае новорожденных девочек перезагружали в мальчиков, и семьи отдавали свое достояние за одну-единственную дозу. А старики, как и прежде, умирали от рака. Возникший в связи с этим кризис вначале не воспринимался как проблема, но потом стало слишком поздно, принятые суровые меры оказалось сложно применить на практике, и это в конечном итоге привело к революции.

«Международная амнистия» сообщала, что в нескольких пан-арабских государствах мужчин, которые не могли однозначно доказать, что родились мужчинами, а также тех, кто родился не мужчиной, то есть женщин, не носящих паранджу, заключали в тюрьму, где чаще всего насиловали и убивали. Большинство арабских лидеров утверждали, что такое явление не имеет и не могло иметь место в их странах.

VIII.

Раджиту за шестьдесят, и он читает номер «Нью-Йоркера», где говорится, что слово «перемены» приобрело коннотации потаенной непристойности и табу.

Школьники смущенно хихикают, когда наталкиваются на фразу «Я хочу перемен», или «Время перемен», или «Ветер перемен» в учебнике литературы, посвященном началу двадцать первого века. На уроке английского в Норвиче класс давится непристойным смехом, приветствуя возглас одного из учеников: «Перемены столь же хороши, как и отдых!»

А представитель Английского Королевского общества пишет письмо в «Таймс», оплакивая утрату очередного превосходного английского слова.

Еще через несколько лет в Стритхеме проходит суд над юнцом, надевшим футболку с четким слоганом «Переменчивый человек».

IX.

Джеки работает в «Цветах», ночном клубе в западном Голливуде. Таких джеки десятки, если не сотни в Лос-Анджелесе, тысячи в Америке и сотни тысяч — в мире.

Некоторые из них работают на правительство, другие — на религиозные организации, третьи — на бизнес. В Нью-Йорке, Лондоне и Лос-Анджелесе такие, как Джеки, встречают вас в людных местах.

А вот что Джеки делает: наблюдает, как толпа заполняет зал, и думает: «Рожден М, теперь Ж; рождена Ж, теперь М; рожден М, теперь М; рожден М, теперь Ж; рождена Ж, теперь Ж...»

В дни «натуралов» (то есть тех, кто категорически *не меняется*) Джеки часто говорит: «Мне очень жаль, но сегодня вы не можете сюда войти». Такие, как Джеки, попадают в точку в девяноста семи случаях из ста. Статья в «Американском ученом» утверждает, что навыки определения пола, полученного при рождении, возможно, передаются по наследству: эта способность существовала всегда, но до настоящего времени не проявлялась, так как не была жизненно необходимой.

Рано утром, после работы, на него напали. И пока каждый новый ботинок оставляет отметины на его лице, и груди, и голове, и в паху, Джеки думает: «Рожден М, теперь Ж; рожден Ж, теперь Ж; рожден Ж, теперь М, рожден М, теперь М...»

Когда Джеки выходит из больницы, у него видит только один глаз, а лицо и грудь зеленовато-фиолетового цвета; дома его ждет огромный букет экзотических цветов и записка, в которой говорится, что его по-прежнему ждут на работе.

Однако Джеки садится в чикагский экспресс, а оттуда на обычном поезде добирается до Канзас-сити, где и остается, крася дома и починяя электропроводку, то есть занимаясь тем, чему научился много лет назад, и возвращаться не собирается.

X.

Раджиту за семьдесят, и он живет в Рио-де-Жанейро. Он достаточно богат, чтобы удовлетворять любые свои капризы, однако сексом уже ни с кем не занимается. Из окна своей квартиры в Копакабане он подозрительно смотрит на бронзовые тела прохожих.

Люди на пляже думают о нем не больше, чем подросток с хламидиозом об Александре Флеминге[55]. Большинство из них полагают, что Раджита уже нет в живых. В любом случае никому нет до него дела.

В настоящее время существует предположение, что некоторые виды рака претерпели эволюцию и мутировали под воздействием «Перезагрузки». Выяснилось, что многие болезни, вызванные бактериями и вирусами, устойчивы к ней. Некоторые даже становятся более активными, а штамм гонореи после перезагрузки, предположительно, меняет вектор воздействия, изначально бездействуя в теле хозяина и активизируясь и становясь заразным лишь когда его гениталии преобразуются в гениталии противоположного пола.

И в то же время продолжительность жизни на Западе по-прежнему увеличивается.

Ученых озадачивает вопрос, почему некоторые из тех, кто использует «Перезагрузку» ради развлечения, стареют обычным образом, в то время как у других никаких признаков старения не возникает. Кое-кто утверждает, что последние все же стареют, но на клеточном уровне. Другие придерживаются версии, что еще рано делать выводы и никто ничего не знает наверняка.

Перезагрузка не обращает процесс старения вспять; однако совершенно очевидно, что у некоторых она его замедляет. Многие представители старшего поколения, до сего времени отвергавшие перезагрузку ради удовольствия, также начинают принимать пилюли, независимо от того, имеются ли к этому медицинские показания.

XI.

Сдачу теперь называют *чеканкой*, или, реже, *звонкой монетой*.

А сам процесс перехода именуется *переменка*.

XII.

Раджит умирает от рака простаты в своей квартире в Рио. Ему за девяносто. Он никогда не принимал своих пилюль; и даже теперь мысль о такой возможности его ужасает. Рак распространился до костных тканей таза и яичек.

Он звонит в звонок. Проходит некоторое время, прежде чем сиделка, выключив свой сериал и отставив чашечку кофе, наконец появляется в дверях.

— Выведите меня на воздух, — сипит он. Она делает вид, будто не понимает. Он повторяет на плохом португальском. Она трясет головой.

Он вначале с трудом садится на постели, согбенный, словно горбун, и такой исхудавший, что порыв ветра может сбить его с ног, а затем плетется к входной двери.

Сиделка тщетно пытается его отговорить. И идет с ним через холл, поддерживая за руку, пока они ждут лифта. Он два года не выходил из квартиры; он перестал выходить еще до болезни: Раджит почти ничего не видит.

Сиделка выводит его на палящее солнце, они переходят улицу и направляются к пляжу Копакабаны.

Люди на пляже пялятся на старика, лысого, сгнившего заживо, в ветхой пижаме, с бесцветными, прежде карими глазами, глядящими через толстые линзы очков в темной оправе.

А он пялится на них.

Они золотисты и прекрасны. Некоторые спят прямо на песке. Почти все они совсем раздеты или носят одеяния, подчеркивающие их наготу.

И он их узнает.

Позже, много позже, о нем снимут еще один фильм. В финальной сцене старик падает на колени, как и было в реальной жизни, и из расстегнутых пижамных штанов вытекает струйка крови, сбегая по выцветшей ткани и смешиваясь с мягким песком. Он смотрит на них, переводя взгляд с одного на другого, и на его лице читается благоговейный трепет, как у человека, который научился смотреть на солнце.

Умирая в окружении золотистых людей, не мужчин и не женщин, он произнес лишь одно слово.

— Ангелы, — сказал он.

И люди, что смотрели фильм, такие же золотистые, прекрасные и *измененные*, как те, на пляже, поняли, что это конец.

И в том смысле, в каком это понял бы Раджит, так оно и было.

Дочь сов

Из книги Джона Обри «Реликвии язычества и иудаизма» (1686—1687; с. 262—263).

Я услышал эту историю от моего друга Эдмунда Уайлда эсквайра, которому рассказал ее мистер Фаррингдон, утверждавший, будто она очень давняя. Однажды ночью в городе Димтоне новорожденную девочку подбросили на паперть церкви, где и нашел ее наутро церковный сторож, а в руке она держала странную вещицу, совиный катышек, в котором, когда раскрошился, обнаружилось все то, что обычно содержат совиные катышки, а именно: частички кожи, и зубы, и мелкие косточки.

Старые жены города сказывали так: девочка эта — дочь сов, и гореть ей до тла, ибо родила ее не женщина. Однако мудрые головы и седые бороды тому воспротивились, и малышку отнесли в монастырь (было это вскоре после папистских времен, и монастырь стоял заброшенный, ибо горожане считали, что там обитают бесы и прочая нечисть, а также совы, и сычи, и тьмы летучих мышей, которые свили в башнях гнезда) и там ее и оставили, и одна из жен города каждый день ходила туда, кормила дитя и пеленала.

Ей предрекали смерть, однако она не умерла: напротив, росла год от года, а когда ей исполнилось четырнадцать, стала девушкой. Была она раскрасавицей, каких и не встретишь, чудесная девушка, проводившая дни и ночи за высокими каменными стенами, и никто-то ее никогда не видел, одна только женщина, что приходила каждое утро. Однажды в воскресный день добрая женщина слишком громко стала нахваливать ее красоту, а еще рассказывать, что та совсем не умеет говорить, ведь ее тому не учили.

Мужчины Димтона, и седобородые старцы, и безусые юнцы, собрались и сказали: что если пойти на нее взглянуть, кто о том узнает? (Под «взглянуть» они имели в виду надругаться.)

На том и порешили: мужчины, мол, пойдут на охоту при полной луне, и так они и сделали, вышли из домов поодиночке и повстречались уже возле монастыря. И тогда главный судья Димтона отпер ворота, они и вошли один за другим. Нашли же ее в подвале, куда она спряталась, напуганная шумом.

Девушка была еще краше, чем им говорили: волосы рыжие, большая редкость, а надета на ней лишь белая рубаха. И когда она их увидела, еще больше перепугалась, ведь прежде мужчин не видала, лишь ту одну женщину, что приносила поесть; и она уставилась на них своими огромными глазищами, и стала тихонько вскрикивать, словно умоляя ее пощадить.

Горожане лишь посмеялись, они задумали злое и были подлыми жестокими людьми; и подошли они к ней в лунном свете.

Девушка закричала уже громко, но и это их не остановило. И тогда зарешеченное окно потемнело, лунный свет пропал, словно кто-то его застил, и раздалось хлопанье мощных крыльев; но мужчины того не видели, собираясь учинить ей бесчестье.

Во сне в ту ночь слышали жители Димтона, как кричали, выли и ухали огромные птицы; и во сне они видели, как те птицы превратились в мышей и крыс.

Наутро, когда солнце было высоко, жены исходили город вдоль и поперек в поисках мужей и сыновей; когда же догадались заглянуть в монастырь, там нашли они в подвале совиные катышки: и были в тех катышках волосы, и пряжки, и монеты, и мелкие косточки, и валялись на полу пучки соломы.

С тех пор никто больше не видел мужчин Димтона. Зато девушку ту, годы спустя, по слухам, видели высоко, то на вершине дуба, то на колокольне, и всегда это было в сумерках или ночью, и никто не мог бы поклясться, она то была или нет.

(Говорили о белой фигуре: а мистер Э. Уайлд не смог в точности припомнить, как ее видели, одетой или нагой.)

Сам не знаю, правда то или нет, но история занятная, вот я и решил ее рассказать.

Шогготское[56] особой выдержки

Бенджамин Лассистер пришел к неизбежному заключению, что женщина, написавшая «Пешеходную экскурсию по побережью Британии», книгу, которую он носил в своем рюкзаке, никогда в жизни вообще не была на пешей прогулке и, скорее всего, не узнала бы британское побережье, если бы даже оно протанцевало через ее спальню во главе джаз-банда, громко и радостно напевая «Я и есть побережье Британии» и аккомпанируя себе на на казу[57].

В течение пяти дней он следовал ее рекомендациям и в награду имел лишь волдыри на ногах и боль в пояснице. *На британских морских курортах множество пансионов, предоставляющих ночлег и завтрак, где будут чрезвычайно рады принять вас в межсезонье*, говорилось в книге. Бен зачеркнул эту фразу и на полях написал: *На британских морских курортах существует жалкая кучка пансионов с ночлегом и завтраком, владельцы которых в последний день сентября улетают в Испанию, Прованс или куда-то еще, крепко заперев за собой дверь.*

Подобных заметок на полях он оставил множество: *Ни при каких обстоятельствах не заказывайте, как это сделал я, яичницу в придорожном кафе*, — или: *Что это за блюдо, рыба с жареной картошкой?* — или: *Нет, вовсе нет.* Последняя была сделана напротив абзаца, в котором утверждалось, что если и есть на свете что-то, что могло бы чрезвычайно обрадовать обитателей живописных деревень на британском побережье, так это путешествующий пешком турист-американец.

Пять адских дней Бен шел от деревни к деревне, угощаясь сладким чаем и растворимым кофе в кафе и закусочных и пялясь на бесконечность серых скал и свинцового моря; он дрожал от холода в двух толстых свитерах, мок под дождем, но так и не сподобился увидеть обещанные достопримечательности.

Найдя себе укрытие на автобусной остановке, где ему однажды даже пришлось переночевать, он принялся искать перевод для ключевых слов путеводителя: он решил, что *прелестный* означает *не поддающийся описанию*; *живописный* означает *неприглядный, но смотрится неплохо, если дождь наконец перестал*; а *восхитительный,* возможно, означает: *мы никогда здесь не были и не знаем никого из тех, кто был.* Он также пришел к заключению, что чем экзотичнее название деревни, тем более она уныла на вид.

Вот и получилось, что на пятый день Бен Ласситер очутился где-то севернее Бутла, в городке Иннсмут, который в путеводителе не был назван ни прелестным, ни живописным, ни восхитительным. В книге не содержалось также описание ни ржавого пирса, ни гниющих на галечном пляже корзин для ловли лобстеров.

На берегу было три заведения, одно возле другого: «Вид на море», «Мон репо» и «Шуб Ниггурат»[58], и в окне у каждого висела выключенная неоновая вывеска «СДАЮТСЯ КОМНАТЫ», а на двери — табличка «ЗАКРЫТО ДО НАЧАЛА СЕЗОНА».

Открытых кафе здесь не было. На двери единственной забегаловки, торгующей рыбой с жареной картошкой, тоже значилось «ЗАКРЫТО». А пока Бен ждал, когда она откроется, серый день поблек и сменился сумерками. Наконец на дороге появилась маленькая, лицом немного похожая на лягушку женщина, которая отперла дверь. Бен спросил, когда будет открыто для посетителей, она посмотрела на него в замешательстве и сказала:

— Сегодня понедельник, уважаемый. Мы никогда по понедельникам не работаем, — после чего вошла в лавку и заперла за собой дверь, оставив продрогшего и голодного Бена на пороге.

Бен вырос в маленьком городке засушливого Техаса: единственным доступным жителям видом водоемов был бассейн на заднем дворе, а путешествовать можно было лишь в пикапе с кондиционером. Потому у него и возникла идея пешком пройти вдоль берега моря в стране, где говорят практически по-английски. В городе Бена сушь была двойной: здесь гордились тем, что ввели запрет на алкоголь за тридцать лет до того, как остальную часть Америки шарахнуло сухим законом, и потом так его и не отменили; а потому Бен знал о пабах только то, что это рассадники греха, как и бары, только с более приятным названием. Однако автор «Пешеходной экскурсии» утверждала, что, зайдя в паб, там можно обнаружить местный колорит и узнать полезную информацию, что в пабе следует непременно «пропустить стаканчик» и что в некоторых даже подают еду.

Этот паб назывался «Книгой Мертвых Имен», а табличка на дверях известила Бена, что его владельцем является некий А. Аль-Хазред[59], обладающий лицензией продавать вина и крепкие напитки. Бену стало интересно, не означает ли это, что здесь подают индийскую еду, которую он не без удовольствия отведал по прибытию в Бутл. Он задержался у указателей, решая, что выбрать: «Публичный бар» или «Салун», и спрашивая себя, что означает здесь слово «публичный» и не являются ли английские публичные бары такими же частными, как и публичные школы, но в конце концов, поскольку название напоминало вестерн, направился в «Салун».

Там было почти пусто и пахло прокисшим пивом и позавчерашним табачным дымом. За стойкой стояла пухлая женщина с бесцветными волосами, а в дальнем углу восседали два джентльмена в долгополых серых плащах и шарфах. Они играли в домино и потягивали из граненых стеклянных кружек темно-коричневый, с обильной пеной напиток.

Бен подошел к барной стойке.

— У вас можно заказать поесть?

Барменша какое-то время чесала нос, затем нехотя ответила, что, наверное, могла бы приготовить ему по-крестьянски.

Бен понятия не имел, что это значит, и в который раз пожалел, что «Путеводитель» не снабжен англо-американским разговорником.

— А это еда? — спросил он. Она кивнула. — Хорошо. Приготовьте одну порцию.

— А выпить?

— «Коку», пожалуйста.

— У нас не бывает «Коки».

— Тогда «Пепси».

— И «Пепси».

— А что у вас есть? «Спрайт»? «Севен-ап»? «Гаторейд»?

От его вопросов она словно еще поглупела, но наконец произнесла:

— Кажется, у нас осталась пара бутылок вишневого крюшона в подсобке.

— Вот и хорошо.

— С вас пять фунтов двадцать пенсов. По-крестьянски я принесу, когда будет готово.

Усевшись за маленький и немного липкий деревянный столик и потягивая нечто *шипучее*, с виду и на вкус совершенно химическое, Бен решил, что по-крестьянски — это, вероятно, нечто вроде стейка. Он пришел к этому ни на чем не основанному заключению, приняв желаемое за действительное и представив себе грубого или, положим, буколического крестьянина, на закате ведущего тучных быков по свежевспаханному полю; в тот момент он хладнокровно и лишь при незначительной посторонней помощи мог бы съесть целого быка.

— Вот, пожалуйста. По-крестьянски, — сказала барменша, ставя перед ним тарелку.

Оказалось, что «по-крестьянски» — это прямоугольный кусок острого сыра, лист салата, карликовый помидор со следом большого пальца на кожице, горка чего-то влажного и коричневого, на вкус похожего на кислый джем, и маленькая черствая булочка, — и это разочаровало и опечалило Бена, который решил, что британцы относятся к еде как к своего рода наказанию. Он жевал сыр с листом салата, проклиная всех крестьян Англии за то, что они предпочитают обедать такими помоями.

Джентльмены в серых плащах, что сидели в дальнем углу, закончили играть в домино, подхватили свои кружки и подсели к Бену.

— Чего это вы пьете? — с любопытством спросил один.

— Говорят, вишневый крюшон, — ответил он. — Судя по вкусу, его на химзаводе приготовили.

— Интересно вы говорите, — сказал тот, что пониже. — Интересно вы говорите. У меня вон друг работал на химзаводе, но он никогда не пил вишневый крюшон.

Он сделал драматическую паузу и отхлебнул из кружки. Бен подождал, будет ли продолжение, но тот, кажется, выговорился; беседа замерла.

Стараясь произвести хорошее впечатление, Бен, в свою очередь, спросил:

— А вы, парни, что пьете?

Более высокий, сидевший до этого с мрачным видом, повеселел:

— Что ж, это чрезвычайно любезно с вашей стороны. Мне пинту шоггота особой выдержки.

— И мне тоже, — сказал его друг. — Я не прочь прикончить шоггота. Ха, держу пари, получился неплохой рекламный слоган! «Я не прочь прикончить шоггота». Стоит им предложить. Держу пари, они ужасно обрадуются моему предложению.

Бен пошел к барменше, собираясь заказать две пинты шоггота особой выдержки и стакан воды для себя, но обнаружил, что она уже налила три пинты темного пива. Что ж, подумал он, придется выпить за компанию, тем более что хуже, чем вишневый крюшон, ничего просто быть не может. Он сделал маленький глоток. У пива был привкус, благодаря которому, как он полагал, рекламщики охарактеризовали бы напиток как «полнотелый», но если припереть их к стенке, им пришлось бы признать, что означенное тело принадлежит козлу.

Он расплатился и стал лавировать между столиков обратно, к своим новым друзьям.

— Итак, как вы здесь очутились? — спросил тот, что повыше. — Полагаю, вы — один из наших американских братьев — хотите посмотреть самые знаменитые английские городки?

— Кстати, в Америке тоже есть город с таким названием, — сказал тот, что поменьше.

— В Штатах есть Иннсмут? — удивился Бен.

— Должен сказать, что да, — сказал тот, что поменьше. — Он все время об этом писал, тот человек, чье имя мы не упоминаем.

— Простите? — удивился Бен.

Маленький просмотрел через плечо и очень громко прошипел:

— Гэ Фэ Лавкрафт!

— Я же просил не называть его! — сказал второй и сделал глоток темного пива. — Гэ Фэ Лавкрафт. Гэ Фэ блин

Лавкрафт. Гэ блин Фэ блин Лав блин Крафт. — Он замолчал, чтобы набрать побольше воздуха. — Что он там знал? А? Я хочу сказать, что он, блин, знал?

Бен отпил немного пива. Имя было смутно знакомым; он вспомнил, что оно ему как будто попадалось в груде старинных виниловых пластинок в дальнем углу отцовского гаража.

— Это случайно не рок-группа?

— Я не про рок-группу говорил. Я имел в виду писателя.

Бен пожал плечами.

— Никогда о таком не слышал, — признался он. — Я вообще-то читал одни вестерны. И технические справочники.

Маленький пихнул локтем соседа.

— Ну вот, Уилф. Слыхал? Его никто не знает.

— Ладно. Ничего страшного. Что до меня, то я читал этого, Зейна Грея[60], — сказал высокий.

— Да. Ну. Было бы чем гордиться. Этот малый, как, бишь, тебя зовут?

— Бен. Бен Ласситер. А вас?..

Маленький улыбнулся; он ужасно похож на лягушку, подумал Бен.

— Я Сет, — сказал маленький. — А моего друга зовут Уилф.

— Очень приятно, — сказал Уилф.

— Привет, — сказал Бен.

— По правде говоря, — сказал маленький, — я с тобой согласен.

— Согласен? — не понял Бен.

Маленький кивнул.

— Ну. Насчет Гэ Фэ Лавкрафта. Вообще не понимаю, к чему весь этот шум. Он и писать-то, блин, не умел. — Маленький отхлебнул портера и слизнул с губ пену своим длинным гибким языком. — Взять хотя бы слова, которые он употреблял. *Жуткой.* Ты хоть знаешь, что это означает?

Бен покачал головой. Ему казалось странным, что он говорит о литературе с двумя незнакомцами в английском пабе. Он даже на мгновение предположил, что стал кем-то еще, *пока не смотрел.* Чем ниже опускалась риска в его кружке, тем менее противным становилось пиво, а липкое послевкусие вишневого крюшона почти пропало.

— *Жуткой* — значит изнурительный. Мучительный. Чертовски странный. Вот что это значит. Я смотрел. В словаре. А вот это, другое слово, *выпуклогорбый*?

Бен снова покачал головой.

— И не говори, а всего-то фаза луны, между второй четвертью и полнолунием. А нас он как всегда называл, а? Блин. Этсамое. На букву «б». На языке вертится...

— *Выблядки*? — предположил Уилф.

— Неа. Блин. Как его. *Пучеглазые.* Вот. То есть похожие на лягушек.

— Да брось! — сказал Уилф. — Я думал, это про верблюдов.

Сет энергично покачал головой:

— Лягушки. Опрдленно. Не верблюды. Лягушки.

Уилф отхлебнул шогготского. Бен пригубил, осторожно и без всякого удовольствия.

— Ну и? — спросил Бен.

— У них два горба, — встрял Уилф.

— У лягушек? — удивился Бен.

— Неа. У пучеглазых. В то время как у этих ваших обыкновенных дремедеров, у них один. Для долгого путешествия через пустыню. И это едят.

— Лягушек? — снова удивился Бен.

— Горбы, — уставился на Бена Уилф своим выпуклым желтым глазом. — Слушай сюда, компанейский ты парень. После трех-четырех недель путешествия по пустыне кушанье из жареного верблюжьего горба кажется особенно вкусным.

Сет скривился:

— Ты никогда не пробовал верблюжий горб.

— Но мог бы, — сказал Уилф.

— Да, но ты же не пробовал. Ты и в пустыне-то не был.

— Ну, если предположить, что я отправился в паломничество к гробнице Нъярлатхотепа...

— Ты имеешь в виду черного царя древних, который грядет в ночи с востока и его не узнают?

— А кого ж еще?

— Просто спросил.

— Глупый вопрос, если тебе интересно знать.

— Но ты мог иметь в виду кого-то другого.

— Это не слишком распространенное имя, не так ли? Нъярлатхотеп. Двух таких не было, или я не прав? «Привет, ты тоже Нъярлатхотеп? Надо же, какое совпадение!» Только это вряд ли. Короче, тащусь я через пустыню, по бездорожью, и думаю, а не прикончить ли мне верблюжий горб...

— Но ведь ты нигде не тащился! Ты дальше нашей гавани не бывал.

— Ну... да...

— Вот! — Сет торжествующе посмотрел на Бена, наклонился и прошептал ему в ухо: — Он всегда такой, как дорвется до выпивки, и я, типа, его боюсь.

— Я все слышал, — сказал Уилф.

— Ладно, — сказал Сет. — Короче. Гэ Фэ Лавкрафт. И эти его, блин, тексты. Гм. *Выпуклогорбая* луна висела низко над *пучеглазыми* и *студенистыми* обитателями Далиджа. Что он имел в виду, а? *Что он имел в виду*? Я тебе скажу, блин. Он, блин, имел в виду, что луна была почти полная, а те, кто жил в Далидже, все до единого были чертовыми студенистыми лягушками! Вот что он имел в виду.

— А что ты еще такое сказал? — спросил Уилф.

— Чего?

— *Студенистые*. Этчто значит, а?

Сет пожал плечами.

— Фиг его знает. Но он частенько его употребляет.

Снова повисла пауза.

— Я студент, — сказал Бен. — Стану металлургом, когда доучусь. — Ему кое-как удалось прикончить свою пинту шогготского особой выдержки, и он с приятным удивлением осознал, что это был его первый в жизни алкогольный напиток. — А вы, ребята, чем занимаетесь?

— Мы служители, — сказал Уилф.

— Культа Великого Ктулху,[61] — гордо добавил Сет.

— Правда? — удивился Бен. — А что это значит?

— Теперь я, — сказал Уилф. — Погодите. — Он направился к барменше и вернулся еще с тремя пинтами напитка. — Ну, — сказал он, — это значит, технически, не так уж много. Быть служителем — это совсем не то, что можно было бы назвать тяжкой работой в разгар сезона. Так происходит потому, конечно, что он спит. Ну, не то чтобы спит. А если точнее, он мертвый.

— В своем доме в Р'льехе мертвый Ктулху ждет, сны видит, — перебил его Сет. — Или, как сказал поэт, не мертво то, что вечно спит...

— И в странной вечности витает, — затянул Уилф.

— Под «странным» он имеет в виду чертовски специфическое.

— Точно! Мы ведь говорим не о вашем измерении.

— А о том странном измерении, где умирает Смерть.

Бен был слегка удивлен, обнаружив, что, кажется, пьет следующую пинту «полнотелого» шогготского особой выдержки, а козлиный дух уже не ощущается им так ярко. Он также был рад заметить, что больше не испытывал голода, что волдыри на ногах не саднили, а его собутыльники были обаятельными, умными парнями, правда, он все время путался, кого из них как зовут. А поскольку у него не было опыта в употреблении алкоголя, ему не приходило в голову, что все это он ощущает благодаря второй пинте шогготского особой выдержки.

— Так что именно сейчас, — сказал Сет, а может, Уилф, — нам вообще не приходится париться. В основном просто ждем.

— И молимся, — сказал Уилф, если он не был Сетом.

— И молимся. Но очень скоро все изменится.

— Да-а? — спросил Бен. — И каким же образом?

— Ну, — поведал ему тот, что повыше, — в один из дней Великий Ктулху (в данный момент временно покойный), то есть наш босс, проснется в своем подводном, так сказать, прибежище.

— И тогда, — сказал маленький, — он потянется, и зевнет, и оденется.

— Я не удивлюсь, если он сходит в туалет.

— Может, газеты почитает.

— А когда все это сделает, он явится из океанских глубин и напрочь уничтожит весь мир.

Бен счел это ужасно забавным.

— Словно «по-крестьянски», — сказал он.

— Именно. В самую точку, молодой американский джентльмен! Великий Кхулту проглотит мир вместо ланча, оставив на краю тарелки огрызок бренстонского маринованного огурца.

— Типа вот этой бурой фигни? — спросил Бен.

Они заверили его, что типа того, а он отправился к стойке и возвратился с еще тремя пинтами шогготского особой выдержки.

Дальнейший разговор он помнил смутно. Помнил, как допил свою пинту, и новые друзья пригласили его пройтись по городку, показывая местные достопримечательности: «Здесь мы берем посмотреть киношку, а вон то большое здание, за этим домом, — Безымянный Храм Неназываемых Богов, и по субботам там, в крипте, ярмарка...»

Он поделился с ними своими предположениями относительно путеводителя и взволнованно заверил, что Иннсмут очень даже *живописный*. А еще сказал, что они лучшие из друзей, какие у него когда-либо были, а Иннсмут вообще *восхитителен*.

Луна была почти полная, и в бледном ее свете оба новых друга были удивительно похожи на огромных лягушек. Или верблюдов.

Все трое дошли до конца ржавого причала, и Сет и/или Уилф указали Бену на развалины затонувшего в заливе Р'Альеха[62], сквозь толщи воды видимые в лунном свете, и Бена вдруг одолел, как он склонен был считать, внезапный и непредвиденный приступ морской болезни, так что его буквально выворачивало наизнанку прямо в ночное море... А потом все казалось немного странным...

Бен Ласситер проснулся от холода на склоне холма, с раскалывающейся головой и отвратительным привкусом во рту. При этом голова его лежала на рюкзаке, а по обеим сторонам от него простиралась скалистая вересковая пустошь, и не было никаких признаков ни дороги, ни какого-либо городка, живописного, прелестного, восхитительного или хотя бы колоритного.

Спотыкаясь и прихрамывая, он прошел почти милю, пока не добрел до ближайшей бензозаправки.

Там ему разъяснили, что в этих местах нет городка с названием Иннсмут. И нет другого городка, где был бы паб, который называется «Книга Мертвых Имен». Он рассказал о парнях по имени Уилф и Сет, и об их друге, которого зовут Странный Иэн и который где-то крепко спит, если только не лежит мертвый на дне моря. Ему ответили, что здесь никогда особенно не жаловали американских хиппи, что шляются, обкуренные, по окрестностям, и что ему, возможно, станет лучше после доброй чашки хорошего чая и сандвича с тунцом и огурчиком, ну а если он упорно желает бродить здесь и дальше в наркотическом дурмане, то молодой Эрни из вечерней смены будет просто счастлив снабдить его небольшим пакетиком отличной, собственного приготовления анаши, надо только прийти сюда после обеда.

Бен вытащил свой путеводитель и попытался найти в нем Иннсмут, чтобы доказать им, что ему все это вовсе не приснилось, но не смог найти страницу, на которой значился городок, если она вообще существовала. Правда, довольно много страниц примерно из середины книги оказались почему-то грубо вырваны.

Тогда Бен вызвал по телефону такси, которое довезло его до железнодорожного вокзала в Бутле, там он сел на поезд, шедший до Манчестера, а из Манчестера на самолете долетел до Чикаго, откуда, изменив свой первоначальный план, полетел в Даллас, там пересел в другой самолет, летевший на север, где, взяв на прокат автомобиль, добрался наконец до дома.

Он обнаружил, что ему приятно сознавать, что он находится более чем в шестистах милях от океана; правда, позднее он переехал в Небраску, чтобы оказаться еще дальше: кое-что из того, что он видел — или думал, что видел, — в воде у ржавого причала он никогда уже не мог забыть. Да и то, что скрывали под собой серые плащи, не было предназначено для человеческих глаз. *Чешуйчатые*. Ему не требовалось смотреть в словаре. Он просто знал. Они были *чешуйчатыми*.

Недели через две после возвращения Бен отправил автору по почте свой экземпляр «Путеводителя» с пометками на полях для последующих переизданий, с пространным письмом, содержавшим множество полезных советов. Он также просил автора прислать ему копию страниц, которые оказались вырванными из его экземпляра, чтобы успокоить его сознание; и втайне испытал облегчение, когда дни сменились месяцами, месяцы — годами, а годы — десятками лет, и она ему так и не ответила.

Вирус

Дали мне компьютерную игру,
друг один дал, сам на нее подсел,
сказал, это классно, стоит попробовать,
я попробовал — так и есть.
С того диска я постоянно ее копировал,
хотел, чтобы все в нее играли,
чтобы все вокруг позабавились.
Я всем давал ссылки,
но чаще для друзей записывал на диск.
(Из рук в руки. Так же она и ко мне попала.)
Мои друзья тоже боятся вируса,
ведь как бывает: кто-нибудь даст тебе диск,
а в пятницу тринадцатого у твоего компа летит
жесткий диск или память.
Но не с этой игрой. С ней все в порядке.
В нее играют даже те, кто не любит компьютеры:
чем лучше играешь, тем труднее игра;
может, никогда не выиграешь, зато позабавишься.
Я позабавился.
Правда, на нее уходит порядочно времени.
И у меня и у моих друзей. И у друзей друзей.
И даже те, кого встречаешь на улицах,
кто идет куда-то, в очереди стоит,

когда нет под рукой компьютера
и игровых салонов, что во множестве развелись,
все они играют в своей голове,
собирают формы по контурам,
подбирают цвета и сигналы,
слушают музыку.
Да, люди о ней думают, но чаще всего — играют.
Мой личный рекорд — восемнадцать часов подряд.
40,012 очков, трижды — фанфары.
Играешь сквозь слезы, голод и боль в руке,
но вскоре о них забываешь. Обо всем забываешь, кроме игры.
В голове моей нет больше места; нет больше места ни для чего.
А игру и дальше копируют, передают — из рук в руки,
и так по цепочке.
Слова не нужны, времени нет для иного,
и иногда мне кажется, я многое стал забывать.
Не знаю, есть ли еще ТВ. Раньше было.
Не знаю, что случится, когда иссякнут запасы еды.
Не знаю, куда подевались люди. И вдруг понимаю,
что если сумею быстрей, поставлю черный квадрат
к красной линии,
смогу отразить и вращать их, пока не исчезнут,
левый блок предназначив для белого шара...
(И тогда они тоже исчезнут.)
А если в сети упадет напряжение,
я стану играть в уме,
пока не умру.

В поисках девушки

Мне было девятнадцать в 1965-м: брюки дудочкой, длинные волосы, почти до плеч. Каждый раз, включив радио, можно было слышать, как «Битлз» поют «Help!», и я хотел быть Джоном Ленноном, и чтобы вокруг так же визжали девчонки, а у меня всегда были наготове циничные шуточки. В тот год я впервые купил «Пентхаус» у торговца сигаретами на Кингз-роуд. Я заплатил несколько заначенных шиллингов и пошел домой, сунув его за пазуху и время от времени проверяя, не прожег ли он в моем свитере дыру.

Тот журнал давно выбросили, но я всегда буду помнить, что в нем было: взвешенные высказывания о цензуре; рассказ Х. Э. Бейтса и интервью с американским романистом, о котором я никогда не слышал; страничка моды с изделиями из мохера и узорчатыми галстуками, которые следовало покупать на Карнеби-стрит. Но лучше всего были, конечно, девушки, а лучшей из девушек — Шарлотта.

Шарлотте тоже было девятнадцать.

Все целлулоидные девушки в том давно утраченном журнале были похожи; прическа — волосок к волоску (глядя на них, казалось, ты чуешь запах лака); все они победно улыбались на камеру, а глаза искоса смотрели на вас сквозь заросли ресниц; белая помада; белые зубы; белые груди, оттеняемые бикини. Я никогда не думал о том, какие неловко жеманные позы они принимали, чтобы не показать ни завитка, ни даже тени лобковых волос, которые, впрочем, я все равно бы не заметил. Я смотрел только на бледные попки и груди и ловил их целомудренные и призывные взгляды.

А перевернув страницу, увидел Шарлотту. Она была не такой, как другие. Она была сексуальной; ее сексуальность была похожа на прозрачную вуаль или пряные духи.

Под фотографиями были слова, и, ошеломленный, я их прочел. «Восхитительной Шарлотте Рив девятнадцать... Она — юная индивидуалистка и бит-поэтесса, публикуется в журнале “ФАБ”...» Эти слова вертелись в моей голове, пока я пристально рассматривал фотографии: она позировала и надувала губки в квартире в Челси — должно быть, у фотографа, предположил я, уже зная, что она мне нужна.

Ей столько же лет. Это судьба.

Шарлотта.

Шарлотте девятнадцать.

С тех пор я регулярно покупал «Пентхаус», надеясь снова ее увидеть. Но этого не случилось. Во всяком случае тогда.

Через полгода мама нашла у меня под кроватью коробку из-под обуви и заглянула в нее. Вначале она устроила сцену, потом выбросила журналы на помойку, а потом вышвырнула меня вон. На следующий день у меня были работа и жилье в Эрлз-Корт, что получилось, если подумать, словно само собой.

Моя первая работа была в электромастерской поблизости от Эдгвэа-роуд. Все, что я умел, — менять штепсель, и в те времена люди могли себе позволить ради этого вызвать электрика. К тому же шеф сказал, что я научусь остальному прямо в мастерской.

Я продержался три недели. Моя первая работа подразумевала острые ощущения, так как мне пришлось менять штепсель у торшера в спальне киноактера, ставшего звездой благодаря ролям немногословных лондонских казанов. Когда я там появился, он был в постели с двумя куколками-недотрогами. Я сменил штепсель и ушел, и все было очень пристойно. Я даже мельком не взглянул хотя бы на сосок и уж тем более не принял предложение к ним присоединиться.

А через три недели в один и тот же день меня уволили и я потерял девственность. Это случилось в шикарной квартире в Хэмпстеде, где никого не было, кроме девицы, небольшого роста и темноволосой, на несколько лет старше меня. Я опустился на колени, чтобы поменять штепсель, а она встала на стул рядом со мной, чтобы стереть с двери пыль. Я взглянул вверх: под юбкой она носила чулки и пояс, и больше ничего, так уж мне не повезло. Вот как я узнал, что бывает потом и чего в кино не покажут.

Я потерял невинность под обеденным столом в Хэмпстеде. Сегодня вы уже не встретите служанок. Они вымерли, как вымерли в свое время мини-автомобили с прозрачной крышей и динозавры.

А после этого я потерял работу. Даже шефу, убежденному в моей чрезвычайной некомпетентности, показалось подозрительным, что я три часа менял в квартире штепсель, ну а мне вряд ли стоило рассказывать ему, что два часа из трех я провел под столом, куда спрятался, когда неожиданно нагрянули хозяева.

Потом я недолго поработал печатником, затем наборщиком, прежде чем оказался в небольшом рекламном агентстве над магазином сандвичей на Олд Кэмптон-стрит.

Я продолжал покупать «Пентхаус» с девушками, похожими на статисток в «Мстителях» и, собственно, на самом деле такими. Я читал статьи про Вуди Аллена и остров Сафо, про Бэтмана и Вьетнам, про стриптизерш, орудующих кнутом, про моду, беллетристику и секс.

На пиджаках появились бархатные воротники, а девушки стали сниматься растрепанными; в моду вошли идолы;

в Лондоне увлеклись свингом; обложки журнала выходили психоделическими, и хотя в питьевой воде не было кислоты, мы вели себя так, словно она там была.

Я снова увидел Шарлотту в 1969-м, много спустя после того как перестал о ней думать. Мне даже казалось, что я забыл, как она выглядит. Но однажды шеф оставил на моем столе «Пентхаус», где ему особенно понравилась размещенная нами реклама сигарет. Мне было двадцать три, я был восходящей звездой, заведовал художественным отделом, делая вид, будто знаю, что делаю, хотя иногда так оно и было.

Я смутно помню тот номер, мне запомнилась лишь Шарлотта. Растрепанные рыжеватые волосы, вызывающий взгляд и улыбка человека, постигшего все тайны жизни и зажавшего их в прижатых к голой груди руках. Теперь ее звали не Шарлотта, а Мелани или что-то вроде того. В подписи говорилось, что ей девятнадцать.

Я жил с танцовщицей по имени Рейчел, в квартирке в Кемден-тауне. Она была самой красивой, самой восхитительной женщиной, какую я когда-либо знал, моя Рейчел. В тот день я вернулся домой пораньше, с фотографиями Шарлотты в портфеле, заперся в ванной и мастурбировал там до умопомрачения.

Вскоре после этого мы с Рейчел расстались.

Рекламное агентство быстро росло, в шестидесятые все быстро росло, и в 1971-м мне дали задание найти лицо для одежды одной фирмы. Там хотели, чтобы это была девушка, воплощающая собой сексуальность; которая выглядела бы в одежде так, словно собирается ее сорвать, если мужчина не сделает это первым. И я знал, какая девушка идеально для этого подходит.

Я позвонил в «Пентхаус», и там вначале не поняли, о чем я говорю, но в конце концов, хоть и неохотно, дали мне телефоны обоих фотографов, которые ее снимали. В редакции «Пентхауса» не были уверены, когда я о ней рассказал, что в обоих случаях это была та же самая девушка.

Я связался с фотографами, пытаясь найти ее агентство.

Они сказали, что такой модели не существует.

Во всяком случае в том смысле, чтобы ее привлечь. Можно не сомневаться, что оба они знали девушку, которую я имел в виду. Но как сказал один из них, «эта чудачка» сама у них появлялась. Они заплатили ей наличными за сессию и продали фотографии. Нет, ее адреса у них не осталось.

Мне было двадцать шесть и я был дураком. Я сразу сообразил, что происходит: меня водили за нос. Возможно, какое-то другое рекламное агентство заключило с ней контракт и, планируя большую кампанию, заплатило фотографам за неразглашение. Я ругался и кричал в трубку. Я делал неслыханные финансовые предложения.

В ответ меня послали куда подальше.

А в следующем месяце ее фото вновь появились в «Пентхаусе». Никаких психоделических дразнилок, журнал стал более классным, девочки отрастили волосы на лобках, а в глазах появилось плотоядное выражение. Мужчины и женщины заигрывали друг с другом в мягком фокусе, на природе.

Ее звали Белинда, как утверждалось в подписи, и она работала антикваром. Это точно была Шарлотта, хотя теперь ее темные волосы в пышных локонах были собраны на макушке. В подписи указывался возраст: девятнадцать лет.

Я связался со знакомым из «Пентхауса» и взял у него телефон фотографа, Джона Фелбриджа. И позвонил. Как и те двое, он талдычил, что ничего о ней не знает, но я уже усвоил урок. Вместо того чтобы кричать в телефонную трубку, я предложил ему работу на очень выгодных условиях; ему нужно было снять, как маленький мальчик ест мороженое. Длинноволосый Фелбридж, которому было под сорок и на котором были нутриевая шуба и незашнурованные парусиновые туфли, оказался хорошим фотографом. После съемки я пригласил его выпить, и мы поговорили о паршивой погоде, о фотографии, о переходе на десятичную систему[63], о его предыдущей работе и о Шарлотте.

— Так ты говоришь, видел фотографии в «Пентхаусе»? — спросил Фелбридж.

Я кивнул. Мы оба были уже навеселе.

— Я скажу тебе об этой девочке. Знаешь что? Из-за нее мне хочется забросить этот гламур и заняться чем-то стоящим. Сказала, зовут Белиндой.

— А как ты с ней познакомился?

— Я к тому и веду, разве нет? Я думал, она из агентства, понимаешь? Постучалась, я подумал: господи боже! и пригласил войти. Она призналась, что не из агентства, сказала, что продает... — Он смущенно приподнял бровь. — Ну разве не странно? Забыл, что она продавала. Может, и ничего. Не знаю. Как меня звать скоро позабуду. Я понял, что она какая-то особенная. Попросил позировать, сказал, что все будет кошерно, что я не собираюсь залезать к ней в трусики, только бы согласилась. Щелчок — вспышка! И так пять пленок. А едва мы закончили, она тут же натянула одежку и прямо к двери, вся такая из себя недотрога. Я ей: «А как же твои деньги?» А она: «Пришли по почте», — а сама по лестнице вниз — и на улицу.

— Так у тебя есть ее адрес? — спросил я, стараясь не показать, что взволнован.

— Нет! Твою мать. Я, короче, отложил ее гонорар на случай, если вернется.

В тот миг, разочарованный, я вдруг задался вопросом, настоящий у него акцент кокни[64] или просто дань моде.

— Но вот к чему я веду. Когда фотографии напечатали, я понял, что буду... ну, что до титек и всего остального, то ничего нового я не увидел. Но она *настоящая* женщина, понимаешь? И я сумел это показать. Нет-нет, теперь я угощаю. Моя очередь. Кровавая Мэри, не так ли? Я хочу сказать, что с нетерпением буду ждать продолжения нашего сотрудничества...

Но никакого продолжения не было.

Наше агентство купила более старая и солидная фирма, позарившись на наши счета. Наш логин стал составной частью логина фирмы, а еще они сохранили в штате несколько самых успешных копирайтеров, уволив всех остальных.

Я вернулся к себе в съемную квартиру и стал ждать предложений, которых не было, но однажды ночью друг подруги друга затащил меня в клуб (послушать музыку парня, о котором я ничего не знал, по имени Дэвид Боуи[65] Он был одет как космонавт, а остальные участники группы были в серебряной униформе ковбоев. Слушать я их не стал.), а следующее, что вам следует знать, — вскоре у меня была собственная рок-группа «Алмазное пламя». Если вы не бродили по лондонским клубам начала семидесятых, вы никогда о такой не слышали, хотя это была очень хорошая группа. Слаженная, лиричная. Нас было шестеро. В настоящее время двое играют в самых знаменитых группах. Один работает водопроводчиком в Уолсолле; все шлет мне открытки на Рождество. Еще двое пятнадцать лет как мертвы: ПЕРЕДОЗ. Они ушли один за другим, в течение одной недели, и группа распалась.

И я тоже. Сразу после этого я свалил, желая оказаться как можно дальше от города и того образа жизни, что мы вели. Купил небольшую ферму в Уэльсе. И был там счастлив, с овцой, козами и капустой. Я и сегодня бы жил там, если бы не «Пентхаус» и она.

Не знаю даже, откуда он взялся; однажды утром, выйдя из дома, я обнаружил в грязи, во дворе, журнал, обложкой вниз. Он был почти годовой давности. На ней совсем не было макияжа, а снимки были сделаны, кажется, в очень дорогой квартире. Впервые я увидел волосы на ее лобке, точнее, мог бы увидеть, если бы фотография не была мастерски затемнена, а небольшая ее часть вообще не в фокусе. Это выглядело так, будто она выходила из тумана.

Внизу была подпись: ее зовут Лесли, и ей девятнадцать.

С того дня я не мог уже оставаться на ферме. Я продал ее за бесценок и вернулся в Лондон в конце декабря 1976 года.

Я получал пособие, жил в муниципальной квартире, вставал к ланчу и шлялся по пабам, пока они не закрывались после полудня, читал в библиотеке газеты, а потом снова, до закрытия, обходил пабы один за другим. Жил я на пособие, а напивался за счет оставшихся сбережений.

Мне было тридцать, но я чувствовал себя много старше. Я начал жить с блондинистой девушкой-панком из Канады, которую встретил в клубе на Грик-стрит. Она была барменшей, и однажды ночью, после закрытия, она сообщила, что ее только что вытурили из ее норы, и я предложил ей свой диван. Оказалось, ей всего шестнадцать, и на диване она ни разу не спала. У нее были маленькие, как яблоки, груди, на спине вытатуирован череп, а прическа как у младшей сестры невесты Франкенштейна. Она призналась, что уже все попробовала и ни во что не верит. Она могла часами говорить о том, что мир скоро низвергнется в хаос, утверждать, что ни надежды, ни будущего у него не осталось, но трахалась она так, будто только что открыла для себя секс. И я рассудил, что это хорошо.

Когда ложилась спать, на ней не было ничего, кроме черного кожаного ошейника с шипами и грязно-черного макияжа вокруг глаз. Иногда она плевалась, то есть сплевывала прямо на тротуар, а я злился, и заставляла меня водить ее в пан-клубы, где я смотрел, как она плюется, матерится и скачет, как коза. И я почувствовал себя старым. Правда, коечто из музыки мне нравилось: Пичез и ей подобные. Там я видел вживую «Секс пистолз»[66]. Тухлятина.

А потом девушка-панк от меня ушла, заявив, что я скучный старый пердун, а она нашла себе жутко богатого арабского шейха.

— Я думал, ты ни во что не веришь, — окликнул я ее, когда она садилась в присланный за ней «Роллс-Ройс».

— Я верю в минет за стольник и простыни из норки, — бросила она, одной рукой теребя прядь своей прически «Невеста Франкенштейна». — И в золотой вибратор. В это я верю.

И она ушла к владельцу нефтяного состояния и к новому гардеробу, а я проверил сбережения и обнаружил, что у меня за душой ни пенни. Время от времени я все еще покупал «Пентхаус». Моя душа шестидесятника была шокирована и потрясена количеством плоти, выставленной отныне на всеобщее обозрение. Нечего было додумывать, и это одновременно притягивало и отвращало меня.

И тогда, ближе к концу 1977-го, *она* появилась вновь.

Волосы у нее, моей Шарлотты, были разноцветными, а губы — темно-красными, словно она ела малину. Она лежала на атласной простыне с украшенной драгоценными камнями маской на лице и с рукой между ног, экстатическая, сводящая с ума, воплощение всего, что я хотел: Шарлотта.

Теперь ее звали Титанией, и она была украшена павлиньими перьями. Работала она, как понял я из слов, извивавшихся вокруг ее фотографий, в агентстве недвижимости на юге. Ей нравились чувствительные, честные мужчины. И было девятнадцать лет.

И черт возьми, она и выглядела на девятнадцать. А я был без средств, жил, как миллионы других, на пособие, и деться мне было некуда.

Я продал свою коллекцию пластинок и все мои книги, кроме четырех и того «Пентхауса», а также почти всю мебель, и купил довольно хорошую камеру. Потом позвонил фотографам, тем, кого знал, когда работал в рекламе, почти десять лет назад.

Большинство из них меня не вспомнили или сказали, что не помнят. А те, кто помнил, не хотели обзаводиться нетерпеливым помощником, к тому же немолодым и неопытным. Но я продолжал искать и в конце концов уговорил Гарри Блика, сребровolосого гея, имевшего собственные студии в Крауч-энде и целый выводок дорогостоящих мальчиков.

Я сказал ему, чего хочу. Он не стал заморачиваться.

— Будь здесь через два часа.

— Кроме шуток?

— Через два часа. Не позже.

И я не опоздал.

В первый год я убирал студию, раскрашивал задники и выходил в местные магазинчики и на улицу, чтобы выклянчить, купить или взять напрокат необходимые атрибуты. На следующий год он позволил мне заниматься светом, устанавливать софиты, дымовые таблетки и сухой лед и готовить чай. Правда, чай я приготовил лишь однажды: у меня это получилось ужасно. Но я чертовски много узнал о фотографии.

И внезапно, в 1981 году, когда мир стал по-новому романтичен, а мне было тридцать пять, и я каждую минуту это ощущал, Блик велел мне присмотреть за студией, пока он отлучится на месяц в Марокко, на заслуженный разврат.

В том месяце она вновь появилась в «Пентхаусе». Более сдержанная и строгая, чем прежде, она поджидала меня между рекламой стерео и виски. Ее назвали Дон, но это была все та же моя Шарлотта, с сосками-бусинками на загорелой груди, темной спутанной соломкой между бесконечно длинных ног, и снимок был сделан где-то на пляже. Ей всего девятнадцать, гласила подпись. Шарлотта. Дон.

Гарри Блик погиб, возвращаясь из Марокко: на него упал автобус.

Кроме шуток, он возвращался из Кале на пароме, и полез за сигарами, которые лежали в бардачке его «мерса». Погода была отвратительная, и туристический автобус (принадлежавший, как писали в газетах и как рассказал его заплаканный приятель по шопинг-туру в Уигане) не был должным образом закреплен. Гарри раздавило прямо на его серебристом «Мерседесе».

Он всегда следил за тем, чтобы машина была идеально чистой.

Когда прочли завещание, оказалось, что старый ублюдок оставил мне студию. В ту ночь я уснул в слезах, неделю беспробудно пил, но в конце концов открылся.

С тех пор многое изменилось. Я женился. Наш брак продлился три недели, а потом мы расстались. Мне кажется, я не создан для семьи. Однажды ночью, в поезде, меня избил пьяный из Глазго, в то время как другие пассажиры делали вид, что ничего не происходит. Я купил пару водяных черепах и аквариум и поселил их в студии, назвав Родни и Кевином. Я стал неплохим фотографом. Календари, реклама, мода и гламур, маленькие дети и крупные звезды: это все была моя работа.

И однажды весенним днем 1985 года я встретил Шарлотту.

Я был один в студии в то утро, небритый и босой. У меня был свободный день, и я собирался провести его за уборкой и чтением газет. Я оставил дверь открытой, чтобы свежий воздух вытеснил запах сигаретного дыма и разлитого накануне во время съемки вина, и женский голос вдруг спросил:

— Фотостудия Блика?

— Верно, — сказал я, не оборачиваясь, — но Блик мертв. Теперь я за него.

— Я хочу попозировать, — сказала она.

Я обернулся. Она была футов пяти ростом, волосы медового цвета, оливковые глаза, и улыбка — как глоток воды в пустыне.

— Шарлотта?!

Она склонила набок голову.

— Можно и так. Хотите меня поснимать?

Я молча кивнул. Включил зонтики, поставил ее у голой кирпичной стены и сделал парочку тестовых снимков «Полароидом». Ни особого макияжа, ни реквизита, только освещение, Хассельблад и самая прекрасная девушка на свете.

Вскоре она начала снимать с себя одежду. Я ее об этом не просил. Я вообще не помню, чтобы хоть *что-нибудь* говорил. Она разделась, а я продолжал ее фотографировать.

Она все это умела. Принять позу, прихорашиваться, смотреть. Она молча флиртовала с камерой и со мной, который то стоял за камерой, то кружил вокруг и все время щелкал. Я даже не помню, чтобы делал перерывы, а ведь мне приходилось менять пленку, и день я завершил с дюжиной отснятых катушек.

Вы, наверное, думаете, что после съемки я занимался с ней любовью. Я бы солгал, если бы стал утверждать, что никогда не трахал моделек в свое время, и что, если уж на то пошло, некоторые из них не трахали меня. Но к ней я даже не прикоснулся. Она была моей мечтой; а если коснуться мечты, она лопнет, как мыльный пузырь.

И к тому же я не смог бы к ней прикоснуться.

— Сколько тебе лет? — только и спросил я, когда, надев пальто, она потянулась к сумке.

— Девятнадцать, — ответила она, не оборачиваясь, и, не попрощавшись, вышла.

Я послал фотографии в «Пентхаус». Мне и в голову не пришло послать их куда-то еще. Через два дня позвонил арт-директор.

— Классная девочка! Настоящий символ восьмидесятых. А кто она такая?

— Ее зовут Шарлотта, — ответил я. — Ей девятнадцать лет.

Теперь мне тридцать девять, а однажды будет пятьдесят, и ей все еще будет девятнадцать. Но снимать ее будет уже кто-то другой.

Рейчел, моя танцовщица, вышла замуж за архитектора.

В поисках девушки

Блондинистая девушка-панк из Канады возглавляет транснациональную сеть магазинов модной одежды. Время от времени я выполняю ее заказы. Волосы она стрижет коротко, и в них уже проглядывает седина, и сейчас она лесбиянка. Она сказала мне, что у нее все еще есть простыни из норки, но на золотой вибратор она забила.

Моя бывшая жена вышла замуж за отличного типа, владельца двух магазинов видеопроката, и они переехали в Слоу. У них мальчики-близнецы.

Не знаю, что сталось со служанкой.

А Шарлотта?

В Греции спорят философы, Сократ пьет цикуту, а она позирует для скульптуры Эрато, музы любовной поэзии и страсти, и ей девятнадцать.

На Крите она натирает груди маслом и танцует на арене с быками, а царь Минос аплодирует, и кто-то изображает ее на амфоре, и ей девятнадцать.

В 2065-м она лежит, раскинувшись, во вращающейся студии, и фотограф запечатлевает ее как эротическую гологрезу на сенсографе, который отныне хранит ее изображение, и звук, и даже запах на крошечной алмазной матрице. Ей всего девятнадцать.

А пещерный человек резкими движениями прочерчивает образ Шарлотты обгоревшей головешкой на стене пещерного храма, заполняя контуры разноцветной землей и соком ягод. И ей девятнадцать.

Шарлотта везде, во всяком месте и времени, эта неуловимая бесплотная фантазия, эта вечная девушка.

Я так сильно ее хочу, что порой испытываю боль. И тогда достаю ее фотографии и просто смотрю, спрашивая себя, почему я даже не попытался до нее дотронуться, почему не смог с ней говорить, когда она была здесь, — и не нахожу внятного ответа.

Видимо, поэтому я обо всем написал.

Этим утром я заметил, что мои виски еще больше побелели. Шарлотте все девятнадцать. Где-то там, не знаю где.

Просто еще один конец света

День начался ужасно: я лежал голый в постели, живот сводило судорогой; должно быть, так чувствуешь себя в аду. Ощущение от света, тягуче-металлическое, цвета мигрени, подсказывало, что уже день.

В комнате все по-настоящему смерзлось: окна изнутри покрылись тонкой коркой льда. На разметанных простынях, ветхих и изодранных, звериная шерсть. Кожа зудела.

Я намеревался оставаться в постели всю неделю, я всегда чувствую усталость после трансформации, но приступ тошноты заставил меня выпростаться из простыней и, спотыкаясь, поспешить в крошечную ванную.

Новый спазм настиг меня на пороге. Ухватившись за дверной косяк, я покрылся липким потом. Предположив, что у меня температура, я понадеялся, что не подцепил инфекцию.

Живот пронзила судорога. Голова закружилась. Я рухнул на пол и прежде чем смог найти глазами унитаз, начал блевать.

Вместе с вонючей желтой жижей из меня исторглись: лапа собаки, кажется, добермана, правда, я в собаках не разбираюсь; кожура помидора; немного порезанной кубиками моркови и сладкой кукурузы; несколько кусочков непрожеванного мяса; и несколько пальцев. Это были бледные маленькие пальчики, очевидно, детские.

— Блин.

Спазмы ослабели, и тошнота отступила. Я лежал на полу, изо рта и носа вытекала липкая зловонная слизь, а из глаз — слезы, как всегда в таких случаях, которые тут же высыхали на щеках.

Когда стало немного легче, я достал из блевотины лапу и пальцы и, бросив в унитаз, нажал на слив.

Открыв кран, прополоскал рот соленой иннсмутской водой и сплюнул. Оставшуюся блевотину вытер, как было сподручнее, губкой для мытья посуды и туалетной бумагой. Потом включил душ и стоял в ванне как зомби, подставляя тело потокам горячей воды.

Я намылился с головы до ног. Скудная пена сделалась серой; должно быть, я запачкался. Волосы слиплись, словно были вымазаны в запекшейся крови, и я намыливал их мылом до тех пор, пока все не смылось. А после стоял под душем, пока вода не стала ледяной.

Под дверью я нашел записку от хозяйки. В ней говорилось, что я задолжал за квартиру за две недели. Еще говорилось, что все ответы я найду в Откровении. И что я слишком шумно возвращаюсь домой под утро, и она будет признательна, если впредь я буду вести себя тише. Еще там говорилось, что когда Старшие Боги восстанут из океана, вся пена Земли, все неверующие, весь людской сор, все прожигатели жизни и бездельники будут сметены, а мир очистится льдом и водой из пучины. И что, как ей кажется, мне необходимо напомнить, что в холодильнике она выделила мне полку и будет признательна, если впредь я буду занимать только ее.

Я смял записку и бросил на пол, где уже валялись упаковки из-под биг-мака и пиццы и засохшие куски самой пиццы.

Пора было на работу.

Я жил в Иннсмуте уже две недели, и мне здесь не нравилось. Здесь пахло рыбой. Это был крошечный, вызывающий клаустрофобию городок: на востоке болото, на западе скалы, а в центре — гавань с несколькими полусгнившими рыбачьими лодками, которая не радовала взгляд даже на закате. Тем не менее в восьмидесятых сюда приехали яппи и купили здесь колоритные рыбацкие домики с видом на гавань. Яппи давно уехали, а оставленные ими домики обветшали.

Обитатели Иннсмута жили тут и там вокруг города в трейлерах, на стоянках, забитых этими отсыревшими домиками на колесах, никогда никуда не ехавшими.

Я оделся, надел ботинки, пальто и вышел из комнаты. Хозяйку я не встретил. Это была коротышка с выпученными глазами, которая мало говорила, но зато оставляла мне многословные записки, прикрепляя к дверям в тех местах, где я наверняка должен был их заметить; ее дом был пропитан запахом морепродуктов: на плите вечно булькали огромные кастрюли, заполненные существами со множеством ног или вообще безногими.

В доме сдавались и другие комнаты, но, кроме меня, здесь никто не жил. Ни один человек в здравом уме не приехал бы зимой в Иннсмут.

Но и снаружи запах был не намного лучше. Зато было холодно, и морской воздух превращал мое дыхание в пар. Грязный снег на улицах покрылся коркой, а в небе нависли свинцовые тучи.

Холодный соленый ветер дул с залива. Печально кричали чайки. Мне было гнусно. В офисе тоже задубеешь. На углу Марш-стрит и Ленг-авеню был бар «Первая встреча», приземистое строение с темными оконцами, мимо которого я каждый день проходил последние две недели. Прежде я туда не заглядывал, но теперь нуждался в выпивке, и потом, там могло быть теплее. Я толкнул дверь и вошел.

Там и в самом деле было тепло. Потопав, чтобы стряхнуть с ботинок снег, я прошел в зал. Бар был почти пуст, и в нем пахло несвежими пепельницами и несвежим пивом. Двое пожилых мужчин играли у стойки в шахматы. Бармен читал потрепанный, в зеленой коже с золотым тиснением, томик стихотворений Альфреда, лорда Теннисона.

— Эй, как насчет «Джека Дэниэлса» без льда?

— Сию минуту. Вы здесь недавно, — сказал он, положив книгу на стойку лицом вниз и наливая мне выпить.

— Это заметно?

Он улыбнулся и передал мне «Джека Дэниэлса». Стакан был замызганный, с сальным следом большого пальца; пожав плечами, я все-таки выпил. И почти не почувствовал вкуса.

— Клин клином? — спросил он.

— В некотором смысле.

— Существует поверье, — сказал бармен, чьи рыжие, как лисья шерсть, волосы были гладко зализаны назад, — что оборотень принимает нормальный облик, если его поблагодарить, когда он в зверином обличье, или окликнуть по имени.

— Да? Ну спасибо!

Он налил мне еще, хоть я и не просил. Он немного походил на Петера Лорре[67], правда, и большинство обитателей Иннсмута тоже походили на Питера Лорра, включая мою хозяйку.

Я опрокинул «Джека Дэниэлса», и на этот раз, как и положено, он прожег мне желудок.

— Так говорят. Я ведь не сказал, что в это верю.

— А во что вы верите?

— Надо сжечь ремень.

— Простите?

— У оборотней ремень из человечьей кожи, который дают им после первой трансформации хозяева ада. Надо сжечь ремень.

Тут один из игроков в шахматы обратил ко мне свои огромные слепые навыкате глаза.

— Если выпьешь дождевой воды из следа вервольфа, сам станешь вервольфом в полнолуние, — сказал он. — Единственно верное средство — выследить волка, что оставил этот след, и отрезать ему голову ножом из самородного серебра.

— Ах вот как? — Я улыбнулся.

Его партнер по игре, лысый и морщинистый, покачал головой и коротко, печально крякнул. Пошел ферзем и снова крякнул.

Таких, как он, в Иннсмуте полно.

Я заплатил за выпивку и оставил доллар на чай. Бармен вновь вернулся к своей книге и не обратил на это внимания.

На улице падали большие липкие хлопья, оседая в волосах и на ресницах. Ненавижу снег. Ненавижу Новую Англию. Ненавижу Иннсмут: здесь нет места, где стоит быть одному, а если и есть, я его еще не нашел. Однако бизнес задерживал меня здесь на столько лун, что мне и думать об этом не хотелось. Бизнес и еще кое-что.

Я прошел несколько кварталов по Марш-стрит в сторону центра, таких же, как весь Иннсмут: нелепая смесь американской готики восемнадцатого столетия, низеньких коричневых домиков конца девятнадцатого и сборных серо-кирпичных коробок конца двадцатого, — прежде чем добрался до закрытой закусочной «Куры гриль» и отпер ржавую металлическую дверь.

Через дорогу был винный магазин; на втором этаже практиковал хиромант.

На металлической поверхности — черным маркером — небрежное граффити: ПРОСТО УМРИ. Легко сказать.

Лестница была деревянной; штукатурка потрескалась и осыпалась. Мой офис, состоявший из одной комнаты, находился наверху.

Просто еще один конец света

Я нигде не задерживаюсь так надолго, чтобы вывешивать на двери солидную табличку. Моя была написана от руки печатными буквами ни куске картона, который я приладил к двери.

ЛОРЕНС ТАЛБОТ
РЕШАЮ ВОПРОСЫ

Я отпер дверь офиса и вошел.

Какое-то время осматривался, а в моей голове проносились прилагательные типа «убогий», «мерзкий» и «запущенный», и наконец сдался, не сумев подобрать подходящее. Там стояли удивительно непотребные стол, офисный стул, шкаф для хранения документов; а из окна открывался жуткий вид на винный магазин и пустую приемную хироманта. Запах старого пригоревшего жира от закусочной на первом этаже. Мне стало интересно, как давно закрылись «Куры гриль», и я представил себе полчища черных тараканов, шныряющих подо мной, в темноте нижнего этажа.

— Таков образ мира, каким вы сейчас его представляете, — произнес низкий темный голос, столь низкий, что его вибрации отдались у меня в животе.

В углу стояло старое кресло. Сквозь патину и потертости проступал прежний узор обивки цвета пыли.

В кресле сидел толстяк, глаза его были плотно закрыты, а между тем он говорил:

— В замешательстве глядим мы на наш мир, с чувством неловкости и тревоги. Мы считаем себя учеными, оказавшимися в плену у ритуалов, одинокими людьми, не по собственной воле попавшими в ловушку мироздания. Правда много проще: внизу, во тьме земной, есть силы, которые желают нам зла.

Его голова откинулась, а из уголка рта показался язык.

— Вы читаете мои мысли?

Человек в кресле медленно, глубоко вздохнул, и в его горле что-то пророкотало. Он действительно был чрезвычайно толст, с короткими бесцветными пальцами, похожими на колбаски. На нем было грубое старое пальто, некогда черное, а теперь неопределенно серого цвета. Снег на его ботинках еще не растаял.

— Возможно. Конец света — странная идея. Мир вечно заканчивается, и его конец вечно переносится, то из-за любви, то из-за глупости, то благодаря старой тупой удаче. Ну что ж. Уже слишком поздно: Старшие Боги выбрали себе суда. Когда взойдет луна...

Из уголка его рта тонкой струйкой вытекла слюна, истончаясь до похожей на серебряную нити, упавшей на воротник. Что-то поспешно убежало с воротника и укрылось в складках его пальто.

— Да? И что же случится, когда взойдет луна?

Человек в кресле дернулся, открыл свои маленькие глазки, красные и выпученные, и моргнул, словно пробудившись.

— Мне снилось, что у меня много ртов, — сказал он, и его новый голос оказался странно тихим и хриплым для такого огромного тела. — И каждый рот открывается и закрывается независимо от других. Некоторые рты говорили, другие шептали, третьи ели, а иные молча ждали.

Он осмотрелся, вытер слюнку в уголке рта, выпрямился в кресле, озадаченно мигая.

— Кто вы?

— Тот парень, что арендует этот офис, — ответил я.

Он внезапно громко рыгнул.

— Простите, — сказал он своим хриплым голосом и тяжело поднялся из кресла. А когда поднялся, оказалось, он ниже меня ростом. Он стоял и потерянно оглядывал меня с ног до головы и с головы до ног.

— Серебряные пули, — наконец произнес он после короткой паузы. — Старинное средство.

— М-да, — ответил я. — Это настолько очевидно, что, возможно, поэтому я о нем и не вспомнил. Ну и дела, я ведь мог бы сам в себя пальнуть! В самом деле!

— Вы смеетесь над стариком, — сказал он.

— Вовсе нет. Извините. Ну а теперь вам пора. Кое-кого ждет работа.

Он вышел, с трудом волоча ноги. Я сел за стоявший у окна стол и очень скоро, крутясь и вращаясь, обнаружил, что когда поворачиваюсь налево, стул теряет опору и я могу упасть.

Присмирев, я ждал, когда зазвонит пыльный черный телефон на моем столе, покуда свет на зимнем небе окончательно не померк.

Звонок.

Мужской голос: *Как насчет алюминиевого сайдинга?* Я повесил трубку.

В офисе не было отопления. Мне стало интересно, сколько времени толстяк спал в кресле.

Через двадцать минут телефон зазвонил снова. Плачущая женщина умоляла меня отыскать ее пятилетнюю дочь, накануне ночью похищенную прямо из кроватки. Живший у них пес тоже исчез.

Я не разыскиваю пропавших детей, ответил я. *Простите: тяжелые воспоминания.* Я повесил трубку, и меня вновь затошнило.

Становилось темно, и впервые с тех пор как я оказался в Иннсмуте, через дорогу вдруг замигала неоновая вывеска. Она сообщила, что МАДАМ ИЕЗЕКИИЛЬ[68] гадает на КАРТАХ ТАРО И С ПОМОЩЬЮ ХИРОМАНТИИ.

Красный неоновый свет окрасил падающий снег в цвет свежей крови.

Армагеддон можно предотвратить самыми простыми действиями. Только так. Только так и может быть.

Телефон зазвонил в третий раз. Я узнал голос: снова алюминиевый сайдинг.

— Знаете, — сказал он развязно, — поскольку трансформация человека в зверя и обратно по определению невозможна, нам следует поискать иные решения. Очевидно, деперсонализация, и возможно, какие-то виды перепрограммирования. Ушиб головного мозга? Может быть. Псевдоневротическая шизофрения? Не смешите меня! Правда, некоторые случаи поддаются лечению тиоридазина гидрохлоридом, внутривенно.

— И каков результат?

Он тихо рассмеялся:

— Вот это я люблю! Человек с чувством юмора. Уверен, мы сможем вместе работать.

— Я уже сказал. Мне не нужен алюминиевый сайдинг.

— Наш бизнес много серьезнее и существеннее. Вы в городе новичок, мистер Талбот. Будет жаль, если мы вдруг обнаружим, что, как бы получше выразиться, у нас возникли резкие разногласия, не так ли?

— Можете говорить, что вам вздумается, приятель. В моей книге вы просто еще одно отступление, которое предстоит написать.

— Мы занимаемся концом света, мистер Талбот. Живущие в Пучине поднимутся из своих океанских могил и сожрут луну как зрелую сливу.

— Так значит, мне не следует больше волноваться насчет полнолуний, не так ли?

— Не вздумайте перебегать нам дорогу, — начал он, но я зарычал, и он умолк.

А за моим окном все еще падал снег.

На другой стороне Марш-стрит, в окне напротив моего, стояла самая прекрасная женщина из всех, что я встречал, и в рубиновом свете неоновой вывески смотрела прямо на меня.

И манила меня пальцем.

Я прервал разговор с алюминиевым сайдингом во второй раз за этот день, спустился по лестнице, почти бегом пересек улицу — но перед тем посмотрел налево и направо.

Она была вся в шелках. А комнату освещали лишь свечи, и в ней воняло ладаном и маслом пачулей.

Она улыбнулась, когда я вошел, и подозвала к столику у окна, где она раскладывала пасьянс на картах Таро. Когда я подошел, изящная рука смешала карты и завернула их в шелковый шарф, а потом аккуратно положила в деревянную шкатулку.

От ароматов комнаты у меня зашумело в голове. Я вдруг вспомнил, что целый день ничего не ел; возможно, из-за этого в голове было так смутно. Я сел напротив нее за стол, при мерцающем свете свечи.

Она потянулась и взяла мою руку в свои.

Уставилась в мою ладонь, мягко потрогала указательным пальцем.

— Шерсть? — Она была озадачена.

— Ну да. Просто подолгу сижу дома. — Я усмехнулся, надеясь ее смягчить. Но она подняла бровь.

— Когда смотрю на вас, — сказала мадам Иезекииль, — вижу я вот что. Я вижу глаз человека. И еще глаз волка. В глазу человека я вижу честность, почтительность, простодушие. Я вижу надежного человека, который живет по правилам. А в волчьем глазе я вижу стон и рычание, ночной вой и крики, и чудовище с окровавленной пастью, что рыщет во тьме вокруг города.

— Как вам удается видеть рычание и крик?

Она улыбнулась.

— Это нетрудно. — Акцент у нее был не американский. Русский, или мальтийский, а может, египетский. — Мысленным взором можно увидеть многие вещи.

Мадам Иезекииль прикрыла свои зеленые глаза. У нее были удивительно длинные ресницы; кожа была бледной, а волосы черными, и они непрерывно колыхались вокруг головы, струились по шелкам, словно уносимые течением.

— Есть обычный путь, — сказала она. — Дурной образ можно смыть. Стоять в проточной воде, чистой, родниковой, и есть лепестки белых роз.

— А потом?

— Темный образ смоется, его больше не будет.

— Он вернется, — сказал я, — в следующее полнолуние.

— Тогда, — сказала мадам Езекииль, — после того как образ смоется, нужно вскрыть вены в проточной воде. Конечно, будет очень больно. Зато кровь унесет вода.

Она была вся в шелках, и шелка эти переливались сотнями различных цветов, и каждый был ярким и живым, даже в тусклом свете свечей.

Ее глаза открылись.

— Теперь, — сказала она, — карты Таро. — Она развернула черный шелковый шарф, в котором держала свою колоду, и передала мне карты, чтобы я их перетасовал. Я тасовал их и так и эдак.

— Медленнее, медленнее, — приговаривала она. — Дайте им узнать вас. Дайте вас полюбить, как... как станет любить женщина.

Я аккуратно сложил колоду и вернул ей.

Она перевернула первую карту. Карта называлась «Вервольф». На темном фоне видны были янтарные глаза и красно-белая улыбка.

В ее зеленых глазах читалась растерянность. Они были зелены как изумруды.

— Такой карты нет в моей колоде, — сказала она и перевернула следующую. — Что вы с ними сделали?

— Ничего, мэм. Просто подержал, и все.

Карта, которую она открыла, называлась «Пучина». На ней было изображено нечто зеленое вроде осьминога. Рты существа, если то были рты, а не щупальца, дергались и корчились, когда я на них смотрел.

Она покрыла ее еще одной картой, и еще одной, и еще. Все остальные карты оказались просто белыми картонками.

— Ваша работа? — Она была готова заплакать.

— Нет.

— Уходите немедленно!

— Но...

— Уходите. — Она смотрела куда-то вниз, словно пытаясь убедить себя, что меня уже нет.

Я встал в этой благоухающей ладаном и маслом пичулей комнате и посмотрел из ее окна на окно моего офиса. Там ненадолго вспыхнул свет. И я увидел двоих с фонариками, рыскавших по комнате. Они распахнули пустой шкаф для хранения документов, осмотрелись, а потом затаились, один в кресле, а другой — за дверью, ожидая моего возвращения. Я улыбнулся про себя. В моем офисе холодно и неуютно, а они там будут тщетно ждать меня несколько часов, пока наконец не догадаются, что я не вернусь.

И я оставил мадам Иезекииль, которая переворачивала свои карты одну за другой, пристально на них глядя, словно ожидая, что картинки появятся вновь; а сам спустился по лестнице и, оказавшись на улице, добрел до бара.

Там было совсем пусто; бармен курил сигарету, которую, завидев меня, погасил.

— А где же фанаты шахмат?

— Сегодня у них праздник. Они будут на пирсе. Ну что ж. Вам ведь «Джека Дэниэлса», не так ли?

— Звучит неплохо.

Он налил мне выпить. Я узнал свой стакан по отпечатку большого пальца. На барной стойке все еще лежал Теннисон, и я взял в руки книгу.

— Хорошая книга?

Рыжий как лисица бармен забрал у меня томик, раскрыл и прочел:

Внизу, под громом верхней глубины,
Там, далеко, под пропастями моря,
Издревле, чуждым снов, безбурным сном
Спит Кракен...

Я прикончил выпивку.

— Ну и? Что это значит?

Он вышел из-за барной стойки и подвел меня к окну.

— Видите? Вон там.

Он указывал в западном направлении, в сторону скал. И когда я посмотрел, на одной из вершин вдруг зажегся костер; он вначале вспыхнул, а потом загорелся и горел медно-зеленым пламенем.

— Они хотят пробудить богов Пучины, — сказал бармен. — Звезды, и планеты, и луна — все сейчас там, где надо. Время пришло. Суша опустится на дно морское, а вода поглотит сушу...

— Ибо мир очистится льдом и водой из пучины, а я буду признательна, если вы впредь будете занимать только выделенную вам в холодильнике полку, — сказал я.

— Простите?

— Это я так. А каков кратчайший путь до этих скал?

— Подняться по Марш-стрит. Повернуть налево у церкви Дагона и до Менуксет-вэй, а там все время прямо. — Он снял пальто, висевшее за дверью, и надел его. — Идемте. Я вас провожу. Не хотелось бы пропустить забаву.

— Вы уверены?

— Все равно сегодня ко мне за выпивкой никто не придет.

Мы вышли, и он запер дверь бара на замок.

На улице было промозгло, а белый снег стлался по земле словно дымка. С улицы невозможно было разглядеть, сидит ли мадам Иезекииль в своем гнездышке над неоновой вывеской, а также ждут ли меня по-прежнему в моем офисе незваные гости.

Низко нагнув головы, мы двинулись в путь навстречу ветру.

Сквозь его шум я слышал, как бармен говорил сам с собой:

— Веялка с гигантскими лопастями зеленый сон, — донеслось до меня.

Там он века покоился и будет
Он там лежать, питаяся во сне
Громадными червями океана,
Пока огонь последний бездны моря
Не раскалит дыханьем, и тогда,
Чтоб человек и ангелы однажды
Увидели его, он с громким воплем...[69]

Тут он замолчал, и дальше мы шли молча, а снег обжигал наши лица.

Всплывет, и на поверхности умрет, продолжил я про себя, но вслух ничего не сказал.

Через двадцать минут мы уже вышли из Иннсмута. И здесь же закончился Менуксет-вэй, превратившись в узкую грязную тропинку, местами покрытую снегом и льдом, на которой мы скользили и подскальзывались, продвигаясь вперед.

Луна еще не взошла, но звезды уже начали появляться. Их было очень много. Они сверкали по всему небу, как алмазная пыль и осколки сафпиров. Только на побережье можно увидеть столько звезд, много больше, чем вам когда-либо доводилось видеть в городе.

На вершине утеса, у костра стояли двое, один — огромный и толстый, другой много меньше. Опередив меня, бармен подошел к ним и встал рядом, лицом ко мне.

— Вот, смотрите, — сказал он, — я привел жертвенного волка.

Теперь в его голосе мне слышалось что-то странно знакомое.

Я ничего не сказал. Зеленые языки пламени освещали их снизу: так всегда бывает у призраков.

— Знаете, зачем я вас сюда привел? — спросил бармен, и я понял, почему его голос показался мне знакомым: это был голос человека, который пытался мне продать алюминиевый сайдинг.

— Чтобы предотвратить конец света?

Он засмеялся.

Вторым оказался толстяк, что спал у меня в кресле.

— Ну, если говорить с точки зрения эсхатологии, — прошептал он голосом таким низким, что стены бы задрожали. Глаза его были закрыты. Он крепко спал.

Третья фигура была вся укутана шелками, и от нее пахло маслом пачулей. Она держала нож и ничего не говорила.

— Этой ночью, — сказал бармен, — луна принадлежит богам Пучины. Этой ночью звезды расположены так же, как это было в древние темные времена. Этой ночью, если мы их призовем, они придут. Если примут нашу жертву. И если услышат наши призывные крики.

В небе, на той стороне залива, взошла луна, огромная, янтарная и тяжелая, и снизу, из океана, до нас донесся хор низких квакающих голосов.

Лунный свет среди льда и снега не столь ярок, как дневной, но и при нем все неплохо видно. А мое зрение становилось острее в лунном свете: я увидел, как мужчины и женщины, похожие на лягушек, погружались и выныривали из холодной воды, словно в медленном танце. Все они были как лягушки, и мужчины и женщины; мне казалось, я увидел там и мою хозяйку, которая раздувалась и квакала вместе с другими.

Слишком рано для следующей трансформации; я был изможден после предыдущей ночи, но под этой янтарной луной чувствовал себя странно.

— Бедный человеко-волк, — донесся шепот из шелков. — Все его сны вели к этому: к одинокой смерти на отдаленном утесе.

Я буду видеть сны, если захочу, — ответил я, — *а моя смерть — это мое личное дело.* Но я не был уверен, что сказал это вслух.

Чувства обостряются в лунном свете; я все еще слышал шум океана, но теперь, поверх него, я мог слышать, как набегает и разбивается о берег каждая волна; я слышал, как плещутся люди-лягушки; со дна залива до меня доносился шепот утопленников; я слышал, как поскрипывают заросшие водорослями мачты давно затонувших кораблей.

Обоняние тоже обостряется. Алюминиевый сайдинг был человеком, а в толстяке текла нечеловеческая кровь.

Что до фигуры в шелках...

Когда я был в человеческом обличье, я слышал только запах ее духов. Теперь поверх этого запаха я чуял какой-то другой, более легкий. Запах распада, разлагающегося мяса и гниющей плоти.

Шелка затрепетали. Она приближалась ко мне. И в руке у нее был нож.

— Мадам Иезекииль! — Мой голос звучал хрипло и грубо. Скоро я и такого лишусь. Я не понимал, что происходит, но луна поднималась все выше и выше, теряя свой янтарный цвет и заполняя мой мозг своим бледным светом.

— Мадам Иезекииль!

— Ты заслужил смерть, — сказала она голосом холодным и низким. — Хотя бы за одно то, что ты сделал с моими картами. С моей старой колодой.

— Я не умру, — сказал я. — «Даже тот, кто сердцем чист и ночь проводит за чтеньем молитв». Помните?

— Дерьмо собачье, — сказала она. — Тебе известен самый старый способ снять проклятие оборотня?

— Нет.

Огонь в костре сделался ярче; он горел зеленым пламенем подводного мира, зеленым пламенем медленно колышущихся водорослей; зеленым пламенем изумрудов.

— Нужно дождаться, пока оборотень примет человеческий облик, через месяц после трансформации; потом взять жертвенный нож и убить его. Вот и все.

Я попытался бежать, но стоявший сзади бармен схватил меня за руки и вывернул запястья. Серебристое лезвие сверкнуло в лунном свете. Мадам Иезекииль улыбнулась.

И чиркнула мне по горлу.

Кровь брызнула и потекла. А потом замедлилась и остановилась...

Пульсирующая боль в лобной части головы, и что-то давит на позвоночник. На меня, как нечего делать, накатывает трансформация, а из ночи надвигается красная стена.

Я чувствую, как звезды растворяются в океане, далеком, пузырящемся и соленом, мои пальцы покалывает иголками, кожу обжигают языки пламени, глаза мои светятся, как топазы, а во рту я ощущаю вкус ночи.

В ледяном воздухе мое дыхание клубами поднималось вверх.

Я вдруг зарычал, глубоким, низким рыком, ощущая снег под передними лапами.

Потом, попятившись, замер — и прыгнул.

В окружавшем меня воздухе, как туман, повис запах гнили. Высоко в прыжке я словно помедлил, и что-то лопнуло, как мыльный пузырь...

Я оказался глубоко на дне, во тьме моря, стоя на четырех лапах на скользкой скале у входа в крепость, высеченную из огромных камней. Камни отсвечивали бледным, мерцающим во тьме светом; легкая люминисценция, словно на стрелках часов.

Облачко черной крови вырвалось из моей шеи.

Она стояла передо мной, у входа. Теперь она была шести или, может, семи футов роста. На костях ее скелета были остатки плоти, рваной и обглоданной, а шелка оказались водорослями, колыхавшимися в холодной воде, в этой дремлющей без снов пучине. Они скрывали ее лицо, как многослойная зеленая вуаль.

Лицевая поверхность ее рук и плоть, что свисала с ребер, были покрыты моллюсками.

Я чувствовал себя словно раздавленным. Я не мог больше думать.

Она двинулась ко мне. Водоросли, окружавшие ее голову, сильнее заколыхались. Лицо у нее было похоже на еду из суши-бара, которую не хочется есть: присоски, и шипы, и колышущиеся стебли актинии; но отчего-то я знал, что она улыбается.

Я оттолкнулся задними лапами. Мы сошлись там, в пучине, и мы боролись. Было очень холодно и очень темно. Я сомкнул челюсти на ее лице и почувствовал, как что-то хрустнуло и порвалось.

Это был почти поцелуй, там, в бездонной глубине...

Я мягко приземлился на снег, а в зубах у меня был шелковый шарф. Над землей кружили другие шарфы, но мадам Иезекииль не было видно.

Серебряный нож лежал в снегу на земле. Я стоял на четырех лапах и ждал, мокрый до костей. Отряхнулся, и далеко от меня разлетелись брызги морской воды. Я слышал, как она шипела и пузырилась, попав в огонь.

Голова кружилась, и не было сил. Я глубоко-глубоко вздохнул.

Внизу, очень далеко, в заливе, я увидел людей-лягушек, качавшихся на волнах, словно мертвые; это длилось несколько секунд, а потом они закружились и прыгнули, и один за другим исчезли под водой.

Кто-то завопил. Это был бармен с лисьими волосами, пучеглазый торговец алюминиевым сайдингом. Он смотрел в ночное небо, на проплывавшие по нему и закрывавшие звезды тучи, и вопил. В его крике были гнев и разочарование, и это меня напугало.

Он поднял нож, пальцами стряхнул с рукоятки снег и вытер с лезвия кровь о свое пальто. И посмотрел на меня. Он плакал.

— Скотина, что ты с ней сделал?

Я мог бы сказать ему, что ничего ей не сделал и она все еще там, на страже, в глубинах океана, но я не мог говорить, а мог лишь рычать, и скулить, и выть.

Он продолжал плакать. От него разило безумием и тоской. Он поднял нож и бросился на меня, а я отступил в сторону.

Некоторые не могут приспособиться даже к незначительным переменам. Бармен пронесся мимо — и упал с утеса, в ничто, в пустоту.

В лунном свете кровь кажется черной, не красной, а следы, что он оставил в том месте, откуда упал, и ударился, и покатился, были черными и темно-серыми. Когда наконец он замер на льду у изножья утеса, из моря появилась рука и утянула его, с мучительной медлительностью, во тьму глубин.

Кто-то поскреб мне затылок. Это было приятно.

— Чем она была? Просто картинкой, олицетворением богов Пучины, сэр. Фантом, призрак, если хотите, присланный из бесконечных глубин, чтобы ускорить конец мира.

Я ощетинился.

— Нет, теперь все закончилось — на время. Вы ее растерзали, сэр. А ритуал — особая вещь. Трое из нас должны стоять вместе и произносить священные имена, в то время как будет литься невинная кровь, орошая землю у наших ног.

Я посмотрел на толстяка и протяжно завыл. Он сонно похлопал меня по загривку.

— Понятно, что она не любит вас, мой мальчик. В материальном смысле слова она едва ли существует в этом измерении.

Снег снова пошел. Костер начал затухать.

— Ваша сегодняшняя трансформация, должен признать, неожиданная — прямой результат того же небесного расклада и лунных сил, превративших сегодняшнюю ночь в чудесную ночь, в ночь, что вернула из Пучины моих старых друзей...

Он продолжал говорить своим низким голосом, и, возможно, рассказывал важные вещи. Но я никогда о том не узнаю, потому что во мне взыграл аппетит, и от сказанного остались лишь тени смыслов; меня больше не интересовали ни море, ни скалы, ни этот толстяк.

В лесу за лугом я заприметил оленей: я чуял их запах в зимнем ночном воздухе.

А я ведь очень проголодался.

Когда пришел в себя ранним утром следующего дня, я был гол, а возле, на снегу, лежал наполовину съеденный олень. По его глазу ползла муха, а язык вывалился из мертвого рта, и вид был забавный и жалостный, как на карикатуре в газете.

В том месте, где у него вспорот живот, снег окрасился во флюоресцентно-красный цвет.

Мои лицо и грудь были в липком кровавом месиве. А расцарапанное горло саднило и жгло; но к следующему полнолунию это пройдет.

Откуда-то издалека светило солнце, маленькое и желтое, зато небо было синим и безоблачным, а ветра не было совсем. До меня доносился рокот моря.

Мне было холодно, и я был гол, окровавлен и одинок. *Как хорошо*, подумал я, *что такое случается в самом начале со всеми. А у меня бывает только раз в месяц.*

Я смертельно устал, но должен был держаться, пока не найду пустой сарай или пещеру, где мог бы пару недель отлежаться.

Низко пролетел ястреб, и что-то свисало из его когтей. На мгновение он завис надо мной, и к моим ногам упал маленький серый кальмар. Ястреб улетел, а кальмар лежал неподвижно, со всеми своими присосками.

Я воспринял его как предзнаменование, но хорошее или дурное — не знал, да мне это было и не важно; я повернулся спиной к морю и призрачному Иннсмуту и двинулся вперед, к огням большого города.

Вервольф

Слушай, Талбот, моих людей убивают,
голос его рокотал в телефоне. *Узнай,*
кто, почему и останови их. —Как? — я спросил.
Да как угодно, сказал он. *Но мне б не хотелось*
еще о них слышать. Ну, ты меня понял.
Да, я понял. Так меня наняли.
То было, представьте, в двадцатых двадцатого века,
на Венис-бич, в городе ангелов.
Гар Рот владел бизнесом в той части мира:
стимуляторы, стероиды и колеса,
все, чем можно закинуться.
Загорелые парни, те, что в трусах в облипку,
и пышнотелые девки, любители экстрима и групповухи,
все обожали Рота. У него была дурь.
И крыша в полиции, дел его не замечавшей;
и весь пляжный мир, от Лагуны до Малибу,
был у него в кармане; на его танцполе
парни и девки делали что хотели.
О, город тот поклонялся плоти, их плоти.
Они веселились. День ото дня.
Обкуривались, закидывались, тащились,
а музыка была такой громкой, что до костей пробирала,
и так и было, когда все началось, по-тихому.

Размозженные черепа. Тела изорваны в клочья.
Криков никто не слышал из-за тяжелых ритмов
и шума прибоя:
В тот год все вновь слушали хеви-метал.
Кажется, с дюжину мертвых тел приняло море,
с утра пораньше. Рот вначале
подозревал конкурентов.
Он выставил больше охраны, в воздухе, на земле
и на море,
но все повторялось снова и снова.
И камеры слежения ничего не дали.
Никто не имел понятия, что это было. А тем временем
руки-ноги кому-то отрывало, сносило головы с плеч,
из пышных грудей выдирались силиконовые прокладки,
а на песке валялись ссохшиеся от стероидов яички,
словно крошечные обитатели моря, оставшиеся без воды.
Рот был уязвлен: в его владениях непорядок,
вот почему позвонил.
Переступив через спящих милашек обоего пола,
Я похлопал его по плечу. Но моргнуть
не успел, как дюжина стволов нацелилась
в грудь и голову. И тогда я сказал: *Эй, я не монстр.*
Во всяком случае, не ваш монстр. Пока.
И протянул визитку. *Талбот,* — прочел он.
Вы тот, с кем я говорил?
Ну да, — я ответил жестко, —
а у вас проблемы, и некому их решить.
Я предлагаю сделку: я решаю проблему.
А вы отстегнете бабки, еще и еще — сколько скажу.
Рот ответил: *Конечно, мы ведь договорились.*
Сколько скажешь. Заметано.
Что до меня, я думаю, это мафия, евроевреи
либо китайцы. Ты не боишься?
Нет, я ответил. *Я не боюсь.*

Вервольф

Было мне жаль отчасти, что славных деньков не застал я:
Не так уж много их было, тех, кто у него веселился.
А если взглянуть поближе, не столь уж они аппетитны,
как издали может казаться.
Сумерки стали сгущаться — и началась вечеринка.
Я говорю: ненавистен мне прежде был хеви-метал.
Рот отвечает, мол, думал, что ты моложе.
    Молодо выглядишь, в общем.
Уж очень громко играют, все дрожит и трясется.
Я раздеваюсь и жду, притаившись за дюной.
Жду день и ночь. День и ночь. День и ночь.
Какого хрена, где твои люди?
Спросил он на третий день. *И какого хрена плачу я?*
Я никого не видел, только большую собаку.
Я улыбнулся. *Что бы то ни было, ведь ничего*
    не случилось,
ответил. *А с места я не сходил.*
Это еврейская мафия, точно, сказал он.
Вот никогда я не верил евроевреям.
И вот третья ночь настала.
Луна огромна и цвет у нее кровавый.
Двое играют в волнах, парень с девчонкой,
Гормонов в них больше, чем дури. Она смеется,
Плещет у ног волна. Это было б опасно,
если б убийца сюда каждую ночь приходил.
Они с прибоем играют, брызжутся, визжат от восторга.
Я слух навострил *(чтобы лучше их слышать),*
    глаза мои зорки
(чтоб лучше их видеть) они охренительно
молоды так и счастливы, что хочется сплюнуть.
Самое тяжкое для меня — чтоб за такими
смерть раньше всех приходила.
Первой она закричала. Диск кровавой луны висел высоко,
а накануне луна была полной.
Она вдруг упала в прибой, будто в яму,

ее засосало. А парень прочь побежал,
прозрачная струйка мочи вытекала из плавок,
бежал, спотыкаясь, крича. Из воды он медленно вышел,
страшный монстр из плохого кино.
В руках у него девчонка. Завыл я,
как воют большие собаки, и облизнулся.
Монстр откусил ей лицо и бросил то, что осталось,
на песок. Я подумал: мясо и химикаты, как быстро они
становятся просто мясом
и химикатами, лишь с одного укуса...
Люди Рота туда подошли, со страхом в глазах,
оружием наизготовку. Но он их хватал, рвал в клочья,
швырял на песок. Потом, напряженно
ступая зелено-серыми, с перепонками лапами,
взвыл он. *Мам, это кайф!*
Какая мать, я подумал, *выродить может такое?*
А издали слышал Ротовы вопли,
Талбот, ты, жопа! Талбот, ты где?
Я встал, потянулся и прыгнул на лунный песок.
Ну, привет, я сказал.
А, псина, ответил. *Сейчас я твои волосатые лапы*
В глотку тебе же забью.
Ну кто ж так здоровается, я возражаю.
Я Великое Нечто. А ты кто? Собачка,
что умеет лишь тявкать? Прибью тебя, в хлам разметаю!
Пшел вон, зверь поганый, сказал я.
Он смотрел не мигая, глаза — две отличные трубки.
Пшел вон? Ну сказал! Кто ж меня одолеет?
Я, отвечаю с сарказмом. *Я, конечно.*
Я из тех, кому это дано.
Он был бледен, смущен, уязвлен, в ту минуту
я чуть не начал жалеть его. Но из облака вышла луна,
и я взвыл.
Кожа его была рыбьей,
и зубы остры, как акульи, а лапы

перепончаты и когтисты,
когда, зарычав, он чуть не вцепился мне в глотку.
Да что ты такое? — спросил он.
А еще сказал: *нет, о, нет.*
И потом: *блин, так нечестно.*
А после уже ни слова,
да и какие слова,
когда я оторвал ему руку
и бросил, а она еще дергалась
на песке какое-то время.
Великое Нечто помчался к воде, я рванул за ним следом.
Море солоно было, а кровь его жутко воняла.
Я ощущал эту вонь в моей пасти.
Он поплыл, я за ним, все дальше и дальше,
и я чувствовал, как что-то сдавило мне грудь,
словно мир весь пытался
сокрушить мою глотку, и голову, мозг и все остальное,
и ворочались монстры в воде, пытаясь меня одолеть,
пока мы плыли до заброшенной
буровой установки,
куда он приплыл умирать.
Должно быть, здесь он родился,
на вышке той ржавой.
И когда до нее добрался, уже подыхал.
Я оставил его умирать, стать пищей для рыб,
для коварных прионов. Мясом опасным. Но пред тем
я дал ему в челюсть, а зуб, что сломал ударом,
взял себе, на удачу. Тут она налетела,
рвала и метала. Почему же
странным кажется, что у зверя тоже есть мать?
Матери есть у многих.
Лет пятьдесят тому были они у всех.
Она вопила и выла и голосила
в неистовстве: как я мог это сделать?
Рядом присев, ласкала его и стонала.

А после мы говорили, пытаясь понять друг друга.
То, что потом мы делали, никого не касается.
Каждый из нас делал прежде такое,
но что бы то ни было, страсть или схватка,
сын ее мертвый уже коченел.
Сцепились мы, шерсть с чешуей,
я зубы вонзил ей в загривок,
царапал ей спину когтями...
Ла-ла-ла-ла. Какая старая песня.
И вот выхожу я на берег. Рот уже там, светает.
Бросаю я голову монстра, и глаза его засыпает
мелкий белый песок.
Вот ваша проблема, сказал я.
Как видишь, ее больше нет.
И что теперь? — отвечает.
Теперь расплата.
Так работал он на китайцев? Рот спросил.
Или евроевреев?
А может, еще на кого?
Просто он жил по соседству, сказал я.
Хотел, чтобы вы шумели
потише.
Ты думаешь? Он спросил.
Я знаю, сказал я, в мертвые глядя глаза.
И откуда он происходит? все спрашивал Рот.
Я натянул одежду, измученный трансформацией.
Из мяса и химикатов, шептал я. Знал он: я лгу.
Но волки, они рождены, чтобы лгать.
Я сел на песок, я смотрел на залив,
На небо в лучах рожденной зари,
И грезил о дне, когда мне умирать.

Для вас — оптовые скидки

Пинтер никогда не слышал об Аристиппе Киренском, малоизвестном последователе Сократа, который утверждал, что избежать неприятности — это высочайшее из достижимых благ; тем не менее он проживал свою бедную событиями жизнь в соответствии с этим принципом. Во всех отношениях, кроме одного (азарт при распродажах, но кто из нас вполне от этого избавлен?), он был человеком очень умеренным. Он не впадал в крайности. Речь его была правильной и сдержанной; он редко переедал, а пил достаточно для того, чтобы поддерживать разговор, и не больше; он был далеко не богат и никоим образом не беден. Он любил людей, и люди его любили. Зная все это, могли бы вы себе представить, что встретите его в грязном пабе в самом отвратительном уголке лондонского Ист-Энда, занятого заключением так называемой сделки с человеком, которого едва знал? Нет, не могли бы. Вы бы даже не поверили, что он ходит в пабы.

И до вечера одной пятницы были бы правы. Но любовь к женщине может невесть что сделать с мужчиной, даже таким бесцветным, как Питер Пинтер, а открытие, что мисс Гвендолин Торп, двадцати трех лет, проживавшая по адресу: Оуктри-террас 9, гуляет (говоря по-плебейски) с приятным молодым джентльменом из бухгалтерии, *после того*, заметьте, как согласилась надеть обручальное кольцо девятикаратного золота, украшенное натуральной рубиновой крошкой, и с камнем, который вполне может сойти за бриллиант (цена 37.50 фунтов), а на его выбор у Питера ушел почти весь обеденный перерыв, — может заставить мужчину совершать очень странные поступки.

Из-за своего шокирующего открытия Питер провел без сна ночь с пятницы на субботу, он метался и ворочался на кровати из-за неотвязных видений Гвендолин и Арчи Гиббонса (Дон Жуана из отдела учета), которые плыли и скакали у него перед глазами, совершая действия, которые сам Питер, если его припереть к стенке, вынужден был бы признать совершенно невозможными. Но от ревности в нем разлилась желчь, и к утру Питер решил, что с соперником следует покончить.

Утро субботы он провел в раздумьях, каким образом люди вступают в контакт с наемным убийцей, поскольку самое большее, что было ему известно, это то, что таковые не служат в торговых центрах (ибо все три участника вечного треугольника, а также, совершенно случайно, и обручальное кольцо, были оттуда), а спросить кого-либо напрямую он опасался, не желая привлекать к себе внимание.

Вот почему в субботу днем мы застаем его пролистывающим «Желтые страницы».

Он обнаружил, что НАЕМНЫЕ УБИЙЦЫ не значились между НАДЕЖНЫМИ СРЕДСТВАМИ ДЛЯ ПОХУДАНИЯ и НАЙМОМ НЯНИ; КИЛЛЕРОВ он не нашел между КАМУФЛЯЖНОЙ ОДЕЖДОЙ ДЛЯ ДЕТЕЙ и КРАСИВЫМИ ПОТОЛКАМИ ПО РАЗУМНЫМ ЦЕНАМ; а УБИЙЦ не было между ТУРЫ ДЕШЕВО и УМЕРЕННЫЕ ЦЕНЫ НА ПРОКАТ АВТОМОБИЛЕЙ. Раздел ПРОФИЛАКТИКА И БОРЬБА С ВРЕДИТЕЛЯМИ выглядел обнадеживающе; однако более близкое изучение рекламных объявлений показало, что речь шла о борьбе исключительно с «крысами, мышами, блохами, тараканами, молью, кротами и крысами» (из чего следовало, как заметил Питер, что здесь имеют особый зуб именно на крыс), а совсем не с тем, что он имел в виду. Несмотря на это, будучи по натуре аккуратным, он досконально изучил рекламные объявления в этой рубрике, пока не наткнулся внизу второй страницы на крошечное объявление, которое показалось ему многообещающим.

Полное и осторожное избавление от надоедливых и нежелательных млекопитающих и т. д. — говорилось в начале. Далее шла подпись «Кеч, Хэр, Бёрк и Кеч[70]. Давно на рынке». Адрес указан не был, только телефон.

Питер набрал номер, удивляясь самому себе. Сердце подпрыгивало в груди, но он пытался выглядеть беспечным. Один, два, три гудка. Питер начал было надеяться, что никто не ответит и он сможет об этом забыть, как раздался щелчок и энергичный молодой женский голос произнес:

— Кеч Хэр Берк Кеч. Чем могу служить?

Из осторожности не назвав себя, Питер сказал:

— Э, сколь велики, хотел бы я знать, млекопитающие, с которыми вы... имеете дело? От которых вы, э, избавляете?

— Ну, это зависит от того, с кем вы желаете покончить, сэр.

Он собрался с духом.

— А если это человек?

Ее голос остался столь же энергичным и невозмутимым:

— Без проблем, сэр. У вас под рукой бумага и ручка? Хорошо. Будьте в пабе «Грязный осел» на Литтл Кортни-стрит, Е 3, сегодня в восемь вечера. Держите в руках свернутую трубочкой газету «Файненшнл таймс», которая розовая, сэр, и наш сотрудник к вам подойдет, — и повесила трубку.

Питер ликовал. Все оказалось намного проще, чем он воображал. Он спустился, чтобы купить «Файненшнл таймс», нашел в «Гиде по Лондону» Литтл Кортни-стрит и остаток дня смотрел по телевизору футбол, представляя во всех подробностях похороны приятного молодого джентльмена из отдела учета.

Паб Питер нашел не сразу, но в конце концов заметил вывеску, на которой был изображен осел и которая была к тому же очень грязной.

«Грязный осел» оказался небольшим и не особенно грязным пабом, плохо освещенным, где, подозрительно поглядывая по сторонам, группки небритых завсегдатаев в пыльных спецовках ели чипсы и пили «Гиннесс», напиток, которым Питер никогда особо не увлекался. Он старался держать под мышкой свою газету так, чтобы ее было хорошо видно, но никто к нему не подошел, и тогда он взял полпинты шенди[71] и ретировался за столик в углу. Неспособный ни о чем больше думать в ожидании, он попытался читать газету, но, заплутав в лабиринте фьючерсов на зерно, сдался и уставился на дверь.

Он ждал уже почти десять минут, когда в паб ввалился небольшого роста суетливый человек, который, оглядевшись, подошел прямо к его столику и уселся напротив.

Садясь, он протянул руку:

— Кембл. Бертон Кембл из «Кеч, Хар, Берк и Кеч». Я слышал, у вас есть для нас работа.

Он не был похож на киллера. Питер так ему и сказал.

— О, помилуйте, конечно нет! Я не принадлежу к исполнителям. Я из отдела продаж.

Питер кивнул. В словах Кембла был свой резон.

— Можем мы, э, говорить без обиняков?

— Конечно. На нас никто не обращает внимания. Прежде всего, сколько человек вы хотели бы устранить?

— Только одного. Его зовут Арчибальд Гиббонс, и он работает в бухгалтерии «Клеймеджа». Его адрес...

Кембл его прервал.

— Мы поговорим о деталях позже, сэр, если не возражаете. Давайте сразу обсудим финансовые условия. Начнем с того, что контракт обойдется вам в пятьсот фунтов...

Питер кивнул. Он мог себе это позволить и на самом деле ожидал, что придется заплатить немного больше.

— Хотя... у нас всегда есть специальные предложения, — учтиво заметил Кембл.

Глаза у Питера загорелись. Как я заметил ранее, он любил скидки и часто покупал на распродажах или по спецпредложениям вещи, которым потом не мог найти употребления. Кроме этого недостатка (которым столь многие из нас обладают), повторюсь, во всем остальном он был чрезвычайно умеренным молодым человеком.

— Специальные предложения?

— Двое по цене одного, сэр.

М-м-м. Питер задумался. Выходило всего по 250 фунтов за каждого, что, как ни крути, не так уж плохо. Была лишь одна загвоздка.

— Боюсь, у меня нет другого человека, которого я хотел бы убить.

Кембл выглядел разочарованным.

— Как жаль, сэр! За двоих мы могли бы еще опустить цену, положим, до четырехсот пятидесяти фунтов.

— В самом деле?

— Видите ли, это обеспечивает занятость наших сотрудников. Если хотите знать, — и он понизил голос, — работы в этой сфере постоянно не хватает. Не то, что в прошлые времена. Неужели не найдется еще хотя бы *один* человек, которого вы предпочли бы видеть мертвым?

Питер призадумался. Он терпеть не мог упускать выгоду, но в голову ему больше никто не приходил. Он любил людей. Но при таких скидках...

— Послушайте, — сказал Питер. — Могу я подумать до завтрашнего вечера?

Продавец был доволен.

— Конечно, сэр, — сказал он. — Уверен, кто-нибудь да придет вам на ум.

Ответ, такой очевидный, нашелся в ту же ночь, когда Питер уже погружался в сон. Он сел на постели, включил настольную лампу и записал имя на обратной стороне конверта, чтобы не забыть. Сказать по правде, он вовсе не думал, что его забудет, поскольку все было мучительно очевидно, но ведь никогда не знаешь, чего ждать от этих ночных мыслей.

Имя, которое он записал, было *Гвендолин Торп*.

Он выключил свет, свернулся клубочком и вскоре уснул, и видел всю ночь мирные, замечательно безубийственные сны.

Когда он приехал воскресным вечером в «Грязного осла», Кембл его уже ждал. Питер заказал себе выпивку и сел рядом.

— Я согласен на ваше специальное предложение, — сказал он вместо приветствия.

Кембл энергично кивнул.

— Воистину мудрое решение, если позволите, сэр.

Питер Пинтер скромно улыбнулся, как читатель «Файненшнл таймс», решивший важную бизнес-проблему.

— Я так понимаю, это мне обойдется в четыреста пятьдесят фунтов.

— Неужели я назвал такую сумму, сэр? Простите ради бога. Должен извиниться, но я имел в виду нашу оптовую скидку. А так, за двоих, с вас четыреста семьдесят пять фунтов.

На пресном свежем лице Питера читались разочарование и жадность. Ему не хотелось платить лишних 25 фунтов. Однако что-то в словах Кембла привлекло его внимание.

— Оптовая скидка?

— О да, но я сомневаюсь, что вас может это заинтересовать.

— Нет, почему же. Мне интересно.

— Очень хорошо, сэр. Оптовую скидку делают за большую работу. Десять человек.

Питер подумал, уж не ослышался ли он.

— Десять человек? Получается всего 45 фунтов за каждого.

— Да, сэр. Но такой заказ для нас выгоден.

— Понятно, — сказал Питер. А еще он сказал: — Хм. Мы можем встретиться завтра вечером?

— Конечно, сэр.

Придя домой, Питер нашел клочок бумаги и ручку. Записал в столбик номера от одного до десяти и стал их заполнять:

1. Арчи Г.

2. Гвенни.

3.

Написав первые два имени, он замер, грызя ручку, вспоминая причиненные ему обиды и людей, без которых мир станет лучше.

Выкурил сигарету. Походил по комнате.

Ага! Учитель физики в школе получал удовольствие, отравляя ему существование. Как же его звали? И жив ли он еще? И хотя Питер не был в том уверен, под номером три он записал: *учитель физики, средняя школа на Эбботстрит*. Следующее имя пришло на ум сразу, потому что начальник отдела пару месяцев назад отказался повысить ему зарплату; зарплату в конце концов повысили, но это уже не имело значения. Под номером четыре значился *мистер Хантерсон*.

Когда ему было пять, мальчик по имени Саймон Эллис вылил ему на голову краску, пока другой, Джеймс какего-там Питера держал, а девочка по имени Шэрон Хартшарп смеялась. Соответственно, они значились под номерами от пятого по седьмой включительно.

Кто еще?

Он вспомнил о человеке из телевизора, который, читая новости, противно хихикал. Тот тоже попал в список. А соседка с маленькой собачкой, что гадит в холле? Соседка и ее собака стали номером девять. Самым трудным оказался десятый номер. Он поскреб затылок и пошел было на кухню за чашкой кофе, но примчался назад и рядом с цифрой 10 написал: *мой двоюродный дедушка Мервин*. Старик, по слухам, был при деньгах, и можно предположить (хотя и не наверняка), что тот ему кое-что оставит.

Довольный хорошо сделанной работой Питер отправился спать.

В понедельник все было как всегда; Питер работал старшим продавцом-консультантом в книжном отделе, и обязанностей у него было немного. Он крепко сжимал список, держа руку глубоко в кармане, упиваясь властью, которую тот ему давал. Он самым приятным образом провел обеденный перерыв в обществе Гвендолин (которая не знала, что он видел, как они с Арчи шли на склад) и даже улыбнулся приятному молодому человеку из отдела учета, встретив его в коридоре.

В тот вечер он торжественно выложил список перед Кемблом.

Лицо человека из отдела продаж вытянулось.

— Боюсь, у вас тут не десять человек, мистер Пинтер, — заметил он. — Вы посчитали соседку *и* ее собаку как одну персону. То есть всего получается одиннадцать, а это будет стоить дополнительно, — он быстро включил карманный калькулятор, — дополнительно семьдесят фунтов. Может, не будем включать собаку?

Питер помотал головой.

— Собака такая же противная, как и женщина. Может, даже еще противней.

— Тогда, боюсь, у нас возникла небольшая проблема. Если только не...

— Что?

— Если только вы не захотите воспользоваться нашими скидками на крупный опт. Но вы ведь не захотите...

Есть слова, которые меняют людей; слова, которые заставляют их краснеть от радости, волнения или страсти. Для одних таким словом является *природный*, для других — *оккультный*. Для Питера таким словом был *опт*. Он откинулся на спинку стула.

— А на каких условиях? — спросил он тоном искушенного покупателя.

— Видите ли, сэр, — Кембл позволил себе короткий смешок, — мы можем, хм, дать вам оптовую скидку, по которой каждый обойдется вам по 17.50, если в вашем списке будет свыше пятидесяти человек, или даже 10 фунтов, если их будет больше двухсот.

— Полагаю, вы спустились бы до пятерки, если бы мне потребовалось устранить тысячу человек, не так ли?

— Нет, сэр, — Кембл был потрясен. — Если вы закажете такое число, мы сможем их устранить за один фунт каждого.

— За *один* фунт?

— Совершенно верно, сэр. Маржа невелика, зато это оправдано высоким оборотом и производительностью.

Кембл встал.

— Завтра в то же время, сэр?

Питер кивнул.

Тысяча фунтов. Тысяча человек. У Питера Пинтера даже не было столько знакомых. Но в таком случае... у него есть палата общин и палата пэров. Он не любил политиков; они вечно спорили и ссорились и никак не могли остановиться.

А для такого случая...

Идея, потрясающая по своей смелости. Это круто. Дерзко. А идея засела в голове и никак не уходила. Его дальняя родственница вышла замуж за младшего брата то ли графа, то ли барона...

В тот вечер по дороге домой он остановился возле небольшого магазина, мимо которого проходил тысячу раз, ни разу не заглянув. На табличке в витрине говорилось, что здесь могут добросовестно проследить вашу родословную и даже нарисовать вам герб, если свой вы случайно утратили, а также впечатляющую геральдическую карту.

Они были очень внимательны и перезвонили сразу после семи, чтобы сообщить новости.

Если примерно четырнадцать миллионов семьдесят две тысячи восемьсот одиннадцать человек умрут, он, Питер Пинтер, станет *английским королем*.

У него не было четырнадцати миллионов семидесяти двух тысяч восьмисот одиннадцати фунтов: но он предполагал, что когда речь идет о таких цифрах, мистер Кембл сделает для него специальную скидку.

И он сделал.

И даже бровью не повел.

— На самом деле, — сказал он, — это обойдется довольно дешево; видите ли, мы не станем заниматься ими индивидуально. Небольшие ядерные бомбы, продуманная бомбардировка, отравление газами, эпидемия чумы, радиоактивная вода в бассейнах, низкие частоты, а потом можно будет просто провести зачистку. Что вы скажете о четырех тысячах фунтов?

— Четыре тысячи? Это невероятно!

Менеджер по продажам выглядел довольным.

— Наши сотрудники будут рады такой работе, сэр. — Он усмехнулся. — Мы особенно дорожим оптовыми заказчиками.

Когда Питер вышел из паба, подул холодный ветер, и старая вывеска здорово раскачивалась. Не слишком-то похоже на грязного осла, подумал Питер. Скорее конь бледный[72].

В ту ночь, засыпая, Питер мысленно репетировал коронационную речь, когда в голову пришла мысль и застряла. И никак не уходила. А вдруг есть *возможность* еще больше сэкономить и получить еще большую скидку?

Он выбрался из-под одеяла и подошел к телефону. Было почти три часа утра, но все-таки...

Открытые «Желтые страницы» лежали на том же месте, где он оставил их в прошлую субботу, и он набрал номер.

Никто не отвечал целую вечность. Наконец в трубке щелкнуло, и недовольный голос сказал:

— Берк Хар Кеч. Чем могу быть полезна?

— Простите, надеюсь, я не слишком рано... — начал он.

— Конечно нет, сэр.

— Я хотел бы поговорить с мистером Кемблом.

— Вы можете подождать? Сейчас узнаю.

Несколько минут Питер ждал, прислушиваясь к подозрительным потрескиваниям и шепоткам, которые всегда эхом отдаются в трубке на свободных линиях.

— Вы все еще здесь, сэр?

— Да, я здесь.

— Соединяю. — Раздался гудок, потом: — Кембл у телефона.

— А, мистер Кембл. Здравствуйте. Извините, если я поднял вас с постели или что-то в этом роде. Это, хм, Питер Пинтер.

— Да, мистер Пинтер.

— Вы уж извините, что так рано, просто я хотел узнать... А сколько будет стоить убить всех? Всех на свете?

— Всех? Абсолютно всех?

— Да. Сколько? Я хочу сказать, что для такого заказа у вас должны быть огромные скидки. Сколько это будет стоить? За всех сразу?

— Совсем ничего, мистер Пинтер.

— Вы хотите сказать, что не возьметесь за такую работу?

— Я хочу сказать, что мы сделаем ее бесплатно, мистер Пинтер. Надо только, чтобы нас об этом попросили. Нам всегда надо, чтобы нас попросили.

Питер был ошарашен.

— А когда же вы начнете?

— Начнем? Прямо сейчас. Немедленно. Мы давно к этому готовы. Но нам надо, чтобы нас попросили, мистер Пинтер. Спокойной ночи. Мне было *очень* приятно иметь с вами *дело*.

И он отключился.

Питер чувствовал себя странно. Все казалось ему каким-то нереальным. Ноги плохо держали, и захотелось присесть. Что же, спрашивается, тот человек имел в виду? «Нам всегда надо, чтобы нас попросили». Более чем странно. Никто в мире ничего не делает за просто так; ему захотелось перезвонить Кемблу и отказаться от своего заказа. Возможно, он все преувеличил, возможно, была совершенно невинная причина, почему Арчи и Гвендолин пошли вместе на склад. Он с ней поговорит, вот что следует сделать. Он первым делом поговорит с Гвенни, когда наступит день...

И в этот момент он услышал шум.

Странные крики доносились с улицы. Дерутся кошки? А может, лисы? Он понадеялся, что кто-нибудь запустит в них тапком. Но тут в коридоре его квартиры раздались приглушенные звуки, словно кто-то волок по полу что-то тяжелое. Потом звуки прекратились. Кто-то стукнул в его дверь, дважды, очень тихо.

Крики за окном становились все громче. Питер уселся в кресло, понимая, что где-то в чем-то ошибся. В чем-то важном. Стук возобновился. Он порадовался, что всегда запирает на ночь дверь на замок и на цепочку.

Они давно готовы, им только нужно было, чтобы кто-то попросил...

Когда дверь взломали, Питер принялся кричать, но, по правде сказать, это продолжалось совсем недолго.

Одна жизнь, приправленная ранним Муркоком

Бледный принц-альбинос опирался на огромный черный меч. «Взмах моего меча вызывает бурю, — сказал он, — и еще он может выпить вашу душу».

Принцесса вздохнула. «Прекрасно! — сказала она. — Если это то, что вам нужно, чтобы победить воинственных драконов, убейте меня и позвольте вашему мечу испить мою душу».

«Я этого не хочу», — ответил он.

«Ну что ж, — сказала принцесса и с этими словами разорвала тонкую материю и обнажила грудь. — Вот вам мое сердце, — указала она перстом, — а сюда вам следует вонзить свой меч».

Он так никогда и не узнал, что было дальше. Это было в тот день, когда ему сказали, что его переводят в следующий класс, так что дочитывать не было смысла. Он никогда не дочитывал в следующем классе книги, рекомендованные для чтения в предыдущем. Теперь же ему исполнилось двенадцать.

Хотя, конечно, жаль.

Тема сочинения была «Знакомство с моим любимым литературным героем», и он выбрал Элрика. Он подумал про Корума, или Джерри Корнелиуса, или даже Конана Варвара, но Элрик из Мельнибоне[73] победил, не прилагая усилий, как он всегда это делал.

Ричард впервые прочел «Буреносца» три года назад, когда ему было девять. Он накопил денег для «Поющей цитадели» (лопухнулся, решил он, когда дочитал: всего одна история про Элрика), а потом попросил денег у отца, чтобы купить «Спящую волшебницу», которую обнаружил в одном магазине, по дороге в Шотландию, куда они ездили прошлым летом. В «Спящей волшебнице» Элрик повстречал Эрикезе и Корума, еще два воплощения Вечного Воителя, и они подружились.

А это означало, понял он, когда прочел книгу, что все книги про Корума, Эрикоуза и даже Дориана Хакмуна — на самом деле и про Элрика тоже, и тогда стал их покупать и зачитываться ими.

Правда, они не были столь хороши, как книги про Элрика. Элрик был лучше всех.

Иногда он усаживался рисовать Элрика, стараясь, чтобы тот получился что надо. Ни один из Элриков на обложках не был похож на того Элрика, что жил у него в голове. Он рисовал Элрика перьевой ручкой в пустых школьных тетрадях, которые добывал обманом. На обложке он всегда писал свое имя: РИЧАРД ГРЕЙ. НЕ КРАСТЬ.

Иногда он подумывал о том, чтобы вернуться и закончить свою историю про Элрика. Может, ему удалось бы пристроить ее в журнал. Но что будет, если Муркок об этом узнает? Что если ему за это влетит?

В большой классной комнате стояли деревянные парты. Каждая была изрезана ножом, исцарапана и испачкана чернилами — тем, кто за ними сидел, это доставляло удовольствие. На стене — грифельная доска с нарисованным мелом довольно точным изображением мужского члена, нацеленного на лежащую на боку букву Y, представлявшую женские гениталии.

Дверь внизу хлопнула, и кто-то взбежал по лестнице.

— Грей, ну ты, придурок, что ты здесь делаешь? Нас уже ждут на нижнем поле. Ты же в футбол сегодня играешь!

— Нас? В футбол?

— Сегодня утром объявили на собрании. А список висит на доске объявлений.

Джи Би Си МакБрайд, рыжеволосый очкарик, был ненамного более собранным, чем Ричард Грей. Вообще в классе было два Дж. МакБрайда, вот почему к этому прилагался полный комплект инициалов.

— Ох!

Грей подхватил книгу («Приключения Тарзана в недрах земли»[74]) и поплелся за ним. Небо было затянуто темными тучами, сулившими дождь или снег.

Вечно ему пеняли вещами, которых он не замечал. Он то приходил в пустые классные комнаты, то заявлялся в школу в день, когда занятия были отменены. Порой ему казалось, что он живет в каком-то другом мире, не в том, где все остальные.

Он пошел на футбол с «Тарзаном», засунутым сзади в колючие синие футбольные шорты.

Он терпеть не мог душевые кабинки и ванны. И не мог понять, зачем непременно следует принимать и то и другое, но ничего с этим поделать не мог.

Он мерз, и игрок из него был никудышный. Это даже начинало становиться предметом его извращенной гордости: за все годы учебы в школе он не забил ни одного гола, не выиграл ни одного забега, никого не довел, вообще ничем не отличился, кроме того, что был последним человеком, кого выбрали бы для командной игры.

Элрик, гордый бледный принц мелнибонийцев, никогда не стоял на подаче на футбольном поле в разгар зимы, мечтая, чтобы игра поскорее кончилась.

В душевой стоял пар, а от шортов на внутренней поверхности бедер оказалась содрана кожа. Голые мальчишки, дрожа, выстроились в очередь, чтобы ополоснуться в душе, а потом уже погрузиться в ванну.

Мистер Мерчисон, с дикими глазами и жестким морщинистым лицом, старый и почти лысый, стоял в раздевалке, посылая голых мальчишек в душ, а из душа в ванны.

— Ну ты, мальчик. Глупый маленький мальчик. Джеймисон. Под душ, Джеймисон. Аткинсон, крошка, ополоснись как следует. Смиггинс, в ванну. Гоуринг, займи его место под душем...

Под душем было слишком горячо. Вода в ваннах была ледяная и грязная.

Когда мистера Мерчисона поблизости не было, мальчишки хлестали друг друга полотенцами, высмеивали твой пенис и волосы на лобке — или их отсутствие.

— Не будь идиотом, — прошептал кто-то возле Ричарда. — Что если Мерч вернется? Ведь он тебя убьет! — И нервно хихикнул.

Ричард обернулся. У мальчика постарше была эрекция, и он, стоя под душем, медленно, бахвалясь, на глазах у остальных, водил по члену рукой.

Ричард отвернулся.

Подделывать подписи было очень легко.

Ричард довольно сносно мог изобразить, к примеру, подпись Мерча и отлично справлялся с почерком старшего воспитателя. Это был высокий лысый сухой человек по имени Треллис. Они ненавидели друг друга все эти годы.

Ричарду приходилось подделывать подписи, чтобы заполучить чистую тетрадь в канцелярии, где выдавали также бумагу, карандаши, ручки и линейки по запискам от учителей.

Ричард писал рассказы и стихи, а еще рисовал — и все это он делал в школьных тетрадях.

После ванны Ричард вытерся полотенцем и поспешно оделся: пора было возвращаться в затерянный мир.

Он медленно вышел из здания, с криво повязанным галстуком и плохо заправленной в брюки рубахой, читая про лорда Грейстоука, думая, неужели в обычном мире действительно существует еще один мир, где летают динозавры и никогда не наступает ночь.

Начинало смеркаться, но на школьном дворе довольно много мальчишек еще играли с теннисными мячиками; у скамейки двое резались в каштаны. Ричард прислонился к красной кирпичной стене, закрывшись от внешнего мира, забыв про унижения в раздевалке.

— Грей, ты — позорище!

Я?

— Посмотри на себя! Галстук набок съехал. Ты позоришь нашу школу. Вот что. — Мальчика звали Линдфилд, он учился всего на два класса старше, а выглядел как взрослый. — Посмотри на свой галстук. То есть реально, *посмотри*. — Линдфилд взял его за галстук и затянул узел так, что Ричард не мог вдохнуть. — Смотреть противно!

Линдфилд и его приятели удалились.

У красной кирпичной стены школы стоял Элрик Мелнибоунский и смотрел на него. Ричард рванул узел галстука, пытаясь его ослабить. Галстук впился в горло.

Его руки бессмысленно шарили вокруг шеи.

Ричард не мог дышать, но он об этом даже не думал. Он думал о том, как устоять, потому что вдруг забыл, как это делается. И с облегчением обнаружил, какой мягкой оказалась дорожка, вымощенная красным кирпичом, когда она медленно приподнялась, чтобы заключить его в свои объятия.

Они стояли вместе под ночным небом, увешанным тысячами огромных звезд, у развалин чего-то, похожего на древний храм.

Сверху на него смотрели рубиновые глаза Элрика. Они были похожи, как показалось Ричарду, на глаза поразительно злобного белого кролика, который когда-то жил у Ричарда, прежде чем прогрыз прутья клетки и бежал в сассекские поля, терроризировать бедных лисиц. Его кожа была ослепительно белой; а доспехи, богатые и украшенные орнаментом, абсолютно черными. Его тонкие белые волосы рассыпались по плечам, словно разметанные ветром, хотя воздух был неподвижен.

Значит, ты хочешь быть спутником героев? — спросил он. Голос у него был еще нежнее, чем Ричард себе представлял.

Ричард кивнул.

Элрик своим длинным пальцем коснулся его подбородка, приподнял ему голову. *Кровавые глаза,* подумал Ричард. *Кровавые глаза.*

Но ты не можешь быть им спутником, мальчик, сказал тот на высоком мелнибоунском наречии.

Ричард всегда знал, что поймет это наречие, если когда-либо услышит, хотя и в латыни, и во французском был несилен.

Ну а кто же я тогда? — спросил он. — *Прошу вас, скажите. Кто?*

Элрик ничего не ответил. Он пошел прочь, в разрушенный храм.

Ричард побежал за ним.

В храме он нашел жизнь, которая его ожидала, вполне готовую, бери и носи, а внутри той жизни — еще одну. И каждая жизнь, что он примерял, ускользала от него, и тянула все дальше, дальше от мира, из которого он пришел;

одна за другой, жизнь за жизнью, реки снов и поля звезд, вот низко над травой летит ястреб с зажатой в когтях стрелой, а вот крохотные странные человечки ждут, чтобы он наполнил их жизнью, и проходят тысячи лет, и он вовлечен в странную величайшей важности и пронзительной красоты работу, и его любят, его почитают, а потом толчок, резкий рывок — и...

...и он словно вынырнул из самой глубины бассейна. Над ним появились звезды, потом стали падать и растворяться в синем и зеленом, и с огромным разочарованием он вновь стал Ричардом Греем, вернулся к себе, исполненный незнакомого чувства. Оно было странным, таким странным, что он дивился позднее, когда понял, что у него даже нет названия: оно состояло из отвращения и сожаления оттого, что он вернулся к чему-то, что считал давно сделанным, и забытым, и умершим.

Ричард лежал на земле, а Линдфилд пытался развязать ему узел на галстуке. Вокруг столпились другие мальчишки, обеспокоенные, взволнованные, испуганные.

Наконец Линдфилду удалось развязать галстук. Ричард судорожно хватал ртом воздух, глотал, давился, пытался вдохнуть как можно глубже.

— Мы думали, ты прикидываешься. Взял и грохнулся, — сказал кто-то.

— Заткнитесь, — сказал Линдфилд. — С тобой все в порядке? Прости. Я не хотел. Господи. Прости.

На одно мгновение Ричарду показалось, будто Линдфилд извиняется за то, что вернул его из того мира, где стоит разрушенный храм.

Насмерть перепуганный Линдфилд отчаянно над ним хлопотал. Ему явно никогда не приходилось доводить кого-либо до такого состояния. Он помог Ричарду подняться по лестнице до медицинского кабинета, где рассказал, как, возвращаясь из школьного буфета, нашел Ричарда без сознания, окруженного любопытными, и понял, что с ним что-то случилось. Ричард немного полежал в медкабинете, где ему дали выпить горького аспирина из пластикового стаканчика, а потом отвели в кабинет воспитателя.

— Боже, ну и видок у тебя, Грей! — сказал тот, раздраженно попыхивая трубкой. — Я не вижу вины за молодым Линдфилдом. Во всяком случае, он спас тебе жизнь. И я слышать об этом больше не желаю!

— Извините, — сказал Грей.

— У меня все, — сказал воспитатель из облачка ароматного дыма.

— Ты уже определился с религией? — спросил его школьный священник мистер Эйликид.

Ричард покачал головой.

— У меня довольно большой выбор, — пояснил он.

Школьный священник был еще и учителем биологии. Недавно он водил весь класс, пятнадцать тринадцатилетних мальчишек и двенадцатилетнего Ричарда к себе домой, в маленький домик, что напротив школы. В саду маленьким острым ножом мистер Эйликид убил, освежевал и расчленил кролика. А потом взял ножной насос и надувал им мочевой пузырь как воздушный шар, пока тот не лопнул, забрызгав мальчиков кровью. Ричарда вырвало, но остальные были в порядке.

— Хм, — сказал священник.

Его кабинет был уставлен книгами, и там, в отличие от многих других кабинетов, по крайней мере было уютно.

— Как насчет онанизма? Ты с этим не перебарщиваешь? — Глаза мистера Эйликида сверкнули.

— А как это, перебарщивать?

— Ну, я полагаю, если этим заниматься больше трех-четырех раз в день, то...

— Нет, — сказал Ричард. — Не перебарщиваю.

Он был на год младше остальных; не все об этом помнили.

На выходные он ездил в Северный Лондон, где вместе с двоюродными братьями готовился к бар-мицве; с ними занимался худой аскетичный кантор, фрумее фрума, каббалист и хранитель тайного знания, на что его можно было повернуть с помощью верно заданного вопроса. Ричард был большим специалистом по этой части.

«Фрум» — это ортодоксальный жестоковыйный еврей. Никакого молока рядом с мясом, две посудомоечных машины для двух наборов посуды и столовых приборов.

Не вари козленка в молоке матери его[75].

Двоюродные братья Ричарда тоже были «фрум», хоть они и покупали тайком после школы чизбургеры, бахвалясь этим друг перед другом.

Ричард полагал, что его тело уже безнадежно осквернено. Но все же отказался от крольчатины. Прежде он пробовал крольчатину, и она ему не нравилась, а теперь он знал, в чем тут дело. Каждый четверг в школе на обед давали, по его разумению, довольно невкусное куриное рагу. Однажды в четверг он обнаружил в своем рагу кроличью лапку, и до него дошло. И с тех пор по четвергам он налегал на хлеб с маслом.

Сидя в поезде подземки по пути в Лондон, он рассматривал лица пассажиров, пытаясь угадать, нет ли среди них Майкла Муркока.

Если бы он встретил Муркока, он спросил бы его, как попасть обратно в разрушенный храм.

Если бы он встретил Муркока, он бы так смутился, что не смог говорить.

Несколько раз, когда родителей не было дома, он пытался ему позвонить.

Он звонил в центральную справочную и просил номер Муркока.

— Не могу дать его тебе, милый. Его нет в справочнике.

Он просил и умолял, но всякий раз, к своему облегчению, терпел неудачу. Он не знал, что бы сказал, если бы смог позвонить.

Он отмечал на первых страницах книг Муркока, в списке «Книги того же автора» те, которые уже прочел.

В тот год у Муркока выходило чуть ли не по одной новой книге в неделю. Ричард покупал их на вокзале по пути на занятия по бар-мицве.

Но было несколько, которых он не нашел: «Похититель душ» и «Завтрак в развалинах», так что наконец, волнуясь, он заказал их по адресу, указанному на последней странице. И попросил отца выписать ему чек.

Когда книги пришли, к ним был приложен счет на 25 центов: цена оказалась выше той, что указывалась первоначально. Зато теперь у него были собственные «Похититель душ» и «Завтрак в развалинах».

На последней странице обложки «Завтрака...» была помещена биография Муркока, где говорилось, что за год до этого он умер от рака.

Ричард страдал несколько месяцев. Это означало, что новых книг больше не будет, никогда.

Эта гребаная биография. Вскоре после того как ее опубликовали, я был в Хоквинде на вечеринке, и жутко обкурился, а народ все подходил, и я было подумал, что сыграл в ящик. Они всё гомонили: «Ты ведь умер, ты умер». И только позже я сообразил, что на самом деле все говорили: «А мы думали, ты умер».

Майкл Муркок. Из разговора.
Ноттинг-хилл, 1976.

В книгах был Вечный Воитель, а у каждого воителя — верный спутник. Спутником Элрика был весельчак Мунглум, который не давал принцу впадать в меланхолию и депрессию.

Еще там были разные миры, мерцающие и магические. Нейтральные сущности, боги Хаоса и боги Порядка. Там были древние расы, высокие бледные эльфы, и новые королевства, где жили такие, как он, Ричард. Глупые, скучные, обыкновенные люди.

Порой он надеялся, что Элрик обретет мир без помощи черного меча, но так не получалось. Они должны были оставаться вместе, бледный принц и его черный меч.

Едва меч вынимали из ножен, как он жаждал крови, стремился вонзиться в трепещущую плоть. А потом выпивал из жертвы душу и питал его или ее энергией немощную оболочку Элрика.

Ричарда стали одолевать сексуальные фантазии; ему даже приснилось, как он занимался сексом с девушкой. Как раз перед пробуждением ему привиделось, на что это похоже, когда испытывают оргазм, и это было сильнейшее и необыкновенное чувство, это была любовь, исходившая прямо из сердца; вот что это было в его сне.

Чувство глубокого, всепоглощающего духовного счастья.

Ничто из того, что он позднее испытал, не могло с ним сравниться.

Ничто даже отдаленно его не напоминало.

Ричард решил, что Карл Глогауэр из «Се человек» совсем не таков, как Карл Глогауэр в «Завтраке в развалинах»; и все же, когда читал «Завтрак...» на хорах в школьной часовне, он испытывал странное, нечестивое удовольствие. Но пока он делал это втайне, никого, похоже, это не беспокоило.

Он был мальчиком с книгой. Ныне и всегда.

Голова его пухла от религий: уикенд он отныне посвящал запутанным иудейским правилам и их изложению; утро будней проводил в пахнущей деревом торжественно-разноцветной от витражей англиканской церкви; ночи же принадлежали его собственной религии, той, что он придумал сам для себя, странному разноцветному пантеону, в котором боги Хаоса (Ариох, Ксомбарг и другие) похлопывали по плечу Призрачного незнакомца из комиксов и Сэма, будду-трикстера из «Князя света» Желязны, и вампиров, и говорящих котов и огров, и всех существ из цветных волшебных сказок Лэнга[76]: в этих сказках мифы всех мифологий существовали одновременно в волшебной анархии веры.

Правда, в конце концов он отказался (надо признать, не без сожаления) от веры в Нарнию. С шести лет, половину жизни, он свято в нее верил, пока в прошлом году чуть ли не в сотый раз перечел «Покорителя Зари»[77], и ему не пришло в голову, что превращение противного Юстаса Гадли в дракона и последующее обращение в веру в азиатского льва ужасно похоже на обращение святого Павла на пути в Дамаск, если принять его внезапную слепоту за дракона...

И едва это пришло ему в голову, Ричард стал чуть ли не на каждой странице находить аналогии, которых было слишком много, чтобы считать это простым совпадением.

Он с грустью отложил книги про Нарнию, удостоверясь, что это простая аллегория; автор (которому он доверял) пытался незаметно что-то ему подсунуть. Такое же отвращение у него возникло к историям профессора Челленджера, когда этот старик с бычьей шеей обратился к спиритизму[78]. Это не означало, что Ричарду сложно было поверить в привидения, в которых он верил без сомнений и колебаний, как и во все на свете, но Конан Дойл проповедовал, и это читалось между строк. Ричард был юн и по-своему наивен, и ему казалось, что писателям нужно доверять, а у историй не должно быть второго дна.

Зато истории про Элрика были честными. В них ничто не сокрыто: Элрик, чахлый принц исчезнувшей расы, снедаемый жалостью к себе, сжимал свой двуручный меч с черным клинком, алкавшим жизни, пожиравшим души и отдававшим их силу этому проклятому бессильному принцу-альбиносу.

Ричард читал и перечитывал истории про Элрика и испытывал удовольствие всякий раз, когда меч погружался в плоть врага, и даже сочувствовал Элрику, когда тот принимал силу от своего меча, как наркоман в триллере с мягкой обложкой принимал свежую дозу героина.

Ричард опасался, что люди из «Мейфлауэр букс» однажды явятся за своими двадцатью пятью центами. И больше не осмеливался покупать книги по почте.

У Джи Би Си МакБрайда была своя тайна.

— Только не говори никому.

— Ладно.

Ричарду не сложно было хранить чужие тайны. Позднее он понял, что был тогда ходячим кладбищем старых тайн, даже тех, о которых его конфиденты сами давно позабыли.

Они шли, положив руки друг другу на плечи, к деревьям позади школы.

В этой куще Ричарда уже одарили одной тайной: именно здесь трое его школьных друзей встречались с деревенскими девчонками и, как они говорили, показывали друг другу свои гениталии.

— Я не могу открыть, кто мне это рассказал.

— Ладно, — сказал Ричард.

— Но это правда. И это страшная тайна.

— Отлично.

С некоторых пор МакБрайд довольно много времени проводил у школьного священника мистера Эликида.

— Короче, у каждого человека два ангела. Одного дает Господь, другого — сатана. Когда тебя вводят в транс, над тобой довлеет сатанинский ангел. Также и доски для спиритических сеансов. Это ангел сатаны. Но ты можешь молиться, чтобы ангел Господень говорил через тебя. А истинное просветление наступает только тогда, когда ты можешь говорить со своим ангелом. И он посвящает тебя в тайны.

Грею впервые пришло в голову, что у англиканской церкви тоже есть своя эзотерика и своя тайная кабала.

Второй мальчик моргнул по-совиному.

— Ты не должен это никому говорить. У меня будут неприятности, если узнают, что я все тебе рассказал.

— Конечно.

Они помолчали.

— Ты когда-нибудь дергал взрослого за член? — спросил МакБрайд.

— Нет. — Собственная тайна Ричарда заключалась в том, что он еще даже не начал мастурбировать. Все его друзья постоянно этим занимались, поодиночке, парами или в группах. А он был на год моложе и никак не мог понять, почему вокруг этого такой ажиотаж; сама мысль об этом была ему неприятна.

— Всюду сперма. Густая, как слизь. Им нравится, когда ты засовываешь их член себе в рот, и они кончают.

— Ффу!

— Не так уж и противно. — Пауза. — Знаешь, мистер Эликид считает тебя очень умным. Если бы ты захотел присоединиться к его группе, он бы, возможно, согласился.

Закрытая группа, в которой велись религиозные дискуссии, собиралась дважды в неделю, после школы, в маленьком холостяцком домике мистера Эликида, что через дорогу.

— Я не христианин.

— Ну и что? Ты ведь один из лучших по закону божьему, еврейчонок.

— Нет, спасибо. Слушай, у меня есть новый Муркок. Ты еще не читал. Про Элрика.

— Не может быть. Новых не выходило.

— Может. Называется «Глаза нефритового человека». Буквы там зеленые. Я его нашел в книжном в Брингтоне.

— Дашь потом почитать?

— Конечно.

Становилось холодно, и они пошли обратно, рука об руку. Совсем как Элрик и Мунглум, подумал Ричард, и это было так же важно, как рассказ про ангелов.

Ричард грезил наяву о том, как похищает Муркока и выпытывает у него тайну.

Если бы его в этот момент растолкали, он не смог бы сказать, что это была за тайна. Что-то про писательство — и про богов.

Ричарду было интересно, откуда Муркок берет свои идеи.

Возможно, из разрушенного храма, предположил он в конце концов, хоть уже и не помнил, как этот храм выглядел. Он помнил лишь тени, и звезды, и боль оттого, что приходится возвращаться к тому, что давно считал изжитым.

Он размышлял о том, все ли писатели берут оттуда свои идеи, или только Майкл Муркок.

Если бы ему сказали, что они просто все придумывают, из головы, он бы ни за что не поверил. Должно же быть место, откуда берется магия.

Разве не так?

Этот тип позвонил мне из Америки прошлой ночью и сказал: «Слушай, старик, мне нужно поговорить с тобой о твоей вере». Я ответил: «Я не знаю, о чем ты. Нет у меня никакой гребаной веры».

Майкл Муркок. Из разговора.
Ноттинг-хилл, 1976.

Полгода спустя Ричард прошел бар-мицву и должен был перейти в другую школу. Ранним вечером они с Джи Би Си МакБрайдом сидели на траве за школой и читали. Родители поздно забирали Ричарда из школы.

Он читал «Английского убийцу»[79], а МакБрайд был поглощен книгой «Дьявол несется во весь опор».

Ричард поймал себя на том, что щурится. Темно еще не было, но читать он уже не мог. Все предметы вокруг становились серыми.

— Мак! Кем ты хочешь стать, когда вырастешь?

Вечер был теплым, а трава — сухой и мягкой.

— Не знаю. Может, писателем. Как Муркок. Или как Тэ Хэ Уайт[80]. А ты?

Ричард сидел и думал. Небо было серо-фиолетовым, и в нем осколком сна висела призрачно-серая луна. Он сорвал былинку и медленно растирал ее между пальцев. Он не мог теперь сказать: «Писателем», — это ясно. Получилось бы, что он повторяется. Но он и не хотел стать писателем. В самом деле. У него были и другие желания.

— Когда вырасту, — наконец сказал он задумчиво, — я хочу стать волком.

— Но это никогда не случится, — возразил МакБрайд.

— Может, и не случится, — сказал Ричард. — Там увидим.

Одно за другим зажигались школьные окна, и фиолетовое небо казалось теперь темнее, чем прежде, а летний вечер был исполнен нежности и покоя. В это время года дни длятся бесконечно, а ночи так и не наступают.

— Мне бы хотелось быть волком. Не всегда, а временами, когда темно. Я носился бы ночами по лесу, — сказал Ричард, словно про себя. — И ни на кого бы не нападал. Я был бы не таким волком. Только бегал бы в лунном свете в лесной чащобе и никогда не уставал, и не сбивался с дыхания, и мне не для чего было бы останавливаться. Вот кем я хочу быть, когда вырасту...

Он сорвал еще одну былинку, аккуратно оторвал от нее листики и принялся медленно жевать стебель.

И оба мальчика замерли в серых сумерках, плечо к плечу, ожидая, когда наступит будущее.

Холодные цвета

I.

В девять меня разбудил почтальон, который,
как оказалось,
не почтальоном был, а продавцом голубей,
кричавшим:
«Жирные голуби, чистые голуби, белые голубки
и серый сланец,
живые, прекрасные голуби,
совсем не то, что всякое полудохлое дерьмо».
У меня-то голуби есть на обмен. Я так и сказал.
Он объяснил, что в бизнесе этом недавно, а прежде
работал
в довольно успешной компании: аналитика
ценных бумаг, но его заменил
компьютер RS 232 с кварцевым монитором.
«Но сетовать вовсе не стоит, дверь открывается —
дверь закрывается,
главное, сэр, не отстать от времени, от времени
не отставать».
Он всучил мне бесплатно голубя
(«Привлекаем клиентов, сэр,
а однажды попробовав нашего, вы уж не взглянете
на других»),

и важно спустился по лестнице, распевая:
«Живы-ы-ые голуби, живы-ы-ые».
В десять я был уже выбрит и принял ванну
(намазавшись кремом из пластиковой упаковки,
для вечной молодости и сексапила),
голубя взял я с собой к себе в кабинет;
мелом вновь очертил круг со старым компом посредине,
со всех сторон монитора повесил по амулету,
и с голубем сделал что должно.
И компьютер включил: он гудит и жужжит,
в нем вентиляторы воют, как штормовые ветра в океане,
торговый корабль погружая в пучину.
Но вот загрузка завершена, и пищит он:
Готово, готово, готово...

II.

В два часа я иду по знакомому Лондону, то есть
он был мне знаком, пока делитом
из него не убрали важное нечто,
и вижу в костюме при галстуке человека;
как кормящая мать, прижимает псион-органайзер
а тот тянет свой хладный рот в поисках титьки,
знакомо мне это чувство, и слежу я, как дыхание
превращается в облачко пара.
Холод собачий в Лондоне, никогда не подумаешь,
что ноябрь; из-под земли доносятся звуки,
то поезда грохочут.
Странно: по нынешним временам метропоезд —
почти легенда,
а ездят в них девственницы да чистые сердцем;
остановки такие: Авалон, Лионесс и острова Блаженных.
Может,
придет открытка, а может, и нет.

Холодные цвета

А если туда вглядеться, становится ясно:
нет под Лондоном места для метро;
над люком я грею руки.
Из него вырывается пламя. А значительно ниже
мне улыбается бес, машет и корчит он рожи,
как в разговоре с глухими, иль дальними, иль чужаками.
Безупречное действо: то это вылитый гном,
какая программа, выше всяких похвал,
то Альберт Великий заархивирован в трех сидюках,
то *Ключи Соломона,* и цвет, и без цвета,
и все гримасы,
гримасы,
гримасы.

Экскурсанты вперились в ад через перила,
на обреченных (должно быть,
худшее из испытаний;
вечные муки еще выносимы в достойной тиши,
    в одиночку,
но чтоб на людях, жующих
пончики, чипсы, орешки, на людях,
которым не очень-то и интересно...
Должно быть, они, грешники, так же себя ощущают,
как звери в зверинце).
Голуби машут крылами в восходящих из ада потоках,
возможно, им память подскажет,
что где-то поблизости есть тут четыре
льва, и вода, что не замерзает, а еще
истукан; на него экскурсанты глазеют охотно.
Каждый из них заключил сделку с бесом: десяток
чистых дисков за душу.
И каждый увидел родича в пламени том, машет, кричит:
    Эгей!
Эгей! Дядя Джозеф! Глянь, Нерисса, твой двоюродный дед
дядя Джо,

он умер раньше, чем ты родилась,
это он там, внизу, в трясине, по самые уши в пене
кипящей,
и черви, вон, видишь, ползают по лицу. А прекрасный
был человек. Мы все так рыдали
на кладбище.
Помаши-ка ты дяде, Нерисса, помаши-ка ты дяде.

Продавец голубей рассыпал на булыжниках в извести
прутья,
а еще крошки хлеба, и ждет.
И меня приветствует кепкой.
«Ну как вам сегодняшний голубь, небось, понравилось?»
Я, согласно кивнув, шиллинг бросаю
(он вначале подносит руку с железкой: не волшебно ли
золото,
и только после берет в ладонь).

Я говорю: по вторникам. По вторникам приходите.

III.

Дома и хижины на птичьих ногах заполнили Лондон,
голенастые через такси переступают и угольками горящими
гадят на велики,
и гуськом идут за автобусом, бормоча
цып-цып-цып-цып-цып-цып.
Старухи с зубами железными пристально смотрят из окон,
а потом возвращаются вновь к волшебным своим
зеркалам,
к домашней работе,
пылесосить туман и прореживать грязный воздух.

Холодные цвета

IV.

В Старом Сохо четыре, он превратился
в заповедник былых технологий.
Маятник заговоров ключом заведен
серебряным, и он медленно выбивает
на всех задворках: «Часовщик», «Абортарий»,
«Табак, сигареты».

Дождит.

Электронные детки в дисковых шляпах
Садятся за руль сутенерских авто,
модемные сводники,
королевичи громких клаксонов;
в неоне вечно флиртуют, под фонарями шляются,
суккубы, инкубы, продажные, с глазами смарт-картами,
все для вас, если у вас есть номер и вам известны
дата окончания срока действия и все такое.
Один подмигивает
(словно вспыхивает вкл, вкл-выкл, выкл-выкл-вкл),
шум поглощает сигналы беспокойной фелляции.
(Скрещиваю пальцы:
двойная защита от ведьмы,
действенная, как сверхпроводник или простое заклятие.)
Два полтергейста делят на дом еду. Старый Сохо
вечно меня нервирует.
Брюэр-стрит. Шипение из аллеи: Мефистофель
распахивает пальто,
мельком вижу подкладку (в базе данных древние
заклинания,
чародеи выкладывают призраков и диаграммы), проклятия,
а затем:
Врага извести?
Наслать засуху?
Сделать бесплодной супругу?

Лишить невинности?
Вечеринку испортить?..
Для вас, сэр? Не хотите? Думайте лучше, прошу вас.
Несколько капель всего вашей крови на распечатке,
И вы — обладатель счастливый нового синтезатора голоса.
Слушайте.
Он ставит портативный прибор на столик, которым служит потертый чемодан,
Привлекая немногочисленную аудиторию, подключает синтезатор, набивает:
диск «С» промт: искать
и тот начинает, голосом чистым и свежим:
Orientis princeps Beelzebub, inferni irredentista menarche et demigorgon, propitiamus vows...
Я прочь тороплюсь, поскорее, по улице,
и по пятам за мной следуют
бумажные призраки, старые распечатки,
а он бубнит рыночным зазывалой:
Не двадцать.
Не восемнадцать.
Не пятнадцать.
Он обошелся мне, дай сатана, в двенадцать. Но вам,
леди, ради вашего славного личика,
чтобы поднять настроение, вам —
за пять.
Пять. В самый раз.
И она *покупает*.

V.

Архиепископ, ссутулившись, смотрит на сизый налет
на карнизах Святого Петра,
маленький, словно птичка, блестящий, бормочет
ввод/вывод, ввод/вывод, ввод/вывод.
Уже почти шесть, пик торговли

украденными снами и расширенной памятью,
прямо внизу, на паперти. Протягиваю кувшин.
Он берет осторожно, уходит в тень собора.
А когда возвращается — вновь полон кувшин.
Я пытаюсь шутить: «Святость с гарантией?»
Тот чертит на запотевшем кувшине: ВИЗВИГ —
«режим полного соответствия» —
не улыбнувшись в ответ.
(Визг вига. Виски свинг.)
Кашляет молочно-серой мокротой,
сплевывает на ступени.
То, что в кувшине, выглядит свято, но никогда ведь
не знаешь наверняка,
если только ты не привидение и не сирена, возникающие
из телефонной трубки, после длинного гудка,
в ответ на заклинание «Неправильно набран номер»;
только тогда и скажешь,
свято или нет.
До этого мне доводилось бросать телефоны в корзину,
смотреть, как нечто обретает форму, пускает пузыри
и шипит,
когда на него попадает святая вода:
очищуся и обелюся, последнее причастие.
Однажды днем
целая вереница попалась в ловушку моего телефона:
я скопировал их на диск.
Хотите?
Видите, скидки на все.
Священник небрит, и его трясет.
Подрясник закапан вином и тепла не дает.
Я же даю ему денег.
(Немного. В конце концов, это всего лишь вода,
а некоторые создания столь глупы,
готовы растечься слизью, господи,
стоит их сбрызнуть
«Перрье», и при этом скулят:

О, мое зло, мое прекрасное зло!)
Старый священник прячет в карман монету,
дает мне в награду
крошек пакет, на ступени садится, руками себя обхватив,
и мне нужно что-то сказать ему перед уходом.
Слушайте, говорю я, ведь это не ваша ошибка.
Много пользователей у системы.
Вы не обязаны были знать.
Если б молитвы собрать было в сеть,
и программа была в порядке,
и столь же надежными были ваши союзники...
«То, что вы видите, — бормочет он безутешно, —
То, что вы видите, то и получите». Крошит облатку,
бросает ее голубям,
поймать не пытается даже самую неловкую птицу.
В холодные войны нельзя безнадежно проигрывать.
Пора мне домой.

VI.

Десятичасовые новости. С вами Абель Драггер:

VII.

Краем глаза заметил в углу движение.
Мышь?
В общем, что-то вроде того.

VIII.

Пора ложиться. Кормлю голубей, раздеваюсь.
Наблюдаю загрузку с сайта суккуба,
может, вызвать кого-нибудь

(из общественного домена, со сводницами и бодами,
условно-бесплатно, много платить не придется,
даже защищенных от скачивания
можно копировать и передавать,
все имеет цену, как каждый из нас).
Софты: для дали, для близи,
для боли, для слизи,
для тьмы, черноты и кошмаров...
У телефона призывно модем
глазом мигает. Пускай,
в наше время доверия нет никому.
Когда загружаете что-то, черт знает, откуда
и кто последний скачал.
Ну а вы что? Вы-то вируса не боитесь?
Даже с лучшей защитой файлы бьют,
и с наилучшей — тоже.
Слышно, на кухне клюются и топчутся голуби,
и снятся им печи алхимика, нож леворучный и зеркала.

Весь пол моего кабинета в пятнах их крови.

Один засыпаю. Один я, один вижу сны.

IX.

Видимо, ночью проснулся, внезапно что-то поняв,
потянувшись,
записал кое-как на счете
свое откровение, обретенное вдруг,
предчувствуя: утром оно обернется банальностью;
зная, что магия — дело ночное;
вспоминая, как все это было тогда...
Из откровенья выходит трюизм, например:
Все было проще, пока мы компами не обзавелись.

X.

Просыпаясь и даже во сне я слышу
дикие шабаши, ветр завывает, пленка гудит, и музыка лязгает
неживая;
ведьмы на бластерах мчатся к луне,
тела их сверкают в пространстве безжизненном.
Никому не приходится платить за вход,
каждый позаботился о том заранее,
детские косточки с застрявшим жиром;
это дебет, регламент,
и я вижу, или мне кажется,
давешнего знакомца,
а они выстраиваются в очередь, целовать его в зад,
дьявола давайте лизнем, ребята, холодное семя,
а он, обернувшись:
«Дверь открывается — дверь закрывается,
полагаю, вы всем довольны?
Делаем, что можем, каждый имеет право
на честный пенни; все мы банкроты, все безработные,
но мы стараемся, свистом деньгу выживаем,
вот в чем наш бизнес. Торговля с лотка — не грабеж.
Утро вторника, сэр, — с голубями, ведь так?»
Я киваю, задергиваю занавески. Письма с рекламой повсюду.
Они вас достанут,
так или иначе, они вас достанут; однажды
я сяду в мой поезд подземный, бесплатно,
а пропуском будут слова: «Это ад, я туда не хочу», —
и снова все станет как было.

Он приползет за мной черным драконом сквозь темный туннель.

Сметающий сны

Когда все сны уже пересмотрены, и вы пробуждаетесь, покинув мир славы и безумия ради скучной рутины будней, сквозь обломки оставленных только что иллюзий бредет сметающий сны.

Кто знает, кем он был при жизни? Если конечно, он жил. Можно не сомневаться, что сам он не станет отвечать на ваши вопросы. Он немногословен, а голос его груб и сер, и когда говорит, речь идет в основном о погоде и шансах на победу известных спортивных команд. К тому же он презирает тех, кто не таков, как он, то есть всех.

Когда просыпаетесь, он приходит и стирает из вашей памяти королевства и замки, ангелов и сов, горы и океаны. Он сметает похоть и любовь, любовников и мудрецов, знающих, что они не бабочки, мясоцветы, бег оленя и тонущую «Лузитанию»[81]. Он сметает все, что осталось в ваших снах, жизнь, что вы примерили, глаза, какими вы смотрели, экзаменационный лист, который так и не нашли. Одно за другим он стирает все напрочь: женщину, вонзившую острые зубы прямо вам в лицо; лесных монахинь; мертвую руку, всплывшую в прохладной воде ванны; алых червей, что копошились в вашей груди, когда вы распахнули рубаху.

Он все сметает, все, что вы оставили в ваших снах. А потом сжигает, чтобы освободить место для завтрашних снов.

Если увидите, обращайтесь с ним хорошо. Будьте вежливы и не задавайте вопросов. Приветствуйте победу его команд, сочувствуйте их поражениям и соглашайтесь с его прогнозом погоды. Отдавайте ему должное, какого он ожидает.

Ведь есть люди, к которым он уже не приходит, сметающий сны, со своими самокрутками и тату с драконом.

Вы видели этих людей. У них подергиваются губы, а глаза смотрят не мигая, и они лепечут, и ноют, и хнычут. Некоторые бродят по городам в рванине, со своим жалким скарбом. Иные же заперты в темноте, в местах, где больше не смогут вредить себе и другим. Они не безумны, то есть потеря здравомыслия — не самая значительная их проблема. Это хуже безумия. Если позволите, они вам скажут: они — те, кто проживает каждый свой день на обломках снов.

А если сметающий сны вас оставит, он уже никогда не вернется.

Чужие члены

ВЕНЕРИЧЕСКОЕ ЗАБОЛЕВАНИЕ является следствием порочной связи. К опасным ограническим поражениям, проистекающим из такой связи, в частности, относится многие годы преследующий заболевшего страх по поводу урона, причиненного здоровью, и риск передать болезнь через кровь невинному потомству, — воистину ужасные переживания, столь тяжелые, что такое заболевание относят к тем, каковые должны без промедления подвергаться специальному врачебному вмешательству.

Спенсер Томас, доктор медицины, Л. Р. К. С. (Эдинбург).
Справочник домашней медицины и врачевания. 1882

Саймон Пауэрс не любил секс. Не до такой степени.

Он не любил, когда в постели, кроме него, был кто-то еще; он догадывался, что слишком быстро кончает; и каждый раз ему было неприятно, что его действия каким-то образом оценивают, как при тесте на вождение или зачете по практике.

Когда учился в колледже, он несколько раз совокуплялся, и еще такое случилось однажды, три года спустя, после новогодней вечеринки. Вот, собственно, все, и что до Саймона, то он старался держаться от этого подальше.

Однажды в офисе, в момент безделья, ему пришло в голову, что он хотел бы жить во времена королевы Виктории, когда хорошо воспитанные женщины были в спальне просто куклами для сексуальных утех: расшнуровывающими корсеты, приспускающими нижние юбки (обнажая розово-белую плоть), укладывающимися на спину и терпящими унижение полового акта, — ведь им и в голову не приходило искать в том унижении удовольствий.

Эту фантазию он отложил на потом, для мастурбации.

Мастурбировал Саймон много. Каждую ночь, а если не мог заснуть, то и по нескольку раз за ночь. Он делал это долго или быстро, а то и с перерывами, — ровно так, как ему хотелось. И мысленно всех их поимел. Звезд кино и телевидения; женщин из офиса; одноклассниц; обнаженных моделей, надувающих губки с помятых страниц «Фиесты»; безликих, закованных в цепи рабов; загорелых мальчиков с телами греческих богов...

Каждую ночь они выставляли перед ним напоказ свои прелести.

Так было надежнее.

Мысленно.

И в конце концов засыпал, в удобстве и безопасности мира, который был ему подвластен, и ему ничего не снилось. Во всяком случае, наутро он своих снов не помнил.

В тот день его разбудило радио («Двести убитых и, как полагают, множество раненых; а сейчас с вами Джек с прогнозом погоды и пробками на дорогах...»), медленно поднялся и проковылял в ванную с переполненным мочевым пузырем.

Подняв сиденье, помочился. Ощущение было такое, будто вместе с мочой из него выходили иголки.

После завтрака ему захотелось помочиться снова, и получилось не так болезненно, поскольку струя была не такая мощная, а потом он это делал еще трижды перед обедом.

И всякий раз было больно.

Чужие члены

Он сказал себе, что это никак не может быть венерическое заболевание. Такое заболевание мог подхватить кто угодно, только не он, к тому же (он вспомнил свой последний сексуальный опыт трехлетней давности) такую болезнь можно получить лишь от другого человека. Не можете же вы заразиться от сиденья в туалете, ведь так? Разве это не нелепо?

Саймону Пауэрсу было двадцать шесть, и он работал в крупном лондонском банке, в отделе ценных бумаг. Друзей у него там было совсем немного. А настоящий друг, Ник Лоуренс, одинокий канадец, недавно перевелся в другое отделение, и теперь Саймон один сидел в банковской столовой, уставясь в окно на пейзаж большого Лондона и ковыряясь вилкой в салате.

Кто-то похлопал его по плечу.

— Саймон, я сегодня услышал неплохую шутку. Хочешь, расскажу?

Это был Джим Джонс, офисный весельчак, темноволосый крепкий молодой человек, который утверждал, будто в его трусах есть специальный карман для презервативов.

— Хм, конечно.

— Ну так слушай. Победителей не судят... Как можно продолжить?

— Что-что?

— Ну как бы ты продолжил: победителей не судят... Сдаешься?

Саймон кивнул.

— ...посетителей не будят!

Должно быть, Саймон выглядел растерянным, потому что Джим, вздохнув, сказал:

— Победителей не судят, *посетителей не будят*. Господи, ну и тормоз!

Но заметив стайку молодых женщин за дальним столиком, Джим вновь воодушевился, поправил галстук и двинулся со своим подносом к ним.

Саймон видел, как, встав в картинную позу, он пересказал им свою шутку.

И те тут же засмеялись.

Оставив салат в покое, Саймон вернулся на рабочее место.

Дома в тот вечер он сидел с выключенным телевизором, пытаясь вспомнить, что ему известно о венерических болезнях.

Например, о сифилисе, от которого лицо покрывается волдырями и который доводил до сумасшествия английских королей; или о гонорее с зеленоватыми выделениями и тем же безумием; о мандавошках, живущих в лобковых волосах (он в лупу рассмотрел свой лобок, но никакого движения на нем не заметил); о СПИДе, чуме восьмидесятых, вызвавшем распространение одноразовых шприцов и появление более безопасных сексуальных привычек (но что может быть более безопасным, чем дрочить в одиночестве в носовой платок?); о герпесе, который имел некоторое отношение к лихорадке (он осмотрел губы, с ними было все в порядке). Вот и все, что было ему известно.

И он лег в постель и заставил себя уснуть, даже не посмев мастурбировать.

В ту ночь ему снились миниатюрные женщины с бесцветными лицами, которые шли бесконечными рядами меж гигантскими офисными корпусами, как армия воинственных муравьев.

Саймон ничего не предпринимал еще два дня. Он надеялся, что все пройдет само собой или же само собой станет лучше. Но лучше не стало. Стало хуже. Он уже испытывал боль спустя почти час после мочеиспускания, а его член выглядел рыхлым и каким-то помятым.

На третий день он позвонил в приемную своего врача и записался на прием. Он боялся признаться женщине, которая ему ответила, в чем заключалась его проблема, и вздохнул с облегчением, хотя и был несколько разочарован, когда она ни о чем не спросила и лишь сообщила, в котором часу его примет доктор.

На следующий день он сказал своей начальнице в банке, что у него ангина, и ему необходимо посетить врача. В тот момент он почувствовал, как краска залила его щеки, но она ничего не заметила, просто сказала: ну и хорошо.

Выходя из ее кабинета, он обнаружил, что его бьет озноб.

День, когда он пришел к врачу, был серым и дождливым. Очереди в приемной не было, и он тут же оказался в кабинете. Прием вел не тот доктор, к которому Саймон привык, а молодой пакистанец, примерно его возраста, который прервал рассказ заикавшегося Саймона вопросом:

— Мочитесь чаще, чем обычно, не так ли?

Саймон кивнул.

— Выделения есть?

Саймон покачал головой.

— Ах так! Я бы попросил вас спустить штаны, если не возражаете.

Саймон подчинился. Доктор уставился на его член.

— Вообще-то у вас есть выделения! — сказал он.

Саймон вновь натянул брюки.

— Итак, мистер Пауэрс, скажите, как вы думаете, могли вы подцепить от кого-то э... хм... венерическое заболевание?

Саймон решительно замотал головой.

— У меня не было секса, — он чуть не сказал «с кем-либо еще», — почти три года.

— Неужели? — Доктор ему явно не поверил. От него пахло экзотическими специями, а зубы у него были такие белые, каких Саймону и видеть не доводилось. — В общем, у вас то ли гонорея, то ли НСУ, неспецифический уретрит. Скорее всего последнее. Эта болезнь менее известна и менее болезненна, чем гонорея, но ее хрен вылечишь. От гонореи можно избавиться при помощи одной ударной дозы антибиотика. На раз-два, — он громко хлопнул в ладоши, — и все дела.

— Значит, вы не знаете, что у меня?

— Что именно? Господи, нет! И даже не стану это выяснять. Я отправлю вас в клинику, где специализируются на подобных вещах. Сейчас выпишу направление. — Он достал из ящика стола бланки. — Кто вы по профессии, мистер Пауэрс?

— Я работаю в банке.

— Кассиром?

— Нет. — Он покачал головой. — В отделе ценных бумаг. Я секретарь двух помощников управляющего. — Тут ему пришла в голову мысль. — Но ведь там не узнают, не так ли?

Доктор выглядел возмущенным.

— Боже, конечно нет!

Он написал аккуратным, круглым почерком, направление, из которого следовало, что предположительный диагноз Саймона Пауэрса, двадцати шести лет, — неспецифический уретрит. У него имеются выделения. Он утверждает, что секса у него не было в течение трех лет. Испытывает боли при мочеиспускании. Просьба сообщить результаты анализов. И вместо подписи поставил закорючку. Затем протянул Саймону карточку с адресом и телефоном клиники.

— Вот, держите. Вам следует обратиться туда. И нечего волноваться, такое со многими случается. Видите, сколько у меня историй болезней? Не беспокойтесь, скоро вы будете совершенно здоровы. Позвоните туда из дома и запишитесь на прием.

Саймон взял направление и поднялся.

— Не волнуйтесь, — снова повторил доктор. — Не так уж трудно это лечится.

Саймон кивнул и попытался улыбнуться.

И уже открыл дверь.

— Во всяком случае, это не такая гадость, как сифилис, — сказал доктор.

Две пожилых женщины, ожидавших в приемной, с удовольствием выслушали этот монолог и проводили любопытным взглядом Саймона, пока он шел по коридору.

И сгорал со стыда.

На улице, ожидая автобуса, Саймон думал: «*У меня* венерическое заболевание. У меня *венерическое* заболевание. У меня венерическое *заболевание*». Снова и снова, как мантру.

Может, ему еще и в колокольчик звонить при ходьбе.

В автобусе он старался держаться подальше от других пассажиров. Он был уверен, что они всё знают (словно на лице у него были чумные отметины); и в то же время стыдился, что должен держать от них в тайне свою болезнь.

Вернувшись домой, он прошел прямо в ванную, ожидая увидеть разлагающееся лицо как в фильме ужасов, гниющий череп, покрытый пушистой синей плесенью, пялящийся на него из зеркала. Но вместо этого увидел розовощекого банковского клерка лет двадцати пяти, светловолосого и с гладкой кожей.

Он достал член и тщательно его осмотрел. Тот не был ни гангренозного зеленого цвета, ни белого как у прокаженных и выглядел обыкновенно, за исключением небольшой припухлости головки и прозрачных выделений, сочившихся из нее. И понял, что его белые трусы все вымазаны этими выделениями.

Саймон рассердился на себя, а еще больше — на Бога за то, что тот наделил его (что уж скрывать!) трипаком, явно предназначенным кому-то другому.

В тот вечер впервые за последние четыре дня он мастурбировал.

Он представлял себе школьницу в синих хлопковых трусиках, которая превратилась в женщину-полицейского, а потом — в двух и даже трех женщин-полицейских.

Было совсем не больно, пока он не кончил; в тот момент он почувствовал, будто в его члене вращается нож со сменными лезвиями. Словно он извергал из себя игольницу.

И тогда, в темноте, он заплакал, от боли ли, или по какой-то иной причине, которую сложнее определить, — этого он и сам не знал.

С той ночи Саймон больше не мастурбировал.

Клиника располагалась в мрачном викторианском здании в центре Лондона. Молодой человек в белом халате заглянул в карту Саймона и взял у него направление, и велел присесть.

Саймон сел на оранжевый пластиковый стул с отметинами от притушенных сигарет.

Несколько минут он сидел, глядя в пол. Затем, утомившись, уставился на стены и в конце концов — исчерпав другие варианты — на других пациентов.

Это все были мужчины, слава богу, женщин принимали на другом этаже, зато мужчин собралось более дюжины.

Лучше всего себя здесь чувствовали мачо со стройплощадок, которые явно посещали клинику в семнадцатый, а может, в семидесятый раз, и вид у них был самодовольный, словно то, что они подхватили, являлось доказательством их мужественности. Были там и деловые люди в костюме и при галстуке. Один из них, с мобильным телефоном, был совершенно спокоен, другой, прячась за «Дейли телеграф», краснел от смущения; были там маленькие мужчины с тонкими усиками и в заношенных плащах, то ли продавцы газет, то ли учителя на пенсии; толстый джентльмен из Малайзии, куривший сигареты без фильтра, одну от другой, так что огонек ни на мгновение не угасал. В одном углу сидела парочка перепуганных геев. Обоим было не больше восемнадцати. Судя по тому, как озирались, здесь они оказались впервые. И незаметно держались за руки, так крепко, что побелели костяшки пальцев. Им было страшно.

Саймону немного полегчало. Он уже не чувствовал себя таким одиноким.

— Мистер Пауэрс, прошу вас, — сказал мужчина за стойкой.

Саймон встал, чувствуя, как взгляды мужчин из очереди устремились на него, так как только что его назвали по имени и заставили всем показаться. У стойки его поджидал веселый рыжий доктор в белом халате.

— Следуйте за мной, — сказал он.

Они прошли по коридорам и наконец оказались у двери (к которой скотчем был прикреплен кусок плексигласа с листком бумаги под ним, где фломастером было написано: Д-р Дж. Бенхэм) в кабинет врача.

— Я доктор Бенхэм, — представился доктор, не протягивая руки. — У вас, кажется, есть направление от вашего доктора?

— Я отдал его в приемном покое.

— А. — Доктор Бенхэм открыл папку, лежавшую перед ним на столе. Там была распечатанная на компьютере наклейка, на которой значилось:

РЕГ. 02 июля 90. МУЖ. 90/00666.L

ПАУЭРС САЙМОН

Род. 12 окт. 63. ХОЛОСТ.

Бенхэм прочел распечатки, глянул на член Саймона и протянул ему листок синей бумаги из папки. Сверху к листку была приклеена наклейка.

— Посидите в коридоре, — велел доктор, — за вами придет медсестра.

Саймон послушно опустился на стул.

— Они очень хрупкие, — сказал дочерна загорелый мужчина, сидевший рядом, судя по акценту, уроженец Южной Африки или Зимбабве. Во всяком случае, акцент был колониальный.

— Простите?

— Очень хрупкие. Венерические болезни. Только подумайте. Вы можете подхватить простуду или грипп, просто находясь в комнате с носителем инфекции. А для венерических болезней необходимы тепло и влажность, и интимный контакт.

Не для моей, подумал Саймон, но ничего не сказал.

— Знаете, чего я боюсь? — спросил человек из Южной Африки.

Саймон покачал головой.

— Что жена узнает, — сам себе ответил мужчина и замолчал.

Пришла сестра, очень молодая и хорошенькая, и увела Саймона, который проследовал за ней в процедурную. Она взяла у него синий листок.

— Снимите пиджак и закатайте правый рукав.

— Пиджак?

Она вздохнула.

— Я возьму у вас кровь на анализ.

— А.

Эту процедуру можно было назвать почти приятной, особенно в сравнении с тем, что последовало за ней.

— Теперь спустите брюки, — велела она.

У нее был заметный австралийский акцент. Член у него сжался и втянулся; он был серым и сморщенным. Саймон поймал себя на том, что хочет сказать ей, что обычно член у него много больше, но тут она достала металлический инструмент с проволочной петлей на конце, и ему захотелось, чтобы член стал еще меньше.

— Сожмите его у основания и несколько раз проведите рукой.

Он так и сделал. Она просунула петлю в головку члена и несколько раз там повернула. Саймон содрогнулся от боли. Сестра растерла мазок по стеклышку, затем указала на стеклянную баночку на полке:

— Не могли бы вы помочиться туда для меня?

— Как, прямо отсюда?

Она скривила губы. Саймон догадался, что она, должно быть, слышит эту шутку раз тридцать на дню с тех пор как здесь работает.

Сестра вышла из процедурной, оставив его писать одного.

Ему и в лучшие времена сложно было это делать в общественном месте, так что приходилось дожидаться, покуда все выйдут. Он завидовал мужчинам, которые могли спокойно войти в туалет, расстегнуть ширинку и вести оживленную беседу с теми, кто стоял по соседству, поливая белый фаянс своей желтой мочой. У него же часто вообще ничего не получалось.

Вот как теперь.

Наконец сестра вернулась.

— Не вышло? Ничего страшного. Посидите в приемной, доктор скоро вас вызовет.

— Ну, — сказал доктор Бенхэм, — у вас НСУ, неспецифический уретрит.

Саймон сначала кивнул, потом спросил:

— И что это значит?

— Это значит, что у вас не гонорея, мистер Пауэрс.

— Но у меня не было секса с... ни с кем, кроме...

— О, тут не о чем беспокоиться! Эта болезнь появляется неожиданно, что никак не связано с... хм, со всяким баловством. — Бенхэм открыл ящик стола и достал из него пузырек с таблетками. — Принимайте четыре раза в день до еды. Воздерживайтесь от употребления алкоголя. Никакого секса. И не пейте молоко в течение двух часов после приема лекарства. Понятно?

Саймон нервно усмехнулся.

— Увидимся через неделю. Запишитесь на прием внизу, у администратора.

Там ему выдали красную карточку, на которой значились его имя и время приема. И еще на ней стоял номер: 90/00666.L.

Возвращаясь домой под дождем, Саймон остановился у турагентства. На постере в окне три бронзовых девушки в бикини пили через соломинки коктейль на залитом солнцем пляже.

Саймон еще никогда не ездил за границу.

Он испытывал беспокойство при одной мысли о дальних странах.

По мере того как приближалась встреча с врачом, неприятные ощущения уходили; а спустя четыре дня Саймон мог уже мочиться, не передергиваясь от боли.

Правда, с ним происходило что-то еще.

Все началось с крохотного зернышка, проросшего у него в мозгу и разраставшегося с каждым днем. Он сказал об этом доктору Бенхэму при следующей встрече.

Тот был озадачен.

— Вы утверждаете, что больше не ощущаете ваш член своим, мистер Пауэрс?

— Именно, доктор.

— Боюсь, я не совсем вас понял. Может быть, вы утратили чувствительность?

Саймон чувствовал свой член, ощущал, как в промежности ткань соприкасается с плотью. Он даже ощутил, как член шевельнулся.

— Не совсем. Я все чувствую как обычно. Просто ощущения... изменились, что ли. Словно он больше не является частью меня самого. Словно... словно он принадлежит кому-то еще.

Доктор Бенхэм покачал головой.

— Отвечая на ваш вопрос, мистер Пауэрс, могу сказать, что ваши ощущения не являются симптомом НСУ, хотя и представляют собой абсолютно естественную психологическую реакцию на заражение. А, хм, отвращение к самому себе, возможно, вызвано экстернализацией[82], вылившейся в отрицание гениталий вообще.

Звучит как будто верно, подумал доктор Бенхэм. Он надеялся, что к месту употребил эту тарабарщину. Доктор никогда особо не заморачивался лекциями по психологии и учебниками, чем, возможно, и объяснялось, во всяком случае так считала его жена, то, что он отрабатывал положенный после окончания срок в лондонской венерологической клинике.

Пауэрс как будто успокоился.

— Я просто немного волновался, доктор, вот и все. — Он пожевал нижнюю губу. — Э, скажите, а от чего бывает НСУ?

Бенхэм успокаивающе улыбнулся.

— Эту болезнь может вызывать множество разных причин. НСУ — еще один повод признать, что нам известно отнюдь не все. Это не гонорея. Не хламидиоз. Неспецифический, сами понимаете. Но это инфекция, и она поддается лечению антибиотиками. Кстати о лечении... — Он выдвинул ящик стола и извлек из него очередную порцию лекарства. — Запишитесь на прием на следующей неделе. Никакого секса. Никакого алкоголя.

Никакого секса? — подумал Саймон. — *Дался мне этот секс!*

Но когда проходил по коридору мимо хорошенькой сестры-австралийки, он вновь почувствовал, как член шевельнулся и стал наливаться теплом.

У Бенхэма Саймон появился через неделю. Результаты анализа были ненамного лучше.

Бенхэм пожал плечами.

— Нет ничего необычного в том, что болезнь лечится так долго. Вы говорите, не чувствуете дискомфорта?

— Да, совершенно никакого. И выделений больше не было.

Бенхэм устал, и в левой глазнице у него пульсировала тупая боль. Он мельком глянул на результаты анализов.

— Боюсь, вы еще не вылечились.

Саймон Пауэрс заерзал на стуле. У него были большие водянистые голубые глаза и бледное несчастное лицо.

— А как насчет другого, доктор?

Доктор потряс головой:

— Что вы имеете в виду?

— Я же *сказал вам*. На прошлой неделе. Я вам *все сказал*! Ощущение, что, э, мой член больше не мой.

Ну конечно, подумал Бенхэм, *это же тот самый пациент*. Он никак не мог привыкнуть запоминать все эти имена, и лица, и члены, и их неловкость, и бахвальство, и вызванный беспокойством запах пота, и их нелепые грустные болезни.

— Ммм. Так что же?

— Ощущение распространяется, доктор. Всю нижнюю часть тела я ощущаю как принадлежащую кому-то другому. Мои ноги и все остальное. Да, я их чувствую и могу идти куда захочу, но иногда мне кажется, что если бы им захотелось пойти куда-то еще, если бы им захотелось прогуляться по миру, они бы это сделали и взяли бы с собой меня. И я был бы не в силах им помешать.

Бенхэм покачал головой. В сущности, он и не слушал.

— Я назначу другой антибиотик. Раз прежние еще не побороли болезнь, этот с ней справится. И возможно, он избавит вас от ощущения, которое, я не исключаю, является побочным действием других антибиотиков.

Молодой человек молча смотрел на доктора.

Тот решил, что должен сказать что-то еще:

— Возможно, вам следует больше гулять, — сказал он.

Молодой человек поднялся.

— Жду вас на следующей неделе в это же время. Никакого секса, никакой выпивки и не пейте молоко после таблеток, — затянул свою песню доктор.

Молодой человек ушел. Бенхэм внимательно посмотрел ему вслед, но не заметил ничего странного в его походке.

Чужие члены

В субботу вечером доктор Джереми Бенхэм с женой Селией ужинал у одного коллеги. Рядом с Бенхэмом оказался приезжий психиатр.

За закуской они разговорились.

— Проблема в том, что когда говоришь людям, что ты психиатр, — говорил психиатр, который оказался американцем, огромным, с бычьей головой, похожим на торговый флот, — весь остаток вечера приходится наблюдать, как они пытаются вести себя нормально, — и он тихо и противно засмеялся.

Бенхэм тоже засмеялся, и поскольку сидел рядом с психиатром, постарался остаток вечера вести себя нормально.

За ужином он выпил слишком много вина.

После кофе, когда уже не мог придумать, о чем говорить, он поведал психиатру (фамилия которого была Маршалл, хоть он и велел Бенхэму называть его Майком) о мании Саймона Пауэрса.

Майк засмеялся.

— Звучит забавно. Может, немножко странно. Но беспокоиться не о чем. Возможно, это галлюцинации, связанные с приемом антибиотиков. Хотя немного смахивает на синдром Капграса. Слыхали о таком?

Бенхэм кивнул, подумал и сказал:

— Нет.

Он налил себе еще вина, не обращая внимания на скривившую губы жену и ее едва заметное покачивание головой.

— Ну, синдром Капграса, — поведал Майк, — это сугубо материальная мания. Ей был посвящен целый раздел в «Журнале американской психиатрии» лет пять назад. Как правило, при таком синдроме человек верит, будто самых важных людей в его или ее жизни — членов семьи, коллег, родителей, возлюбленных, кого угодно — заменили — вы только послушайте! — двойники. Это относится не ко всем знакомым, только к избранным. И часто даже к одному-единственному человеку. Никаких сопутствующих идей. Только эта. Люди с острым эмоциональным расстройством и тенденцией к параноидальной шизофрении. — Психиатр почесал нос ногтем большого пальца. — Был у меня такой случай два-три года назад.

— И вы его вылечили?

Психиатр покосился на Бенхэма и усмехнулся, показав все свои зубы.

— В психиатрии, доктор, в отличие, скажем, от клиник, где лечат болезни, передающиеся половым путем, нет такого понятия «вылечить». Можно только «адаптировать».

Бенхэм пригубил красное вино. Позже ему пришло в голову, что он никогда не сказал бы того, что сказал, если бы не вино. Во всяком случае вслух.

— Я не думаю... — Он помолчал, вспоминая фильм, который видел подростком. (Что-то про *похитителей тел*[83]. — Не думаю, что кто-либо когда-либо пытался проверить, были те люди на самом деле заменены двойниками или нет...

Майк — или Маршалл — или как там его — очень странно посмотрел на Бенхэма и повернулся к другому своему соседу.

Бенхэм же и дальше попытался вести себя нормально (что бы то ни значило) и потерпел полный крах. Более того, он жутко напился, принялся что-то бормотать о гребаных колонистах, а после вечеринки вдрызг разругался с женой, и каждое из этих проявлений ничуть не свидетельствовало о норме.

Кончилось тем, что жена заперла перед ним двери спальни.

Он лежал внизу на диване, накрывшись мятым покрывалом, и мастурбировал прямо в трусах, пока горячее семя не выплеснулось ему на живот.

Чужие члены

Под утро доктор проснулся от ощущения холода в чреслах.

Вытершись рубахой, в которой был на вечеринке, он тут же снова уснул.

Саймон не мог мастурбировать.

Хотел, но у него рука не поднималась. Она лежала рядом с ним, здоровая, прекрасная рука; но он словно забыл, что нужно сделать, чтобы она пошевелилась. Глупо, не так ли?

Разве нет?

Его прошиб пот. Пот стекал с его лба и лица на белые хлопковые простыни, в то время как тело оставалось сухим.

Что-то захватывало его изнутри, клетка за клеткой. Нежно тронуло лицо, словно в поцелуе; лизало горло, обвевало дыханием щеку. Касалось.

Ему нужно было встать с постели. И он не мог встать с постели.

Он хотел закричать, но рот не открылся. А голосовые связки отказывались вибрировать.

Он все еще мог видеть потолок, освещаемый огнями проезжавших машин. Потом потолок поплыл: глаза все еще принадлежали ему, и из них медленно текли слезы, скатываясь на подушку.

Они не знают, что у меня, подумал он. *Они говорят, у меня то же самое, что и у других. Но я не мог этим заразиться. Я заразился чем-то еще.*

Или, скорее всего, думал он, прежде чем зрение его затуманилось и темнота поглотила остатки Саймона Пауэрса, *оно само меня настигло.*

Очень скоро Саймон встал, умылся и внимательно осмотрел себя в зеркале ванной. И улыбнулся, словно ему понравилось то, что он увидел.

Бенхэм тоже улыбнулся.

— Рад сообщить вам, что вы совершенно здоровы.

Потянувшись на стуле, Саймон Пауэрс лениво кивнул.

— Я чувствую себя потрясающе, — сказал он.

Он и в самом деле отлично выглядит, подумал Бенхэм. Так и пышет здоровьем. И ростом вроде стал повыше. Очень привлекательный молодой человек, решил доктор.

— Значит, ммм... эти ваши ощущения прошли?

— Какие ощущения?

— Те, о которых вы рассказывали. Будто ваше тело больше вам не принадлежит.

Саймон мягко помахал рукой, словно опахалом. Холод отступил, и Лондон плавился от внезапно нахлынувшей жары; это было совсем не похоже на Англию.

Саймон казался удивленным.

— Все это тело принадлежит мне, доктор. Я в том абсолютно уверен.

И Саймон Пауэрс (90/00666.L ХОЛОСТ. МУЖ.) усмехнулся так, словно весь мир тоже принадлежал ему.

Доктор провожал его взглядом, когда он выходил из кабинета. Саймон показался ему более крепким и менее уязвимым.

Следующим к Джереми Бенхэму был записан двадцатидвухлетний молодой человек. Бенхэм должен был сказать ему, что у него положительный тест на СПИД. *Ненавижу эту работу,* подумал он. *Пора в отпуск.*

Он спустился вниз, чтобы позвать того пациента, и наткнулся на Саймона Пауэрса, оживленно беседовавшего с хорошенькой сестрой-австралийкой.

— Это должно быть чудесное местечко, — говорил он. — Хочу туда поехать. Хочу везде побывать и *со всеми* повидаться.

Он положил руку ей на локоть, и она не сделала ни малейшей попытки освободиться.

Доктор Бенхэм остановился рядом и тронул Саймона за плечо.

— Молодой человек, — сказал он, — только не попадайтесь мне больше на глаза.

Саймон Пауэрс усмехнулся.

— Вы меня здесь больше не увидите, док, — сказал он. — Во всяком случае, не в таком качестве. Я ушел со своей работы. И собираюсь в круиз вокруг света.

Они пожали друг другу руки. Рука Пауэрса была приятной, теплой и сухой.

Уходя, Бенхэм все еще слышал, как Саймон Пауэрс болтал с медсестрой.

— Это будет потрясающе, — говорил он. Бенхэм подумал, интересно, Пауэрс имеет в виду секс или кругосветку, да нет, поправил он сам себя, определенно и то и другое.

— Я намерен отлично поразвлечься, — говорил Саймон. — И уже заранее предвкушаю, как будет здорово.

Вампирская сестина

Я здесь, я жду на перепутьях сна,
Объятый тенью. Вкус ночи чую я —
Холодный, пряный... Я жду мою любовь.
Луна надгробье делает бесцветным.
Она придет — к ногам склонится мир.
Вдвоем во тьме... Как остро пахнет кровь!

Для одиночек та игра — почуять кровь,
А тело требует объятий сна,
И их мне не заменит целый мир.
Луна пьет тьму у ночи, как вампир.
Я, прячась в тень, читаю камень строк:
«*Жива, любимая... Не умерла любовь*!»

Во сне мечтал я о тебе — любовь
Ценил я выше жизни — выше крови.
И солнца свет искал меня под камнем,
И был я мертв, как всяк мертвец, —
    но спал...
А пробудясь, туманной дымкой
Отправился я в сумеречный мир.
Из века в век я попирал сей мир,

Вампирская сестина

Мой дар ему, похожий на любовь:
Украдкой поцелуй — и снова тьма.
А в теле снова жизнь, и в жилах — кровь.
С приходом утра я — лишь смутный сон,
Под камнем погребен, я — хладный труп.

Я боли не чиню, я — хладный труп.
Тебя ж приемлют жертвой время, мир.
Я предлагал тебе всю правду снов,
А твой удел — одна твоя любовь.
Так стоило ль бояться, если кровь
Все ж слаще на ветру, а пуще — в ночь.

Порой моя любовь выходит в ночь...
Порой лежит недвижно, хладный труп,
Не зная радость, что приносит кровь,
Иль шествие сквозь тени в этот мир;
Гния в земле. О ты, моя любовь, —
Шепнули мне, — восстала ты во сне.

Я ждал у камня, провожая ночь.
Ты не пришла, тебе все снилась кровь.
Прощай, я предлагал тебе весь мир.

Мышь

В магазине было множество приспособлений, быстро убивающих мышь, и множество таких, которые убивают ее медленно. И еще дюжина традиционных способов, один из них Реган про себя называл ловушкой Тома и Джерри: при малейшем касании рамка опускалась, перебивая хребет; были на полках и другие устройства, в которых мышь задыхалась, или погибала от удара током, даже тонула, и каждое хранилось в отдельной картонной коробке.

— Это не совсем то, что я искал, — сказал Реган.

— Ну, это все, что у нас есть из ловушек, — сказала женщина с большим пластиковым бейджем, на котором было указано, что ее зовут Бекки и что она ЛЮБИТ ЭТУ РАБОТУ В МАГАЗИНЕ КОРМА ДЛЯ ЖИВОТНЫХ И СОПУТСТВУЮЩИЕ ТОВАРЫ «МАКРИ». — А вот здесь.... — и она указала на лежавшие поодаль пакетики ЯД ДЛЯ МЫШЕЙ «КОТ-УБИЙЦА». Сверху лежала маленькая резиновая мышка, лапками кверху.

Мгновенной вспышкой в памяти всплыло: Гвен, протягивающая изящную розовую руку, с загнутыми вверх пальцами. «Что это?» — спрашивает она. Это было за неделю до того, как он уехал в Америку.

«Не знаю», — ответил Реган.

Мышь

Они сидели в баре маленького отеля в юго-западной Англии: бордовые ковры, бежевые обои. Он потягивал джин с тоником; она дегустировала второй бокал шабли. Гвен однажды сказала Регану, что блондинки должны пить только белое вино; оно им больше к лицу. Он смеялся, пока не понял, что она не шутит.

«Это маленькая дохлятина», — сказала она, переворачивая руку, и ее пальцы замерли, похожие на лапки медлительного розового зверька. Он улыбнулся. А потом расплатился, и они поднялись наверх, в его номер...

— Нет. Только не отрава. Видите ли, я не хочу ее убивать, — пояснил он продавщице по имени Бекки.

Та взглянула на него с любопытством, словно он вдруг начал говорить на тарабарском языке.

— Но вы сказали, вам нужна мышеловка...

— Понимаете, я хочу гуманную мышеловку. Типа западни. Чтобы дверца за ней захлопнулась, и она не могла выбраться наружу.

— А как же вы ее убьете?

— Никак. Ее можно отвезти за несколько миль и выпустить. И она уже не вернется и не доставит беспокойства.

Теперь Бекки улыбалась, глядя на него так, словно он был самым любимым, самым сладким, бессловесным трогательным зверьком.

— Подождите, — сказала она, — я пойду посмотрю.

И скрылась за дверью с надписью «СЛУЖЕБНЫЙ ВХОД». У нее красивая попка, подумал Реган, она мягкая и привлекательная, совсем в духе унылого Среднего Запада.

Он выглянул в окно. Джейнис сидела в машине и читала журнал: рыжеволосая женщина в замызганном халате. Он помахал ей, но она на него не смотрела.

Бекки просунула в дверь голову.

— Вам повезло! — сказала она. — И сколько вы хотите?

— Можно две?

— Конечно.

Она снова ушла и вернулась с двумя небольшими зелеными пластмассовыми контейнерами. Пробила товар на кассе, и пока он путался со все еще непривычными банкнотами и монетами, пытаясь заплатить без сдачи, осмотрела ловушки, все так же улыбаясь, и теперь вертела в руках пакеты.

— Господи, — сказала она. — Что же они дальше-то придумают?

Когда Реган вышел из магазина, на него дохнуло жаром.

Он поспешил к машине. Металлическая ручка дверцы обожгла пальцы; мотор работал на холостом ходу.

Он забрался в машину.

— Я купил две, — сказал он.

В машине царила приятная прохлада от кондиционера.

— Пристегнись, — сказала Джейнис. — Тебе следует научиться водить, как это здесь принято, — наконец оторвалась она от журнала.

— Непременно, — ответил он. — Со временем.

Реган боялся водить машину в Америке: это было все равно что ездить в зазеркалье.

Они больше не разговаривали, и Реган прочел инструкцию на обратной стороне коробки. Там было написано, что главное достоинство такого типа ловушки заключается в том, что вам нет необходимости видеть мышь, прикасаться к ней и тем более брать в руки. Дверца захлопнулась — и дело с концом. И ни слова не говорилось о том, что в таком случае мышь еще жива, и не предлагалось, как следует с ней обойтись.

Когда они доехали до дома, он достал из коробок ловушки, положил в одну немного арахисового масла, засунув как можно дальше, а в другую — кусочек шоколада и установил на полу кладовки, одну у стены, вторую возле отверстия, через которое мышь, очевидно, сюда проникала.

Это были обычные западни: с одного конца дверца, с другого — стена.

Мышь

В постели Реган потянулся и дотронулся до грудей спящей Джейнис; мягко, чтобы не разбудить. Они ощутимо налились. Жаль, что большая грудь его не возбуждает. Он поймал себя на том, что задумался, каково это — сосать грудь кормящей женщины. Ему представилось, что это должно быть сладко, но не больше того.

Джейнис крепко спала и все же придвинулась в ответ.

Он, наоборот, отодвинулся; лежа в темноте, пытался вспомнить, что нужно сделать, чтобы уснуть, стараясь перебрать все варианты. Было слишком жарко и душно. Когда они жили в Бейлинге, он засыпал мгновенно, он это точно помнил.

В саду раздался резкий крик. Джейнис шевельнулась и откатилась от него. Очень похоже на человеческий голос. Когда лисице больно, она может кричать, как маленький ребенок, Регану доводилось слышать такое, очень давно. Или, возможно, кошка. Или какая-то ночная птица.

Так или иначе, ночью умерло какое-то существо. Он в том не сомневался.

На следующее утро Реган обнаружил, что одна ловушка захлопнулась, но когда осторожно открыл ее, внутри было пусто. Кусочек шоколада кто-то надкусил. Он вновь придвинул ее к стене.

Джейнис тихо плакала в гостиной. Реган остановился рядом; она протянула руку, и он крепко ее сжал. Пальцы у нее были холодные. Она еще с ночи не переоделась, и косметики на ней не было.

Позже она позвонила по телефону.

Незадолго до полудня Реган получил с экспресс-почтой посылку с дюжиной дискет, с цифрами, которые должен был проверить, и рассортировать, и классифицировать.

До шести он сидел за компьютером, с маленьким металлическим вентилятором, который трещал, и дребезжал, и гонял по кругу горячий воздух.

В тот вечер, когда готовил, он включил радио.

«*...говорится* в моей книге. О чем либералы *не хотят* ставить нас в известность». Голос был высоким, заносчивым и нервным.

«Мда. Кое во что из этого, ну, типа, трудно поверить», — поддержал ведущий: глубокий голос, успокаивающий и приятный.

«Ну *конечно* трудно поверить! Потому что это противоречит тому, в чем они *хотят* нас убедить. Эти либералы и гмо-сексуалисты в масс-медиа, они *не дают* нам узнать правду».

«Что ж, дружище, это всем известно. А мы снова выйдем в эфир сразу после песни».

Песня была в стиле кантри. Реган обычно слушал местную национальную общественную радиостанцию; иногда там передавали новости зарубежного вещания Би-би-си. Видимо, кто-то перенастроил радио, предположил Реган, хоть и не мог себе представить, кто.

Он взял острый нож и, слушая песню, разделывал куриную грудку, аккуратно нарезая ее на готовые к жарке розовые кусочки.

Чье-то сердце было разбито; у кого-то прошла любовь. Песня закончилась. Началась реклама пива. А потом возобновилась прерванная беседа.

«Проблема в том, что никто поначалу не верит. Но у меня есть *документы*. *Фотографии*. Прочтите мою книгу. Вы все поймете. Это — нечестивый союз, я имею в виду именно то, что говорю: нечестивый, между так называемым лобби независимых, медицинским сообществом, и гмо-сексуалистами. Гмо-сексуалистам нужны эти убийства, ведь в результате получаются дети, которых используют в качестве подручного материала, чтобы найти средство от СПИДа.

То есть эти либералы говорят о злодеяниях *нацистов*, но то, что делали *нацисты*, не идет *ни в какое* сравнение с тем, что делают *они*, в эту самую минуту. Они берут эмбрион человека и вживляют маленькой мышке, чтобы получить человеко-мышь, гибрид, пригодный для их экспериментов. И этому гибриду делают инъекцию СПИДа...

Реган обнаружил, что думает о стене из вырванных глаз у доктора Менгеле[84]. Голубых, карих, ореховых...

— Блин! — Он порезал палец. Сунув в рот, прикусил, чтобы остановить кровь, побежал в ванную и принялся искать бактерицидный пластырь.

— Ты помнишь, что завтра мне нужно будет отлучиться около десяти? — У него за спиной стояла Джейнис. Он смотрел в ее голубые глаза через зеркало ванной. Она казалась спокойной.

— Прекрасно. — Он заклеил пластырем ранку и обернулся к ней.

— Сегодня я видела в саду кота, — сказала она. — Большой, серый. Возможно, бездомный.

— Возможно.

— Ты не возвращался к мысли обзавестить кошкой?

— Вроде нет. Еще один повод для переживаний. Я думал, мы договорились: никаких кошек.

Джейнис пожала плечами.

Они вернулись на кухню. Он налил в сковородку масло и зажег газ. А когда сковорода разогрелась, опустил в масло кусочки розовой плоти и стал смотреть, как они меняются, сжимаются и бледнеют.

Рано утром Джейнис сама поехала на автобусную станцию. Нужно было ехать через весь город, и она не сможет вести машину, когда настанет время возвращаться. С собой у нее было пятьсот долларов наличными.

Реган проверил мышеловки. В обеих приманка оказалась нетронутой. От нечего делать слонялся по дому.

Потом позвонил Гвен. В первый раз палец соскользнул, непривычно было набирать столько цифр подряд. В следующий раз получилось.

Гудок, затем ее голос:

— Ассоциация бухгалтеров. Добрый день.

— Гвенни? Это я.

— Реган! Это правда ты?! Я все надеялась, что ты наконец позвонишь. Мне тебя не хватало. — Голос был далеким; трансатлантические гул и потрескивание еще больше ее от него отдаляли.

— Я ценю.

— Не думаешь возвращаться?

— Не знаю.

— Как там твоя половина?

— Джейнис... — Он помолчал. — У Джейнис все хорошо.

— Я начала трахаться с нашим новым коммерческим директором, — сказала Гвен. — Пришел после тебя. Ты его не знаешь. Тебя нет уже полгода. Я хочу сказать, что остается делать девушке?

Регану вдруг пришло в голову, что больше всего он ненавидит в женщинах практичность. Гвен всегда заставляла его надевать презерватив, хоть он их терпеть не мог, и сама при этом использовала колпачки и спермицид. Регану все это мешало ощущать спонтанность, романтику, страсть. Ему хотелось, чтобы секс был естественным и происходило все наполовину в воображении — наполовину в реальности. Чтобы секс был чем-то внезапным, и грязным, и мощным.

В висках у него застучало.

— А какая у вас там погода? — весело спросила Гвен.

— Жарко, — ответил Реган.

— Хорошо бы и у нас так. Дождь идет неделями.

Он сказал что-то о том, как ему приятно снова слышать ее голос. И положил трубку.

Реган проверил мышеловки. Пусто.

Забрел в свой кабинет, включил телевизор.

«...очень маленький. Вот что значит *эмбрион*. Но однажды она вырастет и станет большой. У нее будут маленькие пальчики на руках, маленькие пальчики на ногах и ноготочки».

На экране картинка: что-то красное, пульсирующее и размытое. Переход: женщина, рот до ушей, обнимает младенца.

«Некоторые из этих крошек вырастут и станут медсестрами, учительницами или музыкантшами. А однажды кто-то из них, возможно, станет президентом».

Вновь во весь экран розовое нечто.

«А вот это крошечное создание никогда не вырастет. Завтра ее убьют. А ее мама не считает это преступлением».

Он переключал каналы, пока не нашел «Я люблю Люси», прекрасный фон для чего угодно, и тогда включил компьютер и сел за работу.

Два часа он провел, отыскивая ошибку менее чем в сто долларов в представлявшихся бесконечными колоннах цифр, и у него начала болеть голова. Он встал и вышел в сад.

Ему не хватало сада; не хватало истинно английских лужаек с истинно английской травой. Трава здесь была жухлой, высохшей и редкой, а деревья как в научно-фантастическом фильме обросли испанским мхом. Он пошел по тропинке, пролегавшей меж деревьев позади дома. Что-то серое и гладкое скользило от дерева к дереву.

— Иди сюда, котик, — позвал Реган. — Иди-иди, кис-кис-кис.

Он подошел к дереву и заглянул за него. Кот — или что это было — убежал.

Что-то ужалило его в щеку. Он машинально хлопнул по ней и, опустив руку, увидел кровь и полураздавленного комара, дергающегося у него на ладони.

Вернувшись на кухню, налил себе кофе. Ему хотелось чая, но чай здесь был невкусный.

Джейнис вернулась около шести.

— Как прошло?

Она пожала плечами:

— Прекрасно!

— Правда?

— Правда.

— Мне придется вернуться на следующей неделе, — сказала она. — Для проверки.

— Нужно удостовериться, что они не забыли в тебе инструментов?

— Типа того, — сказала она.

— Я приготовил спагетти болоньезе.

— Я не голодна, — сказала Джейнис, — и иду спать.

Она пошла наверх.

Реган работал до тех пор, покуда хоть что-то воспринимал. Тогда он поднялся наверх и тихо вошел в темную спальню. Разделся в лунном свете, бросая одежду прямо на ковер, и проскользнул в постель.

Он чувствовал рядом Джейнис. Тело ее сотрясалось, а подушка была мокрой.

— Джен!

Она лежала к нему спиной.

— Это было ужасно, — прошептала она в подушку. — Очень больно. Мне даже не сделали нормальную анестезию или хотя бы обезболивающего не дали. Сказали, если я хочу, они могут сделать укол валиума, но что у них больше нет анестезиолога. Доктор сказала, он не мог выдержать давления, и потом, это стоило бы дополнительно двести долларов, а никто не хочет платить... О, как же мне больно! — Теперь она рыдала, задыхаясь словами, словно их из нее вытягивали. — Как больно!

Реган встал с кровати.

— Куда ты?

— Я не хочу это слушать, — сказал Реган. — И не должен это слушать.

Мышь

В доме было слишком жарко. Реган в одних трусах спустился вниз. Прошел на кухню, шлепая по линолеуму босыми ногами.

Дверка одной из мышеловок была закрыта.

Он поднял ловушку. Она была немного тяжелее, чем прежде. Приоткрыл дверцу, совсем чуть-чуть. На него уставились два глаза-бусинки. В буром мехе. Он снова захлопнул дверцу и услышал, как внутри ловушки кто-то скребется.

И что *теперь*?

Он не мог ее убить. Он никого не мог убить.

От мышеловки повеяло резким запахом мышиной мочи, и снизу она стала мокрой. Реган осторожно отнес ее в сад.

На него повеял легкий бриз. Луна была почти полной. Он опустился на колени, аккуратно поставил мышеловку на сухую траву.

И открыл дверцу.

— Беги скорее, — прошептал он, смущаясь звуком собственного голоса на открытом воздухе. — Беги же, маленькая мышка.

Мышь не шевельнулась. Ему был виден кончик ее носа у самой дверцы.

— Ну же, — повторил Реган.

Лунный свет был таким ярким, что он отчетливо все видел, видел очертания предметов и даже тени, только цвета недоставало.

Реган пнул мышеловку ногой.

И мышь наконец шмыгнула наружу. Выскочив из мышеловки, она остановилась, повернулась и побежала в сторону деревьев.

Но вдруг снова остановилась. И посмотрела в его сторону. Реган был убежден, что она смотрела прямо на него. У нее были крошечные розовые лапки. Реган проводил ее взглядом почти с отцовской теплотой и задумчиво улыбнулся.

Вдруг к ней метнулась серая тень, и мышь, беспомощно отбиваясь, оказалась в пасти крупной серой кошки, глаза которой горели в ночи зеленым огнем. Кошка прыгнула в кусты.

Какое-то мгновение он собирался броситься за ней и освободить мышь от ее челюстей...

Со стороны деревьев раздался резкий крик; обычный ночной звук, который на мгновение показался Регану почти человеческим, словно кричала женщина, от боли.

Маленькую пластмассовую мышеловку он забросил так далеко, как только мог. Он надеялся услышать, как, ударившись обо что-то, мышеловка разлетится на куски, но она беззвучно упала в кусты.

Тогда Реган вернулся в дом и запер за собой дверь.

Море меняет

Теперь настало время все записать,
теперь, когда волны с грохотом перекатывают гальку
а холодный косой дождь гремит, барабанит
по жестяной крыше, и я едва могу различать свои
мысли,
и к этому примешивается вой ветра. Поверьте,
я мог бы спуститься сейчас к черным волнам,
да только это глупо — под такой-то тучей.
«Услышь нас, взываем к Тебе, Господь,
Спаси тех, кто в море, не дай утонуть».
Старая песнь вдруг срывается с губ,
Кажется, вслух пою. Но точно не знаю.
Я не стар, но когда просыпаюсь, меня донимает боль,
Воспоминание о минувшем. Взгляните на мои руки.
Они переломаны морем, их скрючило,
Словно они — обломки, выброшенные штормом
на берег.
Вот почему ручку так странно держу.
Отец называл море не иначе, как «вдовьим наделом».
А мать говорила: так было всегда,
Даже если море делалось гладким и серым, как небо.
И была права: отец утонул ясным днем.

Иногда я думаю: вынесло ли кости его на берег
и узнал бы я их, коли так —
изъеденные солью, отполированные волной?
Я был семнадцатилетним парнем, дерзким, как все
в эти годы,
считавшим, что море можно задобрить,
но матери я обещал, что в море не выйду.
Пристроила она меня к торговцу в лавку, я дни проводил
среди стопок бумаги и перьев; когда же мать умерла,
на все ее сбереженья
я купил небольшую лодку. Достал отцовские сети,
набрал команду, один старее другого,
и навсегда расстался с чернилами и бумагой.
И были у нас хорошие месяцы, были плохие.
Холод собачий, а в море вода солона и горька,
и сети резали руки,
а линь хитер и опасен; но все же
я ни за что на свете не отказался бы от этой доли. Тогда.
Весь мой мир был солон на вкус, и мне казалось,
я вечен,
я буду жить,
рассекая стремительно волны встречь ветру,
и солнце будет светить мне в спину, а я полечу
по волнам —
никому за мной не угнаться,
такой была моя жизнь.
Море бывает капризным. Ты скоро о том узнаешь.
В день, о котором хочу рассказать,
оно было насмешливо-злым и непостоянным,
и налетал порывами ветер со всех четырех сторон света,
и волны взбесились. А я растерялся.
Земля была далеко, когда я увидел руку,
увидел нечто, поднявшееся из глубин.
Вспомнив участь отца, я бросился на нос и закричал.
Никто не ответил, лишь одиночные крики чаек.

Море меняет

А воздух наполнился хлопаньем белых крыльев, и вдруг —
резкий удар по шее.
Помню, как медленно ко мне подступалось холодное
море,
а потом окутало, поглотило, вобрало в себя.
И соль на губах. Морская вода и кости —
вот из чего состоит человек:
так говорил торговец, у которого я работал.
Не зря же вначале отходят воды, возвещая рожденье,
уверен, те воды на вкус солоны,
поскольку помню, как сам родился.
И мир подводный был так смутен. И холод, холод...
Не верю я, что точно ее видел. Поверить не могу.
То был сон, безумье — иль воздуха нехватка,
последствия удара: вот что это было.
Когда ж во сне увижу я ее, признаю сразу.
Она стара, как море, и молода, как волны и как пена.
Русалочьи глаза за мной следили. Я знал: она меня
хотела.
Хоть говорят: у всех, живущих в море, нет души, —
возможно,
у моря лишь одна душа живая, огромная, — и ею они
дышат,
и пьют ее, через нее живут.
Она меня хотела. И получила бы, ничуть не сомневаюсь.
Но все ж...
На берег вытащив, на грудь давили,
пока не вырвало морской водой на гальку.
Холод! Какой был жуткий холод, я дрожал, и трясся,
и стонал.
А руки были сломаны, и ноги — изувечены,
так, словно вынырнул я из пучины,
где кости кто-то мне изрезал, под плотью скрыв
послание и тайну.
На берег моя лодка не вернулась. И сгинула команда.

Живу теперь на подаянья:
в деревне говорят: коли б не милость моря,
что б мы были.
Уж столько лет прошло: чем их измерить? И женщины
то пожалеют, то с презреньем смотрят.
И ветер за окном уже не воет — вопит,
грохочет он дождем по крыше,
швыряет в стены гальку, камнем бьет о камень.
«Услышь нас, взываем к Тебе, Господь,
Спаси тех, кто в море, не дай утонуть».
Поверьте, я прямо сегодня спустился бы в море,
приполз бы туда на коленях.
Отдался бы тьме и воде.
И деве той, из пучины.
Я отдал бы ей это мясо с непрочных костей
и преобразился бы в нечто резное, чудное и страшное.
Но глупо об этом думать.
И шепчет мне голос: зовет меня шторм.
И шепчет мне голос: то голос песка.
И море мне шлет волну за волной.

Как мы ездили смотреть конец света

Написано Дауни Морнинсайд, 11 лет

Что я делала в день основателей, на праздник, ну вот, папа сказал, мы поедем на пикник, ну, мама сказала, куда это, а я сказала, хочу поехать в Понипарк, покататься на пони, но папа сказал, мы едем на край света, а мама сказала, о господи, и папа сказал, послушай, Таня, ребенку пора увидеть, что и как, и мама сказала, ну нет, ей вдруг втемяшилось в голову, что в Экзотическом саду огней Джонсона в это время года очень здорово.

Моя мама любит Экзотический сад огней, который в Люксе, между 12-й стрит и рекой, и мне там нравится тоже, особенно когда дают картофельные палочки, и ими можно кормить маленьких белых бурундучков, которые подходят прямо к столику.

Для белых бурундучков есть особое слово. Альбинос.

Долорита Хансикл говорит, бурундучки предсказывают судьбу, если их поймать, но мне ни разу не удалось. Она говорит, бурундучок ей предсказал, что, когда вырастет, она будет знаменитой балериной, а потом, всеми забытая, умрет от истощения в одном пражском пансионе.

В общем, папа приготовил картофельный салат.

Вот рецепт.

Картофельный салат моего папы готовится из мелкого молодого картофеля, который он варит, потом, теплый, поливает своим секретным соусом, то есть майонезом, перемешанным со сметаной и маленькой луковицей, порезанной на дольки, которые он обжаривает в свином жире со шкварками. Когда все это остывает, получается лучший в мире картофельный салат, несравнимый с картофельным салатом, который дают в школе и который похож на белую блевотину.

Мы сделали остановку у магазина, купили фрукты, кока-колу и картофельные палочки, положили все это в коробку, а коробку засунули в багажник, и сами сели в машину, с мамой, папой и моей маленькой сестренкой, и вот Мы Уже Едем!

Там, где наш дом, когда мы уезжали, было утро, и мы выехали на автостраду, и поехали через мост по сумеркам, а вскоре стало совсем темно. Я люблю ездить в темноте.

Я сижу сзади и пою всякие песенки с «ля-ля-ля», а папе приходится говорить: Дауни, дорогая, нельзя ли потише, но я все равно продолжаю свои «ля-ля-ля».

Ля-ля-ля.

Автострада была закрыта на ремонт, и нам пришлось ехать по стрелкам, и там было написано: ОБЪЕЗД.

Мама заставила папу запереть дверцу, и меня тоже.

А пока мы ехали, становилось все темнее.

Вот что я видела из окна, когда мы ехали через центр города. Я видела бородатого человека, который выбежал на дорогу, когда мы остановились на красный, и стал тереть грязной тряпкой наши окна.

Он подмигнул мне в мое окно, а глаза у него были старые.

И когда он отошел от машины, мама с папой заспорили, кто это был, и к удаче или к несчастью он появился. Но они вовсе не ссорились.

Мы встретили еще много надписей со словом ОБЪЕЗД, и все они были желтые.

На одной улице самые красивые мужчины на свете посылали нам воздушные поцелуи и пели песни, а на другой улице я видела женщину в синем свете фонаря, которая держалась за щеку, а все лицо у нее было в крови, а на третьей улице не было никого, кроме кошек.

Сестренка стала говорить: «Аи! Аи!» — что означает «Смотри!», а еще она сказала: «Кися». Ее зовут Мелисент, но я называю ее «Дейзидейзи». Это мой секрет. Так называется песенка, в которой говорится: *Дейзидейзи, дай мне скорее ответ, я схожу с ума от любви*. Наконец мы выехали из города и оказались среди холмов. А вдоль дороги, в отдалении, стояли дома больше похожие на дворцы.

Мой папа родился в одном из этих домов, и они с мамой ссорились из-за денег, про которые он сказал: я от них отрекся, чтобы быть с тобой, а она сказала, ага, так значит, ты опять об этом вспомнил, да?

Я смотрела на дома. И спросила папу, в каком из них живет бабушка. Он ответил, что не знает, и это была неправда. Не понимаю, зачем взрослые столько врут, почему они вечно говорят: я скажу тебе позже, или: я подумаю, — а сами имеют в виду просто «нет» или «я тебе этого не скажу, даже когда вырастешь».

Во дворе одного дома люди танцевали в саду. А потом дорога начала петлять, и папа вес нас черес сельскую местность дальше в темноту.

Смотри, сказала мама. Белый олень выбежал на дорогу, за ним бежали люди. Мой папа сказал, вечно от них одни неприятности, от этих оленей, прямо какие-то крысы с рогами, и еще он сказал, что хуже всего, когда олень при столкновении разбивает стекло и попадает копытом в машину, и что у него был друг, который умер после того, как олень ударил его своим острым копытом через стекло.

А мама сказала, о боже, нам-то зачем это знать, а папа сказал, но Таня, это ведь случилось на самом деле, а мама сказала, ты действительно неисправим.

Я хотела спросить, кто были все те люди, что бежали за оленем, но вместо этого начала петь свою песенку с ля-ля-ля.

Папа сказал, хватит уже, а мама сказала, ради бога, девочке нужно самовыражаться, и папа сказал, бьюсь об заклад, ты и фольгу любишь жевать, а мама сказала, что это он имеет в виду, а папа сказал, ничего, а я спросила, нам еще долго?

С одной стороны дороги жгли костры, и там были груды костей.

Мы остановились возле холма. Край света как раз с той стороны, сказал папа.

Я спросила, на что это похоже. Мы припарковались на парковке. И вышли из машины. Мама взяла на ручки Дейзи. А папа — корзину для пикника. Мы поднялись на холм, который освещали горевшие вдоль тропинки свечи. И ко мне вышел единорог. Он был белый, как снег, и ткнулся в меня носом.

Я спросила папу, можно ли дать ему яблоко, и он сказал, что у него наверняка полно блох, а мама сказала, что нет, а единорог в это время хлестал себя хвостом, быстро-быстро.

Я протянула ему яблоко, и он посмотрел на меня большими серебряными глазами, а потом фыркнул вот так: *хррмфф* — и убежал за холм.

Крошка Дейзи сказала аи аи.

Вот как выглядит край света, лучшее место на земле.

Там есть дыра в земле, которая похожа на очень большую широкую нору, и из нее выходят красивые люди, держа в руках палки и горящие симатары. У них длинные золотистые волосы. Они похожи на принцесс, только диких. У некоторых есть крылья, а у некоторых нету.

А в небе там тоже дыра, и из этой дыры тоже что-нибудь да появляется, например, мужчины с кошачьими головами, и змеи, сделанные из чего-то похожего на гель с блестками, каким я мазала волосы на Хилоуин, а еще я видела что-то вроде большой старой мухи, которая громко жужжала, опускаясь с неба. И таких мух было очень много. Столько же, сколько звезд.

И они не двигаются. Просто висят на небе и ничего не делают. Я спросила папу, почему они не двигаются, и он сказал, что они двигаются, только очень-очень медленно, но я так не думаю.

Мы поставили столик для пикника.

Папа сказал, самое лучшее, что есть на краю света — это то, что здесь нет ни ос, ни комаров. А мама сказала, что в Саду Огней Джонсона ос тоже очень мало. А я сказала, что ос и комаров очень мало и в Понипарке, но зато там пони, на которых можно покататься, и папа сказал, што превес нас сюда, чтобы мы хорошенько отдохнули.

Я сказала, что хочу пойти за холм, вдруг я снова увижу единорога, а мама и папа сказали, не уходи слишком далеко.

За соседним столиком сидели люди в масках. И мы с Дейзидейзи пошли на них поглядеть.

Они пели «С днем рожденья» огромной толстой леди, на которой не было ничего, кроме большой забавной шляпы. А грудь у нее свисала до самого живота. Я хотела посмотреть, как она станет задувать свечи на торте, но торта у них не было.

— А как же вы будете загадывать желание? — спросила я.

Она сказала, что у нее больше нет желаний. Она слишком старая. Я сказала, что на мой прошлый деньрожденья, когда я сразу задула все свечки, я очень долго думала, чего пожелать, и сначала хотела пожелать, чтобы мама и папа больше не ссорились по ночам, а потом все-таки пожелала шотландского пони, но мне его так и не подарили.

Леди подхватила меня, крепко обняла и сказала, что я очень миленькая, и она так бы меня и съела, прямо в платье и с хвостиками, всю как есть. От нее пахло сладким сухим молоком.

Тогда Дейзидейзи как заревет! И леди опустила меня на землю.

Я кричала и звала единорога, но больше его не видела. Иногда мне казалось, я слышу звук трубы, а иногда я думала, что это просто шумит в ушах.

Потом мы вернулись к нашему столику. А что же там дальше, там, за краем света, спросила я у папы. Ничего, ответил он. Совсем ничего. Поэтому он и называется «край света».

А потом Дейзи вырвало прямо на папины ботинки, и мы их вытирали.

Я села за стол. Мы ели картофельный салат, рецепт я еще раньше написала, попробуйте, правда вкусно, и пили апельсиновый сок, и ели картофельные палочки и яйца, и сандвичи с кресс-салатом. И выпили нашу кока-колу.

Потом мама что-то сказала папе, я не слышала, и он ударил ее по лицу, и она заплакала.

Папа велел мне взять Дейзи и погулять с ней, потому что им надо поговорить.

Я взяла Дейзи и сказала, пойдем, Дейзидейзи, пойдем со мной, звоночек, потому что она тоже плакала, а я уже слишком взрослая, чтобы плакать.

Мне не было слышно, что они говорили. Я смотрела на человека с лицом кошки и старалась понять, правда ли, что он очень-очень медленно движется, и еще я слушала, как в моей голове дудит труба: ту-ру-ру.

Мы сели у камня, и я стала петь для Дейзи ля-ля-ля под звуки трубы в моей голове ту-ру-ру.

Ляляляляляляля.

Ляляля.

Потом мама и папа подошли к нам и сказали, что мы едем домой. Но вечер был и правда очень хороший. Мамины глаза были совсем красные. И у нее был забавный вид, прямо как у леди в телевизоре.

Дейзи сказала уа. Я ей сказала да, это то же самое, что уа. Мы сели обратно в машину.

По дороге домой никто ничего не говорил. А сестренка спала.

На обочине мы видели мертвое животное, которое кто-то сбил машиной. Папа сказал, это белый олень. А я подумала, что это единорог, но мама сказала, единорогов не убивают, а я думаю, она меня снова обманывает, как это делают все взрослые.

Когда мы приехали в Сумерки, я спросила, если рассказать кому-то о своем желании, оно правда уже не сбудется?

О каком желании, спросил папа.

Ну, о том, какое на день рождения загадывают. Когда свечи задувают.

Он сказал, желания никогда не сбываются, независимо от того, говоришь ты о них или нет. Желания, сказал он, разве можно в это верить.

Я спросила маму, и она сказала, что бы твой папа ни говорил, ты его слушай, и сказала это холодным тоном, каким всегда говорит, когда хочет меня отослать, называя при этом полным именем.

Потом я тоже заснула.

А когда мы приехали домой, было утро, и я больше не хочу ехать на край света. И прежде чем выйти из машины, пока мама относила Дейзидейзи в дом, я крепко зажмурила глаза, чтобы совсем ничего не видеть, и пожелала пожелала пожелала. Я пожелала, чтобы мы поехали в Понипарк. Я пожелала, чтобы мы больше никогда никуда не ездили. И я пожелала стать кем-нибудь еще.

Пожелала.

Ветер пустыни

Жил-был старик, кожу которого солнце пустыни сожгло дочерна,
И он говорил: молод когда был,
штормом его унесло от его каравана,
что специи вез, и он шел чрез пески и скалы, шел день и ночь,
встречая лишь маленьких ящериц и сурикатов.

И на третий день вышел он к городу сплошь из палаток,
из шелковых ярких шатров. В самый большой,
алого шелка шатер позвала его женщина.
Жажду свою он запил охлажденным шербетом,
возлежа на подушках, ее же алые губы в бровь его целовали.

Танец живота исполняли танцовщицы, лица сокрыты вуалью,
глаза словно омуты, пурпур шелков, и в перстнях золотых.
Он жадно смотрел, пока слуги еду подносили,
все, что угодно душе, — и подавали вино:
белое, как шелк, и красное, как грех.

Ветер пустыни

Когда изнутри согрело вино все его члены, ударило
в голову,
резко вскочил он,
встал в центре круга, и танцевал, притопывал
и кружился,
вместе плясали они, а после
выбрал красивейшую из танцовщиц, обнял в поцелуе.
Но губы вдруг ощутили иссушенный пустыней череп.

Тут оказалось, танцуют вокруг скелеты,
и он понял: тот странный город —
сплошной песок, что с тихим шорохом
пересыпается в пальцах, и вздрогнул, уткнувшись
в бурнус,
и зарыдал, и больше не слышал
тех барабанов, что ритм отбивали.

Проснувшись, продолжил старик, он обнаружил,
что нет перед ним
ни яств, ни шатра, ни женщин.
Лишь синее небо и солнце, что жгло его кожу.
То было давненько.
Он выжил, и вот теперь беззубо смеялся, и говорил,
что видел потом тот город, те шатры,
они колыхались в дымке.

Спросил я, может, мираж. Он кивнул. Иль мечта?
Он снова кивнул, да, мечта, но мечта не его — пустыни.
А потом добавил,
что через год примерно, когда наживется, уйдет,
уйдет он в тот город на горизонте. Тогда-то, мол, точно
уже навсегда там останусь.

Пробуя на вкус

На предплечье у него было тату, маленькое сердечко, синее с красным. А под ним — розовая полоска, след от вытравленого имени.

Он медленно лизал ее левый сосок, а правая рука ласкала ее шею сзади.

— Что-то не так? — спросила она.

Он посмотрел на нее.

— Что ты имеешь в виду?

— У тебя такой вид... Не знаю. Как будто ты сейчас не здесь, — сказала она. — О... как приятно. Мне очень приятно.

Они были в номере гостиницы. В ее номере. Ему было известно, кто она, он узнал ее с первого взгляда, но он не должен был называть ее по имени.

Он приподнял голову, чтобы заглянуть ей в глаза, провел рукой по ее груди. Они оба были по пояс голыми. На ней была шелковая юбка; на нем — голубые джинсы.

— Ну? — спросила она.

Он приблизил губы к ее губам и поцеловал. Языки переплелись. Она вздохнула и отстранилась.

— Тогда в чем дело? Я тебе не нравлюсь?

Он успокаивающе улыбнулся.

— Ну что ты! Я нахожу, что ты великолепна, — сказал он.

И крепко ее обнял. Его рука схватила ее левую грудь и медленно сжала. Она закрыла глаза.

— И что же? — прошептала она. — Что не так?

— Ничего, — сказал он, — все прекрасно. Ты прекрасна. Ты очень красивая.

— Мой бывший муж обычно говорил, что я изжила свою красоту, — сказала она. Тыльной стороной ладони она водила по его зипу, вверх и вниз. Он придвинулся к ней, выгнув спину. — Мне кажется, он прав.

Она знала, что имя, которым он представился, ненастоящее, просто для удобства, а потому не собиралась его никак называть.

Он коснулся ее щеки. Потом вновь вернулся к соску. На этот раз, облизывая сосок, засунул руку ей между ног. Шелк юбки был мягок и податлив, и добравшись до лобка, он медленно на него надавил.

— И все же что-то не так, — сказала она. — Что-то крутится в твоей красивой голове. Ты уверен, что нам не надо поговорить?

— Это глупо, — сказал он. — И я здесь не ради себя. Я здесь ради тебя.

Она расстегнула пуговицу на его джинсах. Перекатившись, он стянул их и бросил на пол у кровати. На нем были тонкие алые трусы, и эрегированный член сильно натянул материю.

Пока он снимал джинсы, она сняла с себя серьги; искусное серебряное плетение.

Он неожиданно засмеялся.

— О чем это ты? — спросила она.

— Просто вспомнил. Игру на раздевание, — сказал он. — Когда я был мальчишкой лет тринадцати-четырнадцати, мы играли так с соседскими девчонками. Они всегда были увешены всякими побрякушками, сережками, шарфиками и прочей чепухой. И когда проигрывали, снимали, например, одну серьгу. А минут через десять мы были уже голые и сгорали со стыда, а они — при полном параде.

— Тогда зачем же вы с ними играли?

— Надеялись, — сказал он. Он запустил руку под юбку и принялся через белые хлопковые трусики массировать ее большие половые губы. — Надеялись хоть что-нибудь увидеть. Все равно что.

— И увидели?

Убрав руку, он перекатился на нее. Они поцеловались. Целуясь, они прижались друг к другу, тесно и нежно. Ее руки сжали его ягодицы. Он покачал головой.

— Нет. Но мечтать не вредно.

— Ну и? Что же тут глупого? И почему я не пойму?

— Потому что это все ерунда. Потому что... я не знаю, о чем ты думаешь.

Она стянула с него трусы. Провела указательным пальцем по члену.

— Он в самом деле большой. Натали так и сказала.

— Да?

— Я ведь не первая это тебе говорю.

— Нет.

Она опустила голову, поцеловала член у корешка, где курчавились золотистые волоски, потом лизнула его и провела языком до самой головки. А потом подняла голову и посмотрела в его голубые глаза своими карими.

— Ты не знаешь, о чем я думаю? Что это значит? Разве тебе известно, о чем думают другие люди?

Он покачал головой.

— Ну, не совсем.

— Ты пока подумай об этом, — сказала она. — А я сейчас вернусь.

Она встала и прошла в ванную, закрыв за собой дверь, но не заперев ее. Было слышно, как в унитаз лилась моча. Это продолжалось довольно долго. Шум смываемой воды; какое-то движение, открылся и закрылся шкафчик; снова движение.

Наконец она открыла дверь и вышла. Теперь она была совершенно голая. И впервые выглядела немного смущенной. Он сидел на кровати, тоже голый. Волосы у него на голове были светлые и коротко остриженные. Когда она подошла ближе, он протянул к ней руки, взял ее за талию, притянул к себе. Его лицо было на уровне ее пупка. Он его лизнул и опустил голову к паху, проник языком между больших половых губ, принялся сосать и лизать ее вагину.

Ее дыхание участилось.

Лаская языком клитор, он засунул палец в вагину. Там уже было влажно, и палец легко проскользнул вглубь.

Другая его рука соскользнула по спине к ягодицам и там застыла.

— Итак, ты действительно знаешь, о чем люди думают?

Он откинул голову, его губы были влажными от ее соков.

— Звучит немного глупо. Короче, я не хочу об этом говорить. Ты решишь, что я странный.

Она присела, взяла его за подбородок и поцеловала. И укусила за губу, несильно, просто прихватила зубами и потянула.

— Ты действительно странный. И мне нравится, когда ты говоришь. Я хочу знать только одно: что не так, мистер Читающий Мысли?

Она села рядом на кровать.

— У тебя потрясающая грудь, — сказал он. — Очень красивая.

Она состроила гримаску.

— Уже не так хороша, как прежде. И не уходи от ответа.

— Я не ухожу. — Он лег на постель. — Я не могу читать мысли. Но в каком-то смысле могу. В постели. Я знаю, как сделать, чтобы их можно было прочесть.

Она забралась на него и села ему на живот.

— Шутишь.

— Нет.

Он нежно тронул ее клитор. Она дернулась.

— Так хорошо, — и отодвинулась на шесть дюймов. Теперь она сидела на его набухшем члене, лежавшем на его животе. И ерзала по нему.

— Я знаю... Обычно... ты хоть понимаешь, как трудно сосредоточиться, когда ты это делаешь?

— Говори, — сказала она. — Говори со мной.

— Дай ему войти в тебя.

Она взяла его член, немного приподнялась, присела на корточки и ввела во влагалище головку. Он выгнулся, стараясь проникнуть как можно глубже. Она закрыла глаза, потом открыла и посмотрела на него.

— Ну?

— Вот когда трахаюсь, или перед самым траханьем, в общем... ко мне это приходит. То, чего я не знаю и не могу знать. Даже то, чего я знать не хочу. Надругательство. Аборты. Безумие. Инцест. Тайный садизм или воровство у собственных боссов.

— Например?

Теперь он вошел в нее до конца и совершал медленные фрикции. Ее руки лежали у него на плечах. Она наклонилась вперед, поцеловала его в губы.

— И то же самое с сексом. Обычно я знаю, как у меня получается. В постели. С женщинами. Знаю, что нужно делать. Мне и спрашивать не приходится. Просто знаю и все. Нравится ей сверху или снизу, быть госпожой или слугой. Нужно ли, чтобы я все время шептал «Я люблю тебя», пока я ее трахаю и потом, когда мы лежим рядом, или чтобы я помочился ей в рот. Я делаю именно то, чего она хочет. Вот почему... Господи. Не понимаю, почему я тебе все это рассказываю! Короче, именно потому я стал зарабатывать этим на жизнь.

— Да. Натали на тебя запала. Она дала мне твой телефон.

— Она славная. Натали. И в отличной форме для своего возраста.

— А что любит в постели Натали?

Он улыбнулся.

— Секрет фирмы. Землю ел. Честное скаутское!

— Постой! — Она слезла с него и перевернулась. — Сзади. Мне хочется сзади.

— Я должен был это знать! — Его голос звучал почти раздраженно.

Он встал, подошел к ней сзади, провел пальцем по нежной коже вдоль позвоночника. Раздвинул ей ноги и ввел в нее член.

— Совсем медленно, — сказала она.

Он напрягся, проталкивая член как можно глубже. Она охнула.

— Тебе нравится? — спросил он.

— Нет, — сказала она. — Немного больно, когда вводишь. В следующий раз не надо так глубоко. Так значит, ты кое-что узнаешь о женщинах, которых трахаешь. И что же ты узнал обо мне?

— Ничего особенного. Я твой большой поклонник.

— Давай не будем.

Одна его рука сжимала ее грудь. Другая коснулась ее губ. Она лизнула и пососала его указательный палец.

— Ну, может, не настолько большой. Но я видел тебя в шоу Леттермана и подумал, что ты восхитительна. Действительно забавная.

— Спасибо.

— Не могу поверить, что мы этим занимаемся.

— Трахаемся?

— Нет. Разговариваем, когда трахаемся.

— Я люблю в это время разговаривать. Меняем позу. У меня колени устали.

Он вышел из нее и сел на постели.

— Значит, ты знал, о чем женщины думали и чего хотели? Хм. А с мужчинами так же?

— Не знаю. Я никогда не занимался любовью с мужчиной.

Она уставилась на него. Коснулась пальцем лба, медленно провела им вниз, к подбородку, словно очерчивая скулу.

— Но ты такой красавчик!

— Спасибо.

— И ты продаешься.

— Эскорт-услуги, — уточнил он.

— И потом, ты тщеславный.

— Возможно. А ты разве нет?

Она усмехнулась.

— Туш*е*. Итак. И ты сейчас не знаешь, чего я хочу?

— Нет.

Она легла на бок.

— Надень гондон и трахни меня в задницу.

— Смазка у тебя есть?

— На тумбочке.

Он взял презерватив, нацепил на член.

— Ненавижу гондоны, — сказал он. — У меня от них раздражение. И потом, я совершенно здоров. Я показывал тебе справку.

— Меня это не колышет.

— Просто хотел напомнить, вот и все.

Он смазал гелем ее анус и засунул в него головку члена.

Она застонала. Он остановился:

— Так... так хорошо?

— Да.

Он, раскачиваясь, входил все глубже. Она ритмично постанывала, он тоже. Минуты через две она сказала:

— Хватит!

Он вышел из нее. Она перевернулась на спину, сдернула с него презерватив и бросила на ковер.

— Теперь можешь кончить, — сказала она.

— Я не готов. И потом, мы могли бы продолжать еще очень долго.

— Мне плевать. Кончай мне на живот. — Она улыбнулась. — Сделай себе сам. Прямо сейчас.

Он покачал головой, но его рука уже лежала на члене и двигалась взад-вперед, пока блестящая струя не выплеснулась ей на живот и на грудь.

Она опустила руку и медленно, словно нехотя, размазала сперму.

— Теперь ты можешь идти, — сказала она.

— Но ты ведь еще не кончила. Разве ты не хочешь, чтобы я помог тебе кончить?

— Все, что хочу, я получила.

Он смущенно покачал головой. Его член был вялым и сморщенным.

— Я должен был знать, — сказал он озадаченно. — Я. Не знаю. Ничего не знаю.

— Одевайся, — сказала она. — И уходи.

Он деловито оделся, начав с носков. И наклонился, чтобы ее поцеловать.

Она отвернулась.

— Не надо.

— Мы ведь еще увидимся?

Она покачала головой.

— Не думаю.

Теперь его трясло.

— А как насчет денег? — спросил он.

— Я тебе уже заплатила, — сказала она. — Когда ты вошел. Ты что, не помнишь?

Он нервно кивнул, из чего можно было понять, что он не смог вспомнить, но не осмелился об этом сказать. Он принялся хлопать себя по карманам, пока не нашел конверт с деньгами, и тогда снова кивнул.

— Я чувствую себя таким опустошенным, — сказал он жалобно.

Она на него больше не взглянула.

Он ушел, а она лежала на кровати, с рукой на животе, на котором высыхала его холодная сперма, и мысленно его дегустировала.

Она пробовала каждую женщину, с которой он спал. И то, что он делал с ее подругой, мысленно улыбаясь примитивности ее извращений. Она ощущала день, когда он потерял свою первую работу. Она ощущала утро, когда он проснулся, все еще пьяный, в своем автомобиле посреди кукурузного поля, и с перепугу выбросив бутылку, бросил пить. Она узнала его настоящее имя. Она вспомнила имя, которое было когда-то вытатуировано на его предплечье, и узнала, почему его там больше нет. Она ощущала цвет его глаз изнутри и дрожала от его ночного кошмара, в котором его заставляли нести во рту колючую рыбу, и от которого он, задыхаясь, просыпался чуть ли не каждую ночь. Она насладилась его аппетитом к еде и беллетристике, увидела темное небо, открывшееся ему, когда он был маленьким мальчиком, смотрел на звезды и поражался их огромности и необъятности, о чем сам он уже позабыл.

Она давно обнаружила, что даже в самом ничтожном, по большей части бесперспективном материале можно отыскать истинные сокровища. Но у него как раз был небольшой талант, хоть он никогда этого и не понимал и уж тем более не использовал его ни для чего, кроме секса. Ей было интересно, пока она плавала в его воспоминаниях и мечтах, будет ли ему их недоставать, заметит ли он когда-либо, что они исчезли. И наконец, дрожа от экстаза, она кончила яркими вспышками, которые согрели ее и на миг разлучили с телом, переместив в совершенное ничто малой смерти.

Внизу из переулка донесся грохот. Кто-то налетел на мусорный бак.

Она сидела и терла кожу с высохшей спермой. А потом, не принимая душа, стала медленно одеваться, начав с белых хлопковых трусиков и закончив серебряными серьгами тонкой работы.

Когда животные ушли

Несколько лет назад все животные ушли. Однажды мы проснулись, и их нигде не было. Даже не оставили записки и не попрощались. И мы так и не выяснили, куда они подевались.

Нам их не хватало.

Некоторым из нас показалось, что наступил конец света, но ведь нет! Просто больше не стало животных. Ни кошек, ни кроликов, ни собак, ни китов, ни рыб в морях, ни птиц в небесах.

Мы остались одни.

И мы не знали, что нам делать.

Какое-то время мы бродили, потерянные, и тогда кто-то сказал: то, что у нас больше нет животных, еще не повод менять нашу жизнь. Не повод менять пристрастия в еде или не проверять больше продукты, что могут причинить нам вред.

В конце концов, у нас ведь есть младенцы.

Они не умеют говорить. Почти не двигаются. Младенцы — это отнюдь не разумное, не мыслящее существо.

Мы делали младенцев.

И мы их использовали.

Одних мы ели. Мясо младенцев нежное и сочное.

Когда животные ушли

Мы сдирали с них кожу и шили из нее одежду. Кожа младенцев мягкая и приятная.

А на других мы ставили опыты.

Мы приклеивали им веки, чтобы глаза не закрывались, и капали в них моющие средства и шампуни, по одной капле за раз.

Мы наносили им раны и обливали кипятком. Мы их сжигали. Мы обездвиживали их и вживляли им в мозг электроды. Мы делали им прививки, замораживали и облучали.

Младенцы дышали нашим дымом, а в их венах текла смешанная с лекарствами и наркотиками кровь, пока дыхание у них не прерывалось, а кровь не переставала циркулировать.

Конечно, нам было нелегко, но это ведь необходимо.

Никто не может этого отрицать.

Раз животные исчезли, что нам оставалось делать?

Некоторые, конечно, возмущались. Но так всегда и бывает.

И все вернулось на круги своя.

Только...

Вчера исчезли все младенцы.

И мы не знаем, куда они подевались. Мы даже не видели, как они уходили.

Мы понятия не имеем, что будем без них делать.

Но что-нибудь придумаем. Люди изобретательны. Именно это ставит нас выше животных и выше младенцев.

Выход мы обязательно найдем.

Убийственные тайны

В ответ на то, о чем спросил,
Четвертый ангел возгласил:
«Я создан был, чтоб охранять
Сей край от дерзости людей.
Ведь человек Виной своей
Презрел Господню Благодать.
Итак, страшитесь! Или вас
Сразит мой Меч в недобрый час».
Честерские мистерии.
Сотворение Адама и Евы. 1461.

Перев. Н. Эристави

То, что я сейчас расскажу, правда.

Десять лет назад, а может, годом раньше или позже, я вынужден был остановиться в Лос-Анджелесе на моем долгом пути домой. Дело было в декабре, а погода в Калифорнии была теплой и приятной. Зато Англия оказалась во власти туманов и метелей, и самолеты там не приземлялись. Каждый день я названивал в аэропорт, и каждый день мне предлагали еще денек подождать.

И так продолжалось почти неделю.

Мне только что перевалило за двадцать. Оглядываясь сегодня на всю мою жизнь, прошедшую с тех пор, я испытываю неловкость, как если бы получил от кого-то непрошенный подарок: дом, жену, детей, призвание. И честно говоря, все это не имеет ко мне никакого отношения. Если правда то, что каждые семь лет каждая клетка нашего тела умирает и замещается новой, значит, я и в самом деле унаследовал свою жизнь от другого, мертвого человека; а прегрешения тех дней прощены и похоронены вместе с ним.

Итак, я оставался в Лос-Анджелесе.

На шестой день я получил сообщение от давней как-бы-подружки из Сэттла: она тоже в Л. А. и узнала о том, что я в городе, по цепочке, от знакомых знакомых. Может, нам встретиться?

Я оставил сообщение на ее автоответчик. Конечно, буду рад.

В тот вечер, когда я вышел из отеля, ко мне подошла маленькая блондинка. Было уже темно.

Она уставилась на меня, словно мысленно сверяясь с чем-то, и наконец, неуверенно произнесла мое имя.

— Да, это я. А вы подруга Тинк?

— Ну. Машина за углом, пшли. Она правда очень хочет вас видеть.

Это был огромный старый, похожий на лодку драндулет, какие можно встретить только в Калифорнии. В нем пахло потрескавшейся и осыпающейся кожаной обивкой. И мы выехали оттуда, где находились, туда, куда направлялись.

В те времена Лос-Анджелес был для меня совершенной загадкой; но и теперь я не могу сказать, что намного лучше его знаю. Я знаю Лондон, и Нью-Йорк, и Париж: по ним можно бродить, ощущая, чем они живут в этот день и час, можно проехаться на метро. Лос-Анджелес — город автомобилей. Тогда я вообще не водил машину; даже теперь я бы на машине по Америке не поехал. Воспоминания о Лос-Анджелесе связаны для меня с поездками в чьих-то машинах, без всякого представления об облике города, об отношениях между людьми и самим местом. Ровные дороги, постоянное повторение форм и объемов, а потому, когда пытаюсь вспомнить город в целом, мне вспоминается лишь бесконечное пространство маленьких огоньков, которое однажды ночью простерлось передо мной с холма в Гриффит-парке, во время моего первого пребывания в городе. Один из самых прекрасных видов, открывшихся мне с такого расстояния.

— Видите то здание? — спросила меня блондинка, подруга Тинк.

Это был дом в стиле арт-деко из красного кирпича, симпатичный и довольно уродливый.

— Да.

— Построен в тридцатые годы, — с уважением и гордостью сообщила она.

Я вежливо ответил, стараясь постичь город, для которого пятьдесят лет — это давняя история.

— Тинк как разволновалась. Когда узнала, что вы в городе. Так разволновалась.

— Я буду рад снова с ней повидаться.

Полное имя Тинк было Тинкербелл Ричмонд. Честно.

Она вместе с друзьями остановилась в небольшом местечке примерно в часе езды от центра Лос-Анджелеса.

Вот что вам следует знать о Тинк: она была на десять лет меня старше, то есть ей было чуть больше тридцати; у нее были блестящие черные волосы, красные пухлые губы и очень белая кожа, прямо как у Белоснежки; когда впервые ее увидел, я решил, что она самая прекрасная женщина на свете.

В какой-то момент Тинк ненадолго выскочила замуж, и у нее имелась пятилетняя дочь по имени Сьюзан. Я не видел Сьюзан, когда Тинк была в Англии, потому что та осталась в Сиэттле, у своего отца.

Как получилось, что женщина по имени Тинкербелл назвала свою дочь Сьюзан?..

Память — великая обманщица. Возможно, есть люди, чьи воспоминания словно записаны на магнитную ленту, где ежедневно фиксируется их жизнь во всех деталях, — я к таким не отношусь. Моя память — путаное нагромождение отрывочных фрагментов, сшитых на живую нитку: то, что я помню, я помню без изъятий, в то время как иные события и обстоятельства совершенно выпали из моей памяти.

Я не помню, как мы приехали к Тинк и куда исчезла ее подружка.

Зато помню, как сидел в гостиной с приглушенным светом рядом с ней на диване.

Мы о чем-то говорили. Прошел, должно быть, год с тех пор, как мы виделись. Но у мальчишки в двадцать один немного тем для разговора с тридцатидвухлетней женщиной, и вскоре, не придумав ничего лучшего, я притянул ее к себе.

Она с готовностью ко мне прижалась, коротко вздохнув и подставив губы для поцелуя. В полумраке они казались черными. Мы недолго целовались на диване, я гладил через блузку ее грудь, а потом она сказала:

— Мы не можем трахаться. У меня дела.

— Ну и ладно.

— Могу сделать минет, если хочешь.

Я согласно кивнул, она расстегнула мне джинсы и опустила голову на мое колено.

Когда я кончил, она вскочила и побежала на кухню. Я слышал, как она сплевывает в раковину и как шумит вода. Помню, я удивился: зачем делать минет, если так противен вкус спермы?

Потом она вернулась, и мы снова сели рядом.

— Сьюзан спит наверху, — сказала Тинк. — Она — все, что у меня есть. Хочешь на нее посмотреть?

— Я бы не возражал.

Мы поднялись наверх. Тинк провела меня в темную спальню. Все стены были увешены детскими рисунками, на которых восковыми мелками были изображены крылатые феи и крошечные дворцы, а в кроватке спала маленькая светловолосая девочка.

— Она очень красивая, — сказала Тинк и поцеловала меня. Ее губы были все еще немного липкими. — Она похожа на своего отца.

Мы спустились вниз. Нам больше не о чем было говорить и нечего было делать. Тинк зажгла верхний свет. И я впервые заметил «лапки» в уголках ее глаз, столь неподобающие для прекрасного личика куклы Барби.

— Я люблю тебя, — сказала она.

— Спасибо.

— Хочешь, отвезу тебя назад?

— Если ты не боишься оставить Сьюзан одну...

Она пожала плечами, и я притянул ее к себе в последний раз.

Ночью Лос-Анджелес — это сплошные огни. И тени.

Дальше в моей памяти пробел. Я совершенно не помню, как было дело. Очевидно, она довезла меня до отеля, в котором я остановился: как еще я мог до него добраться? Я даже не помню, поцеловал ли ее на прощанье. Не исключено, что просто стоял на тротуаре и смотрел ей вслед.

Не исключено.

Однако я точно помню, что когда добрался до отеля, я стоял там, будучи не в силах войти, принять душ и лечь спать, вообще не желая что бы то ни было делать.

Я не был голоден. Я не хотел выпить. Мне не хотелось ни почитать, ни поговорить. Я боялся уйти слишком далеко и потеряться, я путался в бесконечно повторяющихся темах города, раскинутых вокруг, как паутина, и вбирающих в себя так основательно, что я никогда не мог без посторонней помощи найти путь к своему отелю. Центр Лос-Анджелеса иногда представляется мне не чем иным, как шаблоном, составленным из одинаковых блоков: бензоколонка, несколько домов, мини-молл (пончики, изготовление фото, прачечная-автомат, фаст-фуд), и все это повторяется, как в гипнозе; а мелкие отличия в мини-моллах и домах лишь подчеркивают неизменность конструкции.

Вспомнив губы Тинк, я пошарил в кармане пиджака и достал пачку сигарет.

Прикурив, выпустил синее облачко в теплый ночной воздух.

Неподалеку от отеля росла чахлая пальма, и я решился, держа ее в поле зрения, немного пройтись, выкурить сигарету, может, даже поразмышлять; но для последнего я был слишком опустошен. Я чувствовал себя совсем бесполым и одиноким.

Примерно в квартале от пальмы была скамейка, и дойдя до нее, я сел. Швырнув окурок на асфальт, смотрел, как он вспыхивал оранжевыми искорками.

Кто-то сказал:

— Я бы купил у тебя сигарету, приятель. Держи.

Перед моим лицом появилась рука с монетой в двадцать пять центов. Я поднял голову.

Он не выглядел старым, хотя я не смог бы сказать, сколько ему лет. Возможно, около сорока. Или лет сорок пять. На нем было долгополое потертое пальто, цвет которого растворился в желтом свете уличного фонаря, а глаза у него были темными.

— Держи. Четвертак. Хорошая цена.

Я покачал головой, достал из кармана пачку «Мальборо» и предложил ему сигарету:

— Уберите свои деньги. Это бесплатно. Угощайтесь.

Он взял сигарету. Я передал ему коробок спичек (с рекламой секса по телефону, мне это запомнилось), и он прикурил. Протянул мне спички, но я покачал головой:

— Оставьте себе. У меня здесь, в Америке, скапливаются целые груды спичечных коробков.

— Угу.

Он сел рядом и затянулся. Когда докурил до середины, сбил огонек о бетон, затушил, а бычок заложил за ухо.

— Я много не курю, — сказал он. — Но жаль выбрасывать.

По улице пронесся автомобиль, виляя из стороны в сторону. В нем сидели четверо молодых людей; те, что впереди, оба крутили баранку и смеялись. Стекла на окнах были опущены, и я мог слышать смех и выкрики тех, кто сидел сзади («Га-а-ари, ну ты, жопа! Какого ххххрена... о-о-о... твою...)», — и пульсирующий ритм рока. Я не смог определить, что это была за песня. Машина, сделав петлю, исчезла за поворотом.

Вместе с ними пропали и звуки.

— Я твой должник, — сказал человек на скамейке.

— Простите?

— Я должен тебе. За сигарету. И за спички. И денег ты не взял. Я твой должник.

Я смущенно пожал плечами.

— Но это же просто сигарета. Мне кажется, если угощать людей сигаретой, то когда вдруг у самого не будет, может, кто-то тоже угостит. — И я засмеялся, чтобы показать, что это почти шутка, хоть я и не шутил. — Так что не беспокойтесь.

— М-м-м. Хочешь, расскажу историю? Правдивую историю. Прежде истории были хорошей платой. Но в наше время... — Он слегка пожал плечами.

Откинувшись, я сидел на скамейке, ночь была теплой; я посмотрел на часы: было около часа ночи. В Англии уже занимался холодный новый день, будний день для тех, кто, утрамбовывая снег, торопится на работу; еще несколько стариков и бездомных, должно быть, умерли этой ночью от холода.

— Конечно, — ответил я. — Расскажите.

Он покашлял, показал в улыбке белые зубы, сверкнувшие в темноте, и начал:

— Первое, что я помню, было Слово. И Слово было Богом. Иногда, когда мне *действительно* очень плохо, я вспоминаю, как Слово звучало в моей голове, наделяя меня образом, придавая мне форму, даруя жизнь.

Слово дало мне и тело, и глаза. А когда открыл глаза, я увидел огни Серебряного города.

Это случилось в комнате, серебряной комнате, в которой никого не было, кроме меня. Передо мной было окно, от пола до потолка, открытое в небо, и в окно я мог видеть башни Города, а на его окраине — Тьму.

Не знаю, как долго я там ждал. Но нетерпения вовсе не испытывал. Я это помню. Я как будто ждал, что меня призовут; и знал, что однажды так и случится. А если бы до конца времен меня так и не призвали, что ж, это тоже было бы хорошо. Но меня должны были призвать, я был в том уверен. И тогда я узнал бы свои имя и предназначение.

В окно я видел серебряные башни, и во многих из них были окна; а в тех окнах я мог видеть таких же, как я. Так я узнал, как я выгляжу.

Вы никогда не подумаете, глядя на меня, но я был тогда прекрасен. С тех пор как я спустился в мир, прошло очень много времени.

А тогда я был выше, и у меня были крылья.

Огромные мощные крылья с перьями цвета перламутра. Они росли у меня меж лопаток. Они были так хороши, мои крылья!

Порой я видел, как такие же, как я, покидали кельи и отправлялись по своим делам. Я видел, как они парили в небе, перелетали от башни к башне, выполняя задания, какие я едва мог себе представить.

Небо над Городом было прекрасным. Оно было светлым, хотя и без солнца, возможно, свет исходил от самого Города; и свет этот постоянно менялся. То он был цвета олова, то латуни, то мягким золотистым, то спокойным аметистовым...

Он замолчал. Посмотрел на меня, наклонив голову. В его глазах что-то мелькнуло, и я вдруг почувствовал страх.

— Вы знаете, что такое аметист? Такой фиолетовый камень?

Я кивнул.

Под ложечкой у меня засосало.

Мне вдруг пришло в голову, что человек этот вовсе не сумасшедший; и это встревожило меня гораздо сильнее.

Между тем он вновь заговорил.

— Не знаю, как долго я ждал в моей келье. Но время ничего не значило. Во всяком случае тогда. Мы обладали всем временем этого мира.

Следующее важное событие — это когда мне явился ангел Люцифер. Он был выше меня ростом, крылья у него были огромными, а оперение безупречным. У него была кожа цвета морского тумана, волнистые серебряные волосы и прекрасные серые глаза...

Я называю его «он», но вы должны понимать, что никто из нас не обладал полом в буквальном смысле слова. — Он указал на свой пах. — Там гладко и пусто. Ничего. Сами понимаете.

Люцифер светился. То есть излучал свет, как все ангелы. Они все светятся изнутри, а в моей келье ангел Люцифер сиял, как разряд молнии.

Он взглянул на меня. И дал мне имя.

«Ты Рагуил, — сказал он. — Возмездие Господа»[85].

Я склонил голову, потому что знал, что это правда. Так меня звали. И таково было мое предназначение.

«Случилась... несправедливость, — сказал он. — Нечто из ряда вон. Ты призван».

Он повернулся и взмыл в пустоту, а я последовал за ним, и так мы летели через весь Серебряный город до его окраин, где пролегают границы Города и начинается Тьма; и там, у большой серебряной башни, опустились на улицу, и я увидел мертвого ангела.

На серебряном тротуаре, расплющенное и переломанное, лежало тело. Было видно, что крылья у мертвого ангела тоже изломаны, а несколько перьев уже отнесло ветром в серебряную сточную канаву.

Тело было почти черным. Время от времени в нем еще вспыхивал свет: случайные всполохи холодного огня в груди, глазах или бесполом паху — как последние вспышки навсегда уходящей жизни.

Кровь рубинами сверкала на его груди, а белое оперение крыльев стало алым. Даже в смерти он был прекрасен.

Это зрелище разбило бы любое сердце.

Люцифер заговорил со мной:

«Тебе предстоит определить, кто и как должен за это ответить; и обрушить Возмездие Имени на голову того, из-за кого это случилось, кто бы то ни был».

Но ему не было необходимости это говорить. Я все это знал. Поиск и возмездие: для того я был создан от Начала времен; всем этим я и *был*.

«Меня ждет работа», — сказал ангел Люцифер.

Он с усилием взмахнул крыльями и поднялся ввысь; порыв ветра подхватил упавшие с мертвого ангела перья и разметал по улице.

Я наклонился, чтобы осмотреть тело. Свечение от него уже не исходило. Теперь это была лишь темная плоть, пародия на ангела. У него было совершенное, бесполое лицо, обрамленное серебряными волосами. Одно веко не было опущено, и я увидел безмятежный серый глаз; другой был закрыт. На груди у него не было сосков, а меж ног все было гладко.

Я поднял тело.

Спина — кровавое месиво. Крылья изломаны и перебиты, затылок размозжен; тело оказалось неожиданно гибким, из чего я заключил, что позвоночник тоже сломан. И вся спина была в крови.

А спереди кровь была только на груди. Я тронул ее указательным пальцем, и он беспрепятственно вошел в тело.

«*Да, он упал*, — подумал я. — *Но умер-то он раньше, чем упал*».

И посмотрел вверх, на окна, выходившие на улицу. И на весь Серебряный город. «*Кто-то из них это сделал*, — думал я. — *Я найду его, кто бы он ни был. И направлю на него Господню кару*».

Человек достал из-за уха окурок, чиркнул спичкой. На меня едко и остро пахнуло запахом мертвой сигареты; потом огонек дошел до табака, и в ночной воздух выплыло облачко синего дыма.

— Ангела, который первым обнаружил тело, звали Фануэл[86]. Я говорил с ним в Зале Бытия. Это башня, возле которой лежал мертвый ангел. В зале висели... висели планы, очевидно, того, каким могло быть... это все. — Рукой с окурком он сделал жест, вобравший в себя ночное небо, и припаркованные автомобили, и вообще весь мир. — Короче, вселенная.

Фануэл был главным проектировщиком, под его началом множество ангелов прорабатывали детали Творения. Я наблюдал за ним снизу. Он висел в воздухе под Планом, а ангелы слетались к нему и терпеливо ожидали своей очереди задать вопрос, кое-что сверить, получить оценку своей работе. Наконец он оставил ангелов и опустился на пол.

«Ты Рагуил, — сказал он. Голос у него был высокий и беспокойный. — Что привело тебя ко мне?»

«Это ведь ты нашел тело?»

«Бедняги Каразэла? Так и есть. Я как раз покидал Зал, где мы теперь осуществляем целый ряд проектов, и мне захотелось поразмышлять над одним из них под названием *Сожаление*. Я собирался немного удалиться от Города, то есть подняться над ним, не залетая во внешнюю Тьму, я ни за что бы этого не сделал, хотя такие разговоры и ходят... то есть да. Я собирался подняться и посозерцать.

Я вылетел из Зала и... — Он замолчал. Он был мелковат для ангела. И свет его был приглушенным, зато глаза живыми и яркими. На самом деле яркими. — Бедный Каразэл. Как мог он так с собой поступить? Как?»

«Ты полагаешь, он сам себя уничтожил?»

Казалось, его удивило, что может быть иное объяснение.

«Ну конечно. Каразэл работал под моим началом, он отвечал за целый ряд понятий, которые должны быть присущи вселенной, когда ее Имя будет Названо. Его группа замечательно поработала над некоторыми базовыми представлениями, над *Пространством* и *Сном*, например. Но были и другие.

Прекрасная работа! Некоторые его предположения относительно использования личных точек зрения для описания пространств воистину оригинальны.

Во всяком случае, он начал работу над новым проектом. Это одно из основных понятий, которые всегда были интересны не только мне, но, кажется, даже Зефкиэлу. — Он указал глазами вверх. — Но Каразэл безукоризненно делал свою работу. А его последний проект был *так* хорош! В этом есть что-то тривиальное — в том, что они с Саракаэлом поднялись в... — Он пожал плечами. — Но это неважно. Именно *эта* работа сподвигла его на несуществование. Правда, ни один из нас не смог бы предвидеть...»

«Так над чем он работал в последнее время?»

Фануэл посмотрел на меня в упор.

«Не уверен, что могу об этом говорить. Все новые разработки считаются чувственными, пока мы не находим для них окончательную форму, в которой они станут Изреченными».

Я ощутил, что со мной что-то происходит. Не знаю, как вам объяснить, но внезапно я перестал быть собой, а стал чем-то бо́льшим. Я изменился: я стал своим предназначением.

Фануэл не мог смотреть мне в глаза.

«Я Рагуил, Возмездие Господне, — сказал я. — Я служу непосредственно Имени. Мне поручено раскрыть причину этого происшествия и возложить кару Господню на ответственных. На мои вопросы надлежит отвечать».

Маленький ангел задрожал и быстро заговорил:

«Каразэл и его напарник исследовали *Смерть*. Прекращение жизни. Окончание физического, одушевленного существования. Они пытались все это соединить. Но Каразэл в своей работе всегда заходил слишком далеко, у нас были ужасные времена, когда он разрабатывал *Беспокойство*. Он тогда занимался *Эмоциями*...

«Ты полагаешь, Каразэл умер потому, что хотел исследовать этот феномен?»

«Или потому, что был заинтригован. А может, потому, что просто зашел слишком далеко. Да. — Фануэл, ломая пальцы, вперил в меня свой яркий светящийся взгляд. — Я не сомневаюсь, что ничего из сказанного ты не сообщишь тем, кому не надлежит это знать, Рагуил».

«Что ты сделал, когда обнаружил тело?»

«Я уже говорил, я вышел из Зала и увидел, что на тротуаре лежит Каразэл, глядя вверх. Я спросил его, что он делает, но он не ответил. Тогда я заметил внутреннюю жидкость и понял, что Каразэл скорее не может, чем не хочет со мной говорить.

Я испугался. Не знал, что делать.

Сзади ко мне подошел ангел Люцифер. Он спросил, не возникло ли каких проблем. Я обо всем ему рассказал. И показал тело. И тогда... тогда он принял свой Образ и причастился Имени. Он так ярко горел!

А потом он сказал, что должен отправиться за тем, чье предназначение разбираться в подобных вещах, и улетел, как я понимаю, за тобой.

Поскольку смертью Каразэла теперь занимались, и я уже не имел отношения к его судьбе, я вернулся к работе, обнаружив новый и, как я подозреваю, довольно ценный подход к механизму *Сожаления*.

Я собираюсь забрать *Смерть* у тех, кто работал с Каразэлом и Саракаэлом. И могу передать ее Зефкиэлу, моему старшему партнеру, если он захочет этим заняться. Он особенно хорош в умозрительных проектах».

К тому моменту собралась уже целая очередь ангелов, желавших говорить с Фануэлом. Я чувствовал, что узнал у него почти все.

«С кем работал Каразэл? Кто мог быть последним, видевшим его в живых?»

«Мне кажется, тебе следует поговорить с Саракаэлом, в конце концов он был его партнером. Ну а теперь прошу меня извинить...»

Он вернулся к рою своих помощников: советовать, исправлять, предлагать, запрещать.

Человек помолчал.

Теперь улица была тиха; я помню его негромкий шепот и стрекот сверчка. Небольшое животное, возможно, кошка, а может, более экзотический енот или даже шакал, перебегало из тени в тень среди припаркованных автомобилей на другой стороне улицы.

— Саракаэл был в самой высокой галерее, опоясывавшей Зал Бытия. Как я сказал, вселенная располагалась посередине зала, и она мерцала, и искрилась, и сияла. Добраться до галереи было не так-то просто...

— Вселенная, о которой вы упомянули, это что, диаграмма? — спросил я, впервые его прервав.

— Не совсем. В каком-то смысле. Вроде того. Это макет в полную величину, и он висел в Зале; и все эти ангелы сновали вокруг и что-то с ним делали. Всякие вещи, связанные с *Гравитацией*, и *Музыкой*, и *Ясностью*, и прочим. Это еще была не вселенная, нет. Но она станет ею, когда будет закончена работа и придет время дать ей истинное Имя.

— Но... — Мне не хватало слов, чтобы выразить мое смущение.

Мой собеседник прервал меня:

— Об этом не беспокойтесь. Думайте о ней как о модели, если вам так проще. Или о карте. Или — как это? — опытном образце. Ну да. Модель Т-Форд универсал. — Он усмехнулся. — Вы должны понять, многое из того, что я рассказываю, я уже перевел, облек в форму, которая для вас доступна. В противном случае я вообще не смог бы ничего рассказать. Хотите, чтобы я продолжил?

— Да. — Для меня не имело значения, правдива она или нет; мне необходимо было дослушать историю до конца.

— Хорошо. Тогда молчите и слушайте.

Итак, я встретился с Сакакаэлом в верхней галерее. Вокруг не было больше никого, только он, какие-то бумаги и несколько маленьких светящихся моделей.

«Я насчет Каразэла», — сказал я.

Он взглянул на меня.

«Каразэла сейчас здесь нет, но он должен вскоре возвратиться».

Я покачал головой.

«Каразэл не вернется. Он прекратил свое существование как духовная сущность», — сказал я.

Его свет побледнел, а глаза широко раскрылись:

«Он мертв?»

«Именно это я и сказал. Есть ли у тебя предположения относительно того, как это случилось?»

«Я... это так неожиданно. Я хочу сказать, он говорил о... но мне и в голову не приходило, что...»

«Тогда давай по порядку».

Саракаэл кивнул.

Он встал и подошел к окну. Из этого окна не открывался вид на Серебряный город, но был виден лишь его отраженный свет и паривщее в воздухе небо, а под ним — Тьма. Ветер, прилетавший из Тьмы, мягко ласкал волосы Саракаэла, когда он говорил. Я уперся взглядом в его спину.

«Каразэл... был... Так теперь следует говорить? *Был*. Он всегда был таким увлекающимся. И таким креативным. Но ему всего было мало. Он вечно стремился все понять, испытать то, над чем работал. Он никогда не довольствовался простым созданием и чисто интеллектуальным пониманием. Он *все* хотел объять.

Прежде в том не было проблемы, когда мы работали над свойствами материи. Но когда мы начали разрабатывать некоторые из Именованных эмоций... он чересчур увлекся этой работой.

Самым последним нашим проектом была *Смерть*. Одна из сложнейших и, как я полагаю, крупнейших разработок. Она даже могла стать неотъемлемым признаком, с помощью которого можно определять Творение для Тварных: если бы не *Смерть*, они довольствовались бы просто существованием, но со *Смертью*, ну, в общем, их жизням обозначен предел, помимо которого существование оказывается невозможным...»

«Так ты думаешь, он сам себя убил?»

«Я не думаю, я знаю», — сказал Саракаэл.

Я подошел к окну и выглянул наружу. Далеко внизу, очень далеко, я различил крошечное белое пятнышко. Это было тело Каразэла. Мне следовало поручить кому-то позаботиться о нем. Я подумал, что с ним надо бы что-то сделать; но должен быть кто-то, кому это известно, чье назначение — устранение нежелательных объектов. Ко мне это отношения не имело. Я это знал.

«Откуда?»

Он пожал плечами.

«Просто знаю. В последнее время он много задавал вопросов... вопросов о *Смерти*. Как можем мы быть уверены, что следует делать, как можем устанавливать правила, если не собираемся испытать это на себе. Он постоянно об этом говорил».

«А у тебя таких вопросов не возникало?»

Саракаэл впервые обернулся и посмотрел на меня.

«Нет. Это наше назначение, обсуждать, импровизировать, помогать Творению и Тварным. Мы тщательно вникаем во все детали, чтобы с самого Начала все работало как часы. В данный момент мы занимаемся *Смертью*. И ничего удивительного, что мы сосредоточились на ней. Физический аспект, эмоциональный, философский...

А еще *образцы*. Каразэл считал: от того, что мы делаем в Зале Бытия, остаются образцы. Существуют структуры и формы, соответствующие существам и событиям, которые, однажды начавшись, должны продолжаться до тех пор, пока не достигнут завершения. Возможно, для нас это так же непреложно, как и для них. Очевидно, он ощущал это как одну из своих структур».

«Ты хорошо его знал?»

«Так же хорошо, как каждый из нас знает другого. Мы виделись здесь, работали бок о бок. Время от времени я удалялся в свою келью на другом конце Города. Иногда он делал то же самое».

«Расскажи мне о Фануэле».

Его губы скривились в улыбке.

«Он чинуша. Не особо заморачивается, раздает задания и присваивает себе результат. — Он понизил голос, хотя в галерее больше не было ни души. — Если его послушать, можно подумать, что *Любовь* — целиком его заслуга. Но надо отдать ему должное, он умеет сделать так, чтобы работа спорилась. Из двух старших проектировщиков все идеи принадлежат Зефкиэлу, истинному мыслителю, но он здесь не бывает. Он сидит в своей келье в Городе и созерцает; решает проблемы на расстоянии. Если тебе нужно поговорить с Зефкиэлом, обратись к Фануэлу, и Фануэл передаст ему твои вопросы...»

Я его прервал.

«А что Люцифер? Расскажи мне о нем».

«Люцифер? Глава Воинства? Здесь он не работает... Пару раз посещал Зал, в ходе инспекции Творения. Говорят, он докладывает непосредственно Имени. Я никогда с ним не беседовал».

«Он был знаком с Каразэлом?»

«Сомневаюсь. Как я говорил, он был здесь лишь дважды. Правда, я видел его не только здесь. В окно. — Кончиком крыла он указал на мир за окном. — Он пролетал мимо».

«И куда он направлялся?»

Саракаэл как будто собирался что-то сказать, но передумал.

«Я не знаю».

Я поглядел в окно на Тьму за пределами Серебряного города.

«Возможно, мне захочется поговорить с тобой позднее», — сказал я Саракаэлу.

«Очень хорошо. — Я повернулся, чтобы уйти. — Господин! Ты не знаешь, дадут мне другого партнера? Для *Смерти*».

«Нет, — ответил я. — Боюсь, что нет».

В центре Серебряного города был парк, место для рекреации и отдыха. Там, у реки, я нашел ангела Люцифера. Он просто стоял и смотрел, как бежит вода.

«Люцифер!»

Он наклонил голову.

«Рагуил. Есть новости?»

«Не знаю. Возможно. Мне необходимо задать тебе несколько вопросов. Не возражаешь?»

«Ничуть».

«Как ты обнаружил тело?»

«Я его не обнаруживал. То есть обнаружил не я. Я увидел Фануэла, застывшего посреди улицы. Он выглядел расстроенным. Я спросил, не случилось ли чего, и он указал мне на мертвого ангела. И я отправился за тобой».

«Ясно».

Он наклонился, опустил руку в холодный поток. Вода бурлила и плескалась вокруг его руки.

«Это все?»

«Не совсем. Что ты делал в этой части города?»

«Не понимаю, какое тебе до этого дело».

«Мне есть до этого дело, Люцифер. Так почему ты здесь находился?»

«Я... я гулял. Иногда я прогуливаюсь. Просто хожу и думаю. И пытаюсь понять». — Он пожал плечами.

«Ты гуляешь вдоль пределов Города?»

Пауза, затем:

«Да».

«Это все, что я хотел спросить. На данный момент».

«С кем еще ты говорил?»

«С начальником Каразэла и его партнером. Им обоим кажется, что он убил себя, покончил с собственной жизнью».

«А с кем еще собираешься говорить?»

Я взглянул наверх. Нас окружали башни Серебряного города.

«Возможно, с каждым».

«Со всеми ангелами?»

«Если понадобится. Это мое предназначение. Я не успокоюсь, пока не пойму, что случилось, и пока Кара Имени не падет на того, кто за это ответствен. Но могу сказать тебе то, что *знаю* наверняка».

«И что же?»

Капли воды, сверкая как бриллианты, падали с совершенных пальцев ангела Люцифера.

«Каразэл себя не убивал».

«Откуда тебе известно?»

«Я есть Возмездие. Если бы Каразэл умер от собственной руки, — пояснил я начальнику Небесного Воинства, — меня бы не призвали. Разве не так?»

Он не ответил.

И я вознесся вверх, к свету вечного утра.

У вас не будет еще сигаретки?

Я вынул из кармана красно-белую пачку, протянул ему.

— Благодарю.

Келья у Зефкиэла была больше, чем моя.

Это не было место ожидания. Это было место для жизни и работы, для *существования*. Там были полки с книгами, и свитки, и бумаги, а стены были увешены образами и презентациями: картинами. Никогда прежде я не видел картин.

В центре комнаты был большой стул, и Зефкиэл сидел на нем с закрытыми глазами и откинутой назад головой.

Когда я приблизился, он открыл глаза.

Светились они не ярче, чем глаза других ангелов, которых я встречал, и все же они словно больше повидали. Это заметно было по тому, как он смотрел. Не уверен, что смогу это объяснить. И у него не было крыльев.

«Добро пожаловать, Рагуил», — сказал он. Голос его звучал устало.

«Ты Зефкиэл?»

Не знаю, почему задал этот вопрос. Ведь я и так все знал. Должно быть, отчасти в этом мое предназначение. Знать. Я ведь знаю, кто *вы*.

«Ну да. Что ты так смотришь, Рагуил? Да, у меня нет крыльев, но ведь и мое предназначение не предусматривает того, чтобы я покидал свою келью. Я сижу здесь и размышляю. Фануэл отчитывается передо мной, приносит на мой суд новые разработки. Он посвящает меня в проблемы, а я их обдумываю, и в конце концов приношу пользу, высказывая некоторые незначительные предположения. В этом мое предназначение. Как твое — в возмездии».

«Да».

«Ты здесь в связи со смертью ангела Каразэла?»

«Да».

«Я его не убивал».

Когда он так сказал, я знал, что это правда.

«Тебе известно, кто это сделал?»

«Это ведь *твое* предназначение, не так ли? Найти, кто убил беднягу, и подвергнуть его Каре Имени».

«Да».

Он кивнул.

«Что ты хочешь знать?»

Я помолчал, обдумывая все то, что в тот день услышал.

«Тебе известно, что делал Люцифер в этой части Города, прежде чем было обнаружено тело?»

Старый ангел смотрел на меня в упор.

«Могу лишь догадываться».

«И что же?»

«Он прогуливался во Тьме».

Я кивнул. Теперь в моей голове что-то сложилось. Что-то, что я вот-вот мог ухватить. Я задал последний вопрос:

«Что ты можешь сказать мне о *Любви*?»

И он сказал. И я понял, что у меня все это было.

Я вернулся к месту, где лежал Каразэл. Останки были убраны, следы крови смыты, а разметанные ветром перья собраны. На серебряном тротуаре не осталось никаких следов, которые бы указывали, что здесь было его тело. Но я знал, где оно лежало.

Я расправил крылья и полетел вверх, пока не добрался до вершины башни Зала Бытия. Там было окно, в которое я и вошел.

Саракаэл работал, он поместил в маленькую коробочку бескрылого пигмея. На одной стороне коробки была картинка крошечного коричневого существа с восемью ногами. На другой — бутон белого цветка.

«Саракаэл!»

«Мм? А, это ты. Привет. Посмотри-ка. Если ты должен умирать и жить, скажем так, запертый на земле как в коробке, что бы ты хотел, чтобы лежало сверху, вот здесь, паук или лилия?»

«Наверное, лилия».

«Да, я тоже так думаю. Но *почему*? Я хочу... — Он поднял руку к подбородку, уставясь на две модели, положил одну из них на коробку, потом другую, экспериментируя. — Так много нужно сделать, Рагуил. Столь во многом разобраться. А у нас всего один шанс, как ты знаешь. И будет лишь одна вселенная, которую мы не можем использовать, пока все в ней не наладим. Мне хочется понять, почему все это было так важно для Него...»

«Известно ли тебе, где находится келья Зефкиэла?» — спросил я.

«Да. То есть я никогда там не был. Но я знаю, где она».

«Хорошо. Лети туда. Тебя он тоже ждет. Встретимся у него».

Он покачал головой.

«У меня работа. Я не могу просто...»

На меня вновь снизошло мое предназначение. Я посмотрел на него сверху вниз и сказал:

«Ты летишь туда. Прямо сейчас».

Он ничего не ответил. Отступил к окну, не сводя с меня глаз; потом повернулся, взмахнул крыльями, и я остался один.

Я направился к главному колодцу Зала и, упав в него, кувыркаясь, полетел через модель вселенной; она поблескивала вокруг, неизвестные мне цвета и формы бурлили и корчились без всякого смысла.

Достигнув самого низа, я расправил крылья, замедляя снижение, и мягко приземлился на серебряный пол. Фануэл стоял между двух ангелов, а те наперебой задавали ему вопросы.

«Меня не заботит, насколько это эстетически оправданно, — объяснял он одному ангелу. — Мы просто не можем поместить это в центре. Фоновое излучение воспрепятствует даже зарождению любых форм жизни; к тому же оно слишком нестабильно».

Он повернулся к другому ангелу.

«Ладно, давай посмотрим. Хм. Значит, оно *Зеленое*, не так ли? Однако получилось не совсем то, что я себе представлял. Мм. Оставь это мне. Я к тебе подойду. — Он взял у ангела бумагу, решительно свернул ее и повернулся ко мне. Вид у него был бесцеремонный и пренебрежительный. — Да?»

«Мне нужно с тобой поговорить».

«Мм? Ладно, только в темпе. Очень много работы. Если по поводу смерти Каразэла, то я тебе уже сказал все, что знал».

«Да, по поводу его смерти. Но сейчас я не стану с тобой говорить. Не здесь. Отправляйся к Зефкиэлу: он ждет. Там и встретимся».

Он, кажется, хотел что-то сказать, но только кивнул и направился к двери.

Я собирался было уходить, но кое-что пришло мне в голову. Я остановил ангела с *Зеленым*.

«Скажи-ка мне одну вещь».

«Если смогу, господин».

«Вот это. — Я указал на вселенную. — *Для чего* это предназначено?»

«Для чего? Ну как, это же вселенная».

«Я знаю, как это называют. Но какой цели она служит?»

Он нахмурился.

«Это часть плана. Так пожелало Имя; Оно требует, чтобы вселенная была *такой-то и такой-то*, *таких-то* размеров и обладала *такими-то* свойствами и составляющими. Нашим предназначением является довести проект до бытия, согласно Его пожеланиям. Я уверен, Ему известно предназначение вселенной, но этого Он мне не открыл», — в его голосе слышался нежный упрек.

Я кивнул и покинул это место.

Высоко над городом группа ангелов вертелась и кружилась и пикировала. Каждый держал огненный меч, от которого исходил яркий пылающий луч, слепивший глаза. Они двигались синхронно в лососево-розовом небе. Они были так прекрасны. Вы наверняка наблюдали, как летними вечерами в небе танцуют стаи птиц. Когда они сплетаются и кружат, и собираются в группки, и снова распадаются, и вам вдруг кажется, вы понимаете, что это значит, но нет, это не так, вы не понимаете и никогда не поймете. Здесь было так же, только еще прекраснее.

Надо мной было небо. Подо мной сияющий Город. Мой дом. А за Городом была Тьма.

Чуть ниже Воинства парил Люцифер, наблюдая за их маневрами.

«Люцифер!»

«Да, Рагуил! Нашел ты преступника?»

«Думаю, да. Не проводишь меня до кельи Зефкиэла? Остальные собрались там и ждут нас, а я как раз все объясню».

После паузы он ответил:

«Конечно».

Он поднял свое совершенное лицо к ангелам, выполнявшим медленное вращение, при этом каждый в движении сохранял совершенное расстояние от другого, так что никто никого не касался.

«Азазел!»

Ангел вылетел из круга; другие выровнялись, так что его исчезновение было почти незаметно, и так быстро заполнили образовавшуюся пустоту, что уже невозможно было определить, где он только что был.

«Мне придется удалиться. Командование оставляю на тебя, Азазел. Продолжайте тренировку. Им есть еще в чем совершенствоваться».

«Да, господин».

И Азазел занял место Люцифера, наблюдая за группой ангелов, а мы с Люцифером спустились в Город.

«Мой заместитель, — сказал Люцифер. — Яркий. Увлеченный. Готов следовать за тобой куда угодно».

«Для чего вы проводите эти учения?»

«На случай войны».

«С кем?»

«О чем ты?»

«С кем они собираются воевать? Кто, кроме нас, тут есть?»

Он взглянул на меня; глаза его были чисты и честны.

«Я не знаю. Но Он Именовал нас Своей армией. И мы будем совершенны. Для Него. Имя безошибочно, все-праведно и все-мудро, Рагуил. Иначе и быть не может, независимо от...» — Он прервался и отвел взгляд.

«Что ты хотел сказать?»

«Это не имеет значения».

«А-а».

Мы больше не говорили до самой кельи Зефкиэла.

Я глянул на часы, было почти три. По улице пронесся порыв холодного ветра, и я задрожал. Незнакомец заметил это и прервался.

— С вами все в порядке? — спросил он.

— Все хорошо. Прошу вас, продолжайте. Я захвачен рассказом.

Он кивнул.

— Они ждали нас в келье все трое: Фануэл, Саракаэл и Зефкиэл. Зефкиэл сидел на своем стуле. Люцифер занял место у окна.

Я вышел на середину кельи и начал:

«Благодарю всех вас, что пришли. Вам известно, кто я; известно мое предназначение. Я Возмездие Имени, орудие Господа. Я Рагуил.

Ангел Каразэл мертв. Мне поручено расследовать, почему он умер, кто его убил. Я это сделал. Итак, ангел Каразэл был проектировщиком в Зале Бытия. Очень хорошим проектировщиком, во всяком случае мне так сказали...

Люцифер. Скажи мне, что ты делал прежде чем наткнулся на Фануэла и мертвое тело».

«Я говорил тебе вчера. Я прогуливался».

«Где ты прогуливался?»

«Не понимаю, какое это имеет отношение к твоему расследованию».

«*Говори*!»

Он замялся. Он был выше любого из нас, он был высок и горд.

«Что ж, хорошо. Я прогуливался во Тьме. Я так делаю уже некоторое время, прогуливаюсь во Тьме. Это позволяет мне получить представление о Городе со стороны. Я вижу, как он прекрасен и совершенен. Нет ничего более восхитительного, чем наш дом. Более законченного. Ничего иного, где бы кому-либо захотелось пребывать».

«И что ты делал во Тьме, Люцифер?»

Он вперил в меня взгляд.

«Гулял. И... Там, во Тьме, есть голоса. Я слышал голоса. Они обещали мне что-то, задавали вопросы, о чем-то шептали и умоляли. Но я их не слушал. Я закаляю себя и смотрю на Город. Это — единственная возможность мне себя проверить, подвергнуть себя испытанию. Я — Глава Воинства, первый среди ангелов, и я должен это чем-то подтверждать».

Я кивнул.

«Почему же ты не сказал мне это раньше?»

Он опустил глаза.

«Потому что я единственный ангел, который прогуливается во Тьме. И я не хочу, чтобы это делали другие: я достаточно силен, чтобы бросить вызов голосам и проверить себя. Другие же не столь сильны. Они могут оступиться и даже пасть».

«Благодарю, Люцифер. Это пока все. — Я повернулся к следующему ангелу. — Фануэл. Как долго ты присваивал себе труды Каразэла?»

Рот его раскрылся, но он не издал ни звука.

«*Ну же*?»

«Я... я никогда не присвою себе чужие заслуги».

«Но ты воспользовался его трудами по *Любви*?»

Он моргнул.

«Да. Это было».

«Не сочти за труд и объясни нам, что есть Любовь», — велел я.

Он неуверенно огляделся.

«Это есть чувство влечения и глубокой привязанности к другому существу, часто смешанное со страстью и желанием, потребность быть все время вместе. — Он говорил сухо, назидательно, словно доказывал математическую формулу. — Чувство, которое мы испытываем к Имени, к нашему Создателю... помимо прочего, есть *Любовь*. Любовь — это импульс, который может в равной мере воодушевить и разрушить. Мы... — Он помолчал и продолжил: — Мы очень этим гордимся».

Он говорил невнятно. Похоже, у него не было надежды, что мы ему поверим.

«Кто сделал большую часть работы по *Любви*? Нет, не отвечай. Прежде я спрошу об этом остальных. Зефкиэл! Когда Фануэл передал разработки по *Любви* на твое одобрение, кто, по его словам, отвечал за проект?»

Бескрылый ангел мягко улыбнулся:

«Он сказал мне, что это его проект».

«Благодарю тебя, господин. Итак, Саракаэл, чьим проектом была *Любовь*?»

«Моим. Моим и Каразэла. Скорее, больше его, чем моим, но мы работали вместе».

«Вы знали, что Фануэл претендовал на авторство?»

«...Да».

«И ничего не имели против?»

«Он... он обещал нам, что даст еще один хороший проект, и он целиком будет наш. Он обещал, что если мы никому не скажем, нам будут переданы более значимые проекты, и он сдержал слово. Он дал нам *Смерть*».

Я обернулся к Фануэлу.

«Итак?»

«Да, это правда, я утверждал, что *Любовь* — это моя разработка».

«А она была разработкой Каразэла и Саракаэла».

«Да».

«И это был их последний проект перед *Смертью*?»

«Да».

«У меня все».

Я подошел к окну, посмотрел на серебряные башни, на Тьму за Городом. И начал говорить.

«Каразэл был замечательным проектировщиком. И единственным его недостатком было то, что он слишком глубоко уходил в работу. — Я повернулся к ним лицом. Ангел Саракаэл дрожал, и под его кожей вспыхивали огоньки. — Саракаэл! Кого любил Каразэл? Кто был его возлюбленным?»

Он уперся взглядом в пол. Потом поднял глаза, вид у него был гордый и воинственный. И он улыбался.

«Я».

«Не хочешь об этом рассказать?»

«Нет. — Он пожал плечами. — Но, похоже, должен. Прекрасно, тогда слушайте.

Мы работали вместе. И когда начали работать над *Любовью*... мы стали любовниками. Это была его идея. Всякий раз, когда выдавалось время, мы удалялись в его келью. И там касались друг друга, обнимались, шептали всякие нежности и клятвы в вечной любви. Его настроение значило для меня больше, чем мое собственное. Я существовал ради него. Когда оставался один, я повторял его имя и мог думать лишь о нем. Когда же был с ним... — он запнулся и опустил глаза, — остальное не имело значения».

Я подошел к Саракаэлу, поднял его подбородок и заглянул в его серые глаза.

«Тогда почему ты убил его?»

«Потому что он меня разлюбил. Когда мы начали работать над *Смертью*, он... он утратил ко мне интерес. Он больше мне не принадлежал. Он принадлежал *Смерти*. И раз его уже не было со мной, почему ему было не отдаться своей новой любви. Я не мог выносить его присутствия, мне было нестерпимо видеть его рядом и знать, что он ничего ко мне не испытывает. Это ранило больнее всего. Я думал... я надеялся... что если он умрет, он станет мне безразличен, и боль уйдет вместе с ним.

Вот почему я убил. Я его ударил и выбросил тело из нашего окна в башне Зала Бытия. Но боль не прошла! — Саракаэл почти кричал. Он шагнул ко мне и убрал мою руку с подбородка. — И что теперь?»

Я почувствовал, как на меня нисходит мое предназначение, как оно овладевает мною. Я не был просто ангелом, я был Возмездием Господа.

Я тоже сделал шаг к Саракаэлу и обнял его. Я прижал мои губы к его губам, просунул язык к нему в рот. Мы поцеловались, и он закрыл глаза.

Я чувствовал, как во мне разгорается яркий огонь. Краем глаза я видел, как Люцифер и Фануэл заслонились от моего света; и еще я видел, как сморел на меня Зефкиэл. А огонь мой становился все ярче и ярче, пока не прорвался из моих глаз, из моей груди, из моих пальцев, из моих губ: белый опаляющий огонь.

Белое пламя медленно поглотило Саракаэла, который, воспламенившись, цеплялся за меня.

Скоро от него ничего не осталось. Совсем ничего.

И огонь во мне угас. Я вновь стал самим собой.

Фануэл рыдал. Люцифер был бледен. Зефкиэл сидел на своем стуле и спокойно смотрел на меня.

Я повернулся к Фануэлу и Люциферу.

«Вы видели Возмездие Господне, — сказал я им. — Пусть это будет предостережением для вас обоих».

Фануэл кивнул.

«Да, конечно. О, я понимаю. Я... я вернулся бы к работе, господин. К своим основным обязанностям. Если ты не возражаешь».

«Иди».

Шатаясь, он подошел к окну и погрузился в свет, неистово махая крыльями.

Люцифер приблизился к тому месту на серебряном полу, где совсем недавно стоял Саракаэл. Он опустился на колени, печально глядя перед собой, словно пытался обнаружить останки ангела, которого я уничтожил, щепотку пепла, или частицу кости, или опаленное перо, но там совсем ничего не было. Тогда он поднял на меня глаза.

«Это неправильно, — сказал он. — И несправедливо».

Он плакал; слезы ручьями бежали по лицу. Возможно, Саракаэл первым из ангелов полюбил, зато Люцифер первым проливал слезы. Никогда этого не забуду.

Я бесстрастно смотрел на него.

«Это было справедливо. Он убийца. И потому тоже убит. Ты призвал меня исполнить мое предназначение, и я это сделал».

«Но... он ведь *любил*. Его нужно было простить. Ему нужно было помочь. Его не следовало вот так уничтожать. Это *неправильно*».

«На то была Его воля».

Люцифер замер.

«Тогда, наверное, Его воля неправедна. А голоса во Тьме говорят правду. Как *может быть* праведным такое?»

«Это правильно. На то Его воля. Я в точности исполнил мое предназначение».

Тыльной стороной ладони он вытер слезы.

«Нет, — спокойно сказал он. И медленно покачал головой. А потом добавил: — Я должен над этим подумать. И теперь я ухожу».

Он подошел к окну, шагнул в небо и исчез.

Мы с Зефкиэлом остались в келье одни. Я подошел к его стулу. Он кивнул.

«Ты исполнил свое предназначение, Рагуил. Не хочешь ли ты вернуться в свою келью и ждать, когда в тебе снова появится нужда?»

Человек на скамейке повернулся ко мне: глаза его искали мой взгляд. До той минуты мне казалось, что на протяжении своего рассказа он едва ли помнил обо мне; он смотрел прямо перед собой и не говорил, а шептал, почти без интонаций. И теперь было похоже, что он меня обнаружил и заговорил именно со мной, а не с ночным эфиром и не с Городом ангелов. И он сказал:

— Я знал, что он прав. Но я не мог тогда вернуться в келью, даже если бы захотел. Мой образ еще не вполне меня покинул, а мое предназначение было исполнено не до конца. И тут все встало на свои места; я увидел всю картину целиком. Как Люцифер, я встал на колени и коснулся лбом серебряного пола.

«Нет, Господи, — сказал я. — Не сейчас».

Зефкиэл поднялся со своего стула.

«Встань. Не годится одному ангелу так вести себя по отношению к другому. Это неправильно. Встань!»

Я покачал головой.

«Отец, ты ведь не ангел», — прошептал я.

Зефкиэл ничего не ответил. На мгновение сердце замерло у меня в груди. Я испугался.

«Отец, мне было поручено узнать, кто ответствен за смерть Каразэла. И я это знаю».

«Ты совершил свое Возмездие, Рагуил».

«*Твое* Возмездие, Господи».

И тогда он вздохнул и снова сел.

«Ах, мой маленький Рагуил. Проблема с творением заключается в том, что оно оказывается намного лучше, чем предполагалось. Следует ли мне спросить, как ты понял, что это я?»

«Я... даже не знаю, Господи. У тебя нет крыльев. Ты живешь в центре Города и непосредственно надзираешь за Творением. Когда я уничтожил Саракаэла, ты не отвел взгляд. Ты знаешь слишком много вещей. Ты... — Я помолчал, размышляя. — Нет, мне неведомо, как я тебя узнал. Ты сам говоришь, что хорошо меня создал. Только я понял, кто Ты, и понял значение разыгравшейся здесь драмы, когда увидел, как улетал Люцифер».

«И что же ты понял, дитя?»

«Кто убил Каразэла. То есть, по крайней мере, кто дергал за ниточки. Например, кто устроил так, что Каразэл и Саракаэл вместе работали над *Любовью*, зная, что Каразэл имеет обыкновение слишком глубоко погружаться в работу».

Он обратился ко мне нежно, словно полушутя, как взрослый стал бы говорить с маленьким ребенком:

«Зачем кому-то “дергать за ниточки”, Рагуил?»

«Но ничто ведь не случается безо всяких причин; и причины все в Тебе. Ты подставил Саракаэла. Да, он убил Каразэла, но он это сделал так, чтобы *я* мог уничтожить *его*».

«Но разве это было неправильно?»

Я заглянул в его старые-престарые глаза.

«Это было мое предназначение. Но я не думаю, что это было справедливо. Я думаю, возможно, так было необходимо: уничтожить Саракаэла, чтобы продемонстрировать Люциферу Несправедливость Господню».

И тогда он улыбнулся.

«И для чего же мне это потребовалось?»

«Я... я не знаю. Я понимаю это не больше, чем то, для чего Ты создал Тьму и голоса в ней. Но Ты ведь это сделал. Ты устроил так, что это произошло».

Он кивнул.

«Да. Это так. Люцифер должен тяготиться мыслью о неправедном уничтожении Саракаэла. И это, помимо прочего, ускорит некоторые его поступки. Бедный милый Люцифер. Из всех моих чад его путь будет самым тяжким; ибо он призван сыграть некую роль в предстоящей драме, и эта роль будет грандиозной».

Я все еще стоял на коленях перед Творцом Всего Сущего.

«Что ты теперь будешь делать, Рагуил?» — спросил он.

«Я должен вернуться в свою келью. Мое предназначение исполнено. Я осуществил Возмездие и обнаружил злоумышленника. Этого достаточно. Но, Господи...»

«Да, дитя мое».

«Я чувствую себя нечистым. Запятнанным. Оскверненным. Вероятно, действительно все, что случается, случается согласно Твоей воле, и это хорошо. Но Ты порой оставляешь кровавые следы на Твоих инструментах».

Он кивнул, словно согласившись.

«Если хочешь, Рагуил, ты можешь забыть об этом. Обо всем, что случилось. — А потом Он сказал: — Однако ты не сможешь говорить об этом с другими ангелами, независимо от того, что решишь: помнить или забыть».

«Я буду помнить».

«Это твое право. Но временами тебе будет определенно проще не помнить. Забвение порой дает некую свободу. А теперь, если не возражаешь, — он наклонился, вытащил файл из стопки на полу и открыл его: — у меня есть работа, и мне следует ее продолжить».

Я встал и подошел к окну. Я надеялся, Он меня окликнет, объяснит детали Своего плана, чтобы все изменилось к лучшему. Но Он ничего не сказал, и я оставил Его, ни разу не оглянувшись.

Он замолчал. И молчал так долго — мне даже показалось, он и не дышит, — и я занервничал, предположив, что он уснул или вообще умер.

Но тут он поднялся.

— Ну вот, приятель. Это вся история. Как ты думаешь, стоит она двух сигарет и коробка спичек? — Он спросил без тени иронии, словно это было важно для него.

— Да, — ответил я, — стоит. Но что случилось дальше? Как вы... я хочу сказать, если... — Я умолк.

Теперь на улице было темно, как бывает в предрассветный час. Один за другим гасли уличные фонари, и его силуэт вырисовывался на фоне светлеющего неба. Он сунул руки в карманы.

— Что случилось дальше? Я отправился домой, заблудился и вот теперь нахожусь здесь, очень далеко от дома. Порой совершаешь поступки, о которых сожалеешь, но с этим уже ничего нельзя поделать. Времена меняются. За тобой захлопываются двери. А ты идешь дальше. Тебе это знакомо?

В конце концов я оказался здесь. Обычно говорят, нет таких, кто был бы родом из Лос-Анджелеса, Города ангелов. Если взять меня, то это чертовски верно.

И прежде чем я успел понять, что он делает, он наклонился и нежно поцеловал меня в щеку. Щетина у него была грубой и колючей, а дыхание неожиданно сладким. На ухо он прошептал:

— Вовсе я не падший. Мне плевать, что обо мне говорят. Я все еще делаю мою работу, как я ее понимаю.

Моя щека горела в том месте, где ее коснулись его губы.

Он выпрямился:

— И все же мне очень хочется домой.

И он пошел вниз по темнеющей улице, а я сидел на скамейке и смотрел, как он уходит. У меня было ощущение, будто он что-то забрал с собой, просто я не мог вспомнить, что именно. И еще я чувствовал, будто взамен мне оставили нечто, возможно, отпущение грехов или безвинность, хотя каких грехов и в чем может быть моя безвинность, я сказать не мог.

Откуда-то пришел образ: небрежный рисунок двух ангелов, летящих над прекрасным городом; а поверх рисунка отчетливый отпечаток детской руки, окрасивший белую бумагу в кроваво-красный цвет. Образ явился пред моим мысленным взором внезапно, и я и теперь не знаю, что он означал.

Я встал.

Было слишком темно, чтобы разглядеть циферблат моих часов, но я знал, что в тот день не засну. Я вернулся в отель, в дом возле чахлой пальмы, помылся и принялся ждать. Я думал об ангелах и о Тинк; и не мог поверить, что любовь и смерть идут рука об руку.

На следующий день возобновились полеты в Англию.

Я чувствовал себя странно, бессонная ночь погрузила меня в то неприятное состояние, в котором все кажется плоским и не особенно важным; когда ничто не имеет значения и когда реальность представляется уязвимо тонкой и изношенной. Поездка на такси до аэропорта была кошмарной. Мне было жарко, я устал и нервы были на пределе. В эту ужасную жару я был в футболке; мое пальто пролежало на самом дне чемодана на протяжении всей поездки.

Самолет был забит битком, но меня это не беспокоило.

Стюардесса продефилировала по проходу со стопкой газет: «Геральд трибюн», «ЮэСЭй тудей» «Лос-Анджелес таймс». Я взял номер последней, но слова вылетали из моей головы, едва я успевал их распознать. Ничто из прочитанного мне не запомнилось. Нет, лгу. Где-то на последних страницах я прочел о тройном убийстве: двух женщин и маленького ребенка. Имен указано не было, и я так и не понял, почему эта заметка мне запомнилась.

Вскоре я уснул. Мне снилось, как я трахаюсь с Тинк, а из-под ее закрытых глаз и сомкнутых губ сочится кровь. Кровь была холодной, вязкой и липкой, и я проснулся продрогшим от кондиционера и с неприятным ощущением во рту: там было сухо как в пустыне. Я выглянул в поцарапанный иллюминатор и стал смотреть на облака, и мне пришло в голову (не в первый раз), что облака — это некая другая земля, где все точно знают, чего ищут и как вернуться к началу.

Смотреть на облака — это то, что мне всегда больше всего нравилось во время полета. И еще близость собственной смерти.

Завернувшись в тонкое одеяло, я снова ненадолго уснул, но если что и видел во сне, то мне это не запомнилось.

Вскоре после приземления в Англии разыгралась снежная буря, выведя из строя систему электроснабжения аэропорта. В тот момент я один поднимался в лифте, освещение погасло, и лифт застрял между этажами. Замерцала тусклая аварийная лампа. Я жал на красную кнопку тревоги пока не сели батарейки и сигнал не прекратился; зажавшись в углу в моей крошечной серебряной комнатке, я дрожал от холода в одной футболке. От моего дыхания шел пар, и я сам себя обнимал, чтобы согреться. Кроме меня, там не было ни души, но несмотря на это я чувствовал себя в полной безопасности. Вскоре кто-то сумел открыть двери лифта. А еще кто-то помог мне наконец выбраться из него; теперь я знал, что очень скоро буду дома.

Снег, зеркало, яблоки

Я понятия не имею, что она собой представляет. И остальные тоже. Она убила при рождении свою мать, но это еще ничего не объясняет.

Меня называли мудрой, но я вовсе не такова, ведь я предвидела отнюдь не все, лишь отдельные эпизоды, ледяные осколки, плавающие в бассейне или в холодном стекле моего зеркала. Была бы я мудрой, я не стала бы пытаться изменить то, что видела. Была бы я мудрой, я убила бы себя прежде чем столкнуться с ней и прежде чем встретилась с ним взглядом.

Мудрая, а еще ведьма, так они говорили, а его лицо я видела в своих снах, и оно отражалось в воде, и так было всю мою жизнь: шестнадцать лет я о нем мечтала, прежде чем, держа под уздцы лошадь, он перешел через мост и спросил, как меня зовут. Он подсадил меня на свою статную лошадь, и мы поехали вместе к моему маленькому домику, и я прятала лицо в золоте его волос. Он попросил лучшее из того, что у меня было: и это ведь право короля.

Борода его была бронзово-красной в утреннем свете, и я признала его не как короля, ведь о королях я тогда совсем не имела представления, но как свою любовь. Он взял у меня все, что хотел, по праву королей, но на следующий день вернулся, и на следующую ночь тоже; и борода его была такой красной, волосы такими золотыми, глаза цвета летнего неба, а загорелая кожа цвета спелой пшеницы.

Его дочь была еще ребенком: ей было не больше пяти, когда я появилась во дворце. В башне принцессы висел портрет ее умершей матери: высокая женщина с волосами цвета темного дерева и орехово-карими глазами. И кровь в ней текла не такая, как в ее белокожей дочери.

Девочка не пожелала с нами есть.

Не знаю, где ей накрывали на стол.

У меня были свои покои. Как и у моего мужа короля. Когда он хотел меня, он за мной посылал, и я к нему приходила, и услаждала его, и сама услаждалась.

Однажды ночью, через несколько месяцев после того как меня привезли во дворец, она вошла в мои покои. Ей было шесть. Я вышивала под лампой, щурясь от дыма и мерцания пламени. А когда подняла глаза, увидела ее.

— Принцесса!

Она ничего не сказала. Глаза ее были черны, как уголь и как ее волосы, а губы краснее крови. Она подняла на меня глаза и улыбнулась. И в полумраке сверкнули острые зубы.

— Почему ты покинула свои покои?

— Я голодна, — ответила она, как всегда говорят дети.

Была зима, когда свежие продукты — такая же мечта, как тепло и свет; но у меня в покоях были развешены связки яблок, высушенных без сердцевины, и я сняла ей одно.

— Возьми.

Осень — время сушки и заготовок, время сбора яблок и вытапливания гусиного жира. Зима же — время голода, снега и смерти; время праздника середины зимы, когда мы натираем гусиным жиром свинью, начиненную осенними яблоками, запекаем ее или жарим и готовимся пировать.

Она взяла у меня сушеное яблоко и принялась кусать его своими острыми желтыми зубами.

— Вкусно?

Она кивнула. Я всегда боялась маленьких принцесс, но в тот момент я прониклась к ней теплотой и нежно провела пальцами по ее щеке. Она посмотрела на меня и улыбнулась — она редко улыбалась, — а потом впилась зубами в основание моего большого пальца, в холмик Венеры, так что выступила кровь.

От боли и удивления я закричала, но она взглянула на меня, и я затихла.

Маленькая принцесса припадала ртом к моей руке, и лизала, и сосала, и пила. Когда закончила, она покинула мои покои. А укус у меня на глазах начал затягиваться, покрылся коркой и зажил. На следующий день он был похож на старый шрам, словно в детстве я поранилась перочинным ножом.

Она заморозила меня, присвоила и поработила. Это испугало меня больше, чем то, что она питалась моей кровью. После той ночи, едва наступали сумерки, я запирала дверь на засов, а на мои окна кузнец выковал мне железные решетки.

Мой муж, моя любовь, мой король, посылал за мной все реже и реже, а когда я к нему приходила, он был слаб, апатичен и чем-то смущен. Он больше не мог заниматься любовью, как это делают мужчины, и не позволял мне доставить ему удовольствие ртом: однажды я попыталась, но он возбудился до исступления и начал плакать навзрыд. Я перестала его услаждать и просто обняла, пока рыдания не прекратились и он не уснул, тихо, как дитя.

Когда же он уснул, я потрогала его подбородок, весь покрытый старыми шрамами. Я не могла припомнить, чтобы у него были шрамы, когда мы начали встречаться, кроме одного, на боку, от кабана, оставшийся со времен его юности.

А вскоре он превратился в тень человека, которого я встретила на мосту и полюбила. Из-под кожи стали просвечивать сине-белые кости. Я была с ним до самого конца: руки были холодны, как камень, глаза мутно-сини, а поредевшие волосы и борода стали тусклыми и истончились. Он умер без отпущения грехов, а кожа его, сморщенная и рябая, всюду, с головы до пят была покрыта старыми шрамами.

Он почти ничего не весил. Земля так смерзлась, что мы не смогли выкопать для него могилу, и тогда мы заложили его тело камнями, сложив пирамиду вместо памятника, от него так мало осталось, можно было не опасаться, что могилу осквернят звери или птицы.

Так я стала королевой.

Я была глупа тогда, ведь с тех пор как я появилась на свет, прошли и ушли всего восемнадцать весен, и я не сделала того, что сделала бы теперь.

Если бы это было теперь, я бы не только велела вырвать ей сердце, я приказала бы после отрезать ей голову, руки и ноги. И выпотрошить. И смотрела бы на городской площади, как палач раздувает мехами огонь и доводит до белого каления, смотрела бы не мигая, как он предал бы все это огню. Я расставила бы вокруг площади стрельцов, которые бы стреляли во всякую птицу или зверя, который приблизился бы к пламени, во всякую ворону, или собаку, или крысу. И не сомкнула бы глаз, покуда принцесса не превратилась бы в горстку пепла, и нежный ветер не подхватил бы ее и не рассеял как снег.

Я этого не сделала, а нам приходится платить за наши ошибки. Говорят, меня одурачили; мол, это было не ее сердце, но сердце животного, оленя или кабана. Так говорят, и те, кто так говорит, ошибаются.

А некоторые говорят (но это *ее* ложь, не моя), что когда мне принесли ее сердце, я его съела. Ложь и полуправда падают, как снег, засыпая то, что я помню, то, что я видела. Пейзаж, который невозможно узнать после снегопада; вот во что она превратила мою жизнь.

Остались лишь шрамы на моей любви, на бедрах ее отца, на его мошонке, его члене.

Я не пошла с ними. Ее взяли днем, когда она спала, когда была совсем без сил. И отвели в чащу леса, и там разорвали на ней блузку и вырезали ей сердце, и оставили мертвое тело в овраге, чтобы лес мог поглотить ее.

Лес — темное место, граница многих королевств; нет таких глупцов, кто отважился бы в нем распоряжаться. В лесу живут преступники, грабители, а еще волки. Невозможно ехать по лесу больше десяти дней и не встретить ни души; там за тобой неотступно кто-то наблюдает.

Мне принесли ее сердце. Я знаю, что это было именно ее сердце, ни у свиньи, ни у голубя сердце не может биться после того, как его вырезали из груди, а это билось.

Я взяла его в свои покои.

Я его не ела: я повесила его над своей кроватью, на ту же бечевку, на которой висели гроздья рябины, оранжево-красные, как грудка у малиновки, и головки чеснока.

А снег за окном падал, скрывая следы моих охотников, засыпая маленькое тело в лесу в овраге.

Я велела кузнецу снять с моих окон решетки, и все те короткие зимние дни проводила в своей комнате, глядя на лес, пока не наступит темнота.

Как я уже говорила, в лесу жили люди. И они выходили, некоторые из них, на Весеннюю ярмарку: жадные, дикие, опасные люди; одни были низкорослыми карликами и лилипутами, и горбунами; у других были огромные зубы и бессмысленный взгляд идиота; пальцы третьих напоминали плавники или клешни. Волоча ноги, каждый год они выходили из леса на Весеннюю ярмарку, которая проходила, когда таял снег.

Юной девушкой я участвовала в ярмарке и боялась их, этот лесной народец. Я предсказывала судьбу по неподвижной воде в пруду; а позднее, став старше — по зеркалу с серебряной амальгамой, подарку торговца, чью лошадь я помогла найти, увидев ее в разлитых чернилах.

Торговцы на ярмарке тоже боялись лесного народца; они прибивали гвоздями свой товар к прилавку, огромными железными гвоздями они прибивали имбирные пряники и кожаные пояса. Они говорили, если товар не прибить, лесной народец схватит его и убежит, жуя на ходу имбирный пряник, опоясываясь кожаным поясом.

А ведь у лесного народца были деньги: монета там, другая тут, порой позеленевшая от времени или от земли, и изображения на тех монетах не узнавали даже древние старики. А еще им было чем торговать, и так проходила ярмарка, служа изгоям и карликам, разбойникам (если они были осмотрительны), охотившимся на одиноких путников из лежавших за лесом земель, и на цыган, и на оленей. (Что было грабежом в глазах закона. Олени принадлежали королеве.)

Медленно шли годы, и мой народ утверждал, что я — мудрая правительница. Сердце все висело над моей кроватью и слабо пульсировало по ночам. Если кто и оплакивал то дитя, я о таком не слышала: тогда она еще наводила ужас, и все верили, что избавились от нее.

Весенние ярмарки сменяли друг друга: их было пять, и каждая следующая была печальнее, беднее и скуднее предыдущей. Все меньше людей выходили из леса за покупками. А те, кто выходил, казались подавленными и вялыми. Торговцы перестали прибивать гвоздями к прилавку свой товар. И на пятый год из леса вышла жалкая горстка лесного народца, несколько испуганных волосатых карликов, и больше никого.

Когда ярмарка закрылась, ко мне пришел ее хозяин со своим пажом. Я немного знала его прежде, когда еще не была королевой.

— Я пришел к тебе не как к королеве, — сказал он.

Я ничего не ответила. Я слушала.

— Я пришел к тебе потому, что ты мудра, — продолжил он. — Когда ты была ребенком, ты нашла заблудшую лошадь, глядя в лужицу чернил; когда была девушкой, глядя в свое зеркало, ты нашла потерявшегося ребенка, далеко отставшего от матери. Тебе ведомы тайны, и ты умеешь находить сокрытое. Моя королева, что происходит с лесным народцем? — спросил он. — В следующем году Весенней ярмарки не будет. Путников из других королевств стало совсем мало, и лесной народец почти повывелся. Еще один такой год, и нам придется голодать.

Я велела служанке принести мое зеркало. Оно было совсем обычное, стеклянный круг с серебряной амальгамой, и я хранила его обернутым в замшу, в сундуке, в моих покоях.

Мне принесли его, я взглянула и увидела.

Ей было двенадцать — уже не ребенок. Ее кожа была все такой же бледной, глаза и волосы угольно-черными, а губы — кроваво-красными. На ней по-прежнему была та одежда, в которой она покинула замок: блузка и юбка, хотя они и были ей малы и сплошь штопаны. Сверху на ней был кожаный плащ, а вместо обуви на крошечных ногах — кожаные мешки, подвязанные бечевкой.

Она была в лесу и стояла за деревом.

Пока смотрела, мысленным взором я видела, как она крадется, и ступает, и проскальзывает и прыгает, как зверь, как летучая мышь или волк. Она кого-то преследовала.

Это был монах. На нем была хламида, он был бос, ноги в струпьях и ссадинах, а борода и тонзура заросшие и неухоженные.

Она наблюдала за ним из-за деревьев. Наконец он остановился на ночлег и стал разводить огонь, собрав прутья и разбив для растопки гнездо малиновки. С собой у него был кремень, и он бил им до тех пор, пока не добыл искры и не поджег трут, и пламя не занялось. В гнезде он нашел два яйца и тут же съел их, хотя вряд ли они могли насытить такого крупного человека.

Так сидел он при свете костра, и тогда она вышла к нему из укрытия. Она присела к огню, глядя на него не мигая. Он улыбнулся, видимо, давно уже не видел людей, и жестом подозвал ее к себе.

Она встала и приблизилась, и ждала, вытянув руку. А он порылся в своем одеянии, пока не нашел монетку, крошечный медный пенс, и бросил ей. Она поймала, кивнула и подошла. Он дернул за веревку, которой был подпоясан, и обнажилось его тело, поросшее шерстью, как у медведя. Она подтолкнула его, чтобы он лег на мох, и стала шарить рукой в густых волосах, пока не нашла член; другой рукой она теребила его левый сосок. Он закрыл глаза и сунул свою огромную руку ей под юбку. Она наклонилась к соску, который ласкала, ее гладкая белая кожа ярко выделялась на его волосатом загорелом теле.

И глубоко вонзила зубы в его грудь. Он открыл глаза, потом вновь закрыл, и она пила.

Она уселась на него и пила его кровь. А когда напилась, между ног у нее потекла прозрачная черноватая жидкость...

— Известно ли вам, почему путники обходят стороной наш город? И что происходит с лесным народцем? — спросил меня хозяин ярмарки.

Я убрала зеркало в футляр и сказала, что самолично займусь тем, чтобы лес снова стал безопасным.

Я должна была это сделать, хоть и боялась ее. Ведь я была королевой.

Будь я совсем глупой, я тут же пошла бы в лес и попыталась захватить это существо; но я уже однажды совершила глупость, и мне не хотелось снова оказаться в дураках.

Я целыми днями просиживала над старинными книгами. И целыми днями говорила с цыганками (которые проходили через нашу страну через горы на юг, вместо того чтобы идти через лес на север и запад).

Я подготовилась и узнала о том, какие мне потребуются предметы, и когда начал падать первый снег, я была готова.

Голая, я была одна в самой высокой башне дворца, на ее вершине. Ветры обдували меня; мои руки, и бедра, и груди покрылись гусиной кожей. Со мной были серебряная миска и корзина, куда я положила серебряный нож, серебряную булавку, щипцы, серый плащ и три зеленых яблока.

И так я стояла, раздетая, на башне, смиренная перед ночным небом и ветром. Если бы хоть один человек увидел меня там, я вырвала б ему глаза; но некому было шпионить за мной. По небу неслись облака, и сквозь них то проглядывала, то снова скрывалась убывавшая луна.

Я взяла серебряный нож и полоснула им по левой руке, один раз, другой, третий. Кровь, капавшая в миску, казалась черной в лунном свете.

Я добавила порошок из пузырька, что висел на веревке у меня на шее. Это была коричневая пыль, приготовленная из сухих трав и кожи редкой жабы, и из некоторых других вещей. Он смешался с кровью, не давая ей свернуться.

Я взяла три аблока, одно за другим, и легонько проколола на них кожуру моей серебряной булавкой. Потом я положила яблоки в серебряную миску и оставила там, а первые в том году снежинки медленно падали на мою кожу, и на яблоки, и на кровь.

Когда занялась заря, я закуталась в серый плащ, взяла из серебряной миски красные яблоки, одно за другим, серебряными щипцами, стараясь их не касаться. В серебряной миске ничего не осталось от моей крови и коричневого порошка, почти ничего, кроме черного осадка, похожего на ярь-медянку.

Я закопала миску в землю. И заколдовала яблоки (как когда-то, на мосту, заколдовала саму себя), и теперь они были, без всяких сомнений, самыми замечательными яблоками на свете, а темно-красный румянец на их кожуре был теплого цвета свежей крови.

Я надвинула капюшон низко на лицо, и положила в корзину, поверх яблок, ленты и украшения для волос, и пошла одна в лес, пока не нашла ее жилье: высокий песчаный утес, испещренный глубокими норами, что вели в скальную породу.

Вокруг утеса были деревья и валуны, и я шла спокойно и плавно от дерева к дереву, не хрустнув веткой и даже упавшими листьями не шурша. И наконец нашла, где мне спрятаться, и там я ждала, и наблюдала.

Через несколько часов из главного входа в пещеру выбрались на свет несколько карликов, уродливых, кособоких, волосатых маленьких мужчин, старых обитателей этой страны. Теперь их редко встретишь.

Они исчезли в лесу, и никто меня не заметил, хотя один из них остановился помочиться возле скалы, за которой я пряталась.

Я ждала. Больше никто не вышел.

Я подошла ко входу в пещеру и покричала в нее, старым надтреснутым голосом.

Шрам на холме Венеры зудел и пульсировал, и наконец она вышла ко мне из темноты, совсем голая.

Ей было тринадцать, моей падчерице, и ничто не портило совершенную белизну ее кожи, кроме мертвенно бледного шрама на левой груди, откуда было вынуто ее сердце много лет назад.

А на внутренней поверхности бедер были какие-то грязно-черные пятна.

Она уставилась на меня, но из-под моего плаща меня было почти не видно. Она же смотрела с жадностью.

— Ленты, хозяюшка, — я прохрипела. — Красивые ленты для ваших волос...

Она улыбнулась и поклонилась. Я напряглась; шрам на руке словно притягивал меня к ней. Я сделала, что собиралась сделать, но у меня это получилось чересчур проворно: я бросила корзинку, завизжала, как не может визжать бессильная старая торговка, какой я притворялась, и побежала.

Мой серый плащ не выделялся на фоне леса, и бежала я быстро, и она меня не поймала.

Я вернулась во дворец.

Я не видела, как это было. Можно лишь представить, как девочка, расстроенная и голодная, вернувшись обратно к пещере, нашла мою корзинку валяющейся на земле.

Что она сделала?

Мне приятно думать, что вначале она поиграла с лентами, вплела их в свои иссиня-черные волосы, обернула вокруг своей бледной шеи или тоненькой талии.

А потом, из любопытства, сдвинула салфетку, посмотреть, что еще есть в корзинке, и увидела красные-красные яблоки.

Естественно, они пахли свежими яблоками — и еще они пахли кровью. А она была голодна. Я представляю себе, как она взяла яблоко, прижала его к щеке, кожей чувствуя холодную гладкость его кожуры.

А потом открыла рот и глубоко вонзила в него зубы...

К тому времени, когда я добралась до моих покоев, сердце, что висело на веревке вместе яблоками, и окороком, и вялеными колбасами, уже не билось. Оно висело спокойно, без движения, без жизни, и я снова почувствовала себя в безопасности.

В ту зиму снега были высоки и глубоки, а сошли они поздно. Когда пришла весна, все мы были голодны.

Весенняя ярмарка в том году была немного более успешной. Лесной народец был немногочислен, но зато их было видно, и путников из земель, что за лесом, также.

Я видела, как маленькие волосатые люди из лесной пещеры покупали, торгуясь, стекло, и хрусталь, и кварц. Я не сомневалась, что за все это они платили серебряными монетами из награбленного падчерицей. Когда горожане сообразили, что именно у них покупают, они помчались домой и вернулись со своим хрусталем на счастье, а некоторые даже принесли большие стекла.

Я было хотела приказать перебить лесной народец, но не сделала этого. Пока сердце висело, тихое, неподвижное и холодное, в моих покоях, я была в безопасности, а потому и лесной народец, да и городской, — все были в безопасности.

Мне исполнилось двадцать пять, и моя падчерица съела отравленное яблоко две зимы назад, когда ко мне во дворец приехал принц. Он был высок, очень высок, с холодными зелеными глазами и смуглой кожей, и приехал он из-за гор.

Он прибыл со свитой: достаточно многочисленной, чтобы защитить его, и в то же время не настолько большой, чтобы другой монарх, например я, мог рассматривать его отряд как потенциальную угрозу.

Я была рассчетлива: я подумала о союзе наших земель, подумала о королевстве, простершемся от лесов на юг до самого моря; я подумала о моем златоволосом возлюбленном, умершем уже восемь лет назад; и тогда, ночью, я пошла к принцу в опочивальню.

Я не невинна, хотя мой покойный супруг, который был когда-то моим королем, в самом деле был моим первым мужчиной, что бы кто ни говорил.

Вначале принц как будто возбудился. Он предложил мне снять рубашку и заставил стоять перед открытым окном, далеко от огня, пока моя кожа не стала холодна как лед. Потом он попросил меня лечь на спину, руки скрестить на груди, а глаза держать открытыми и смотреть только вверх, на свет. Он велел мне не двигаться, а дышать как можно реже. И умолял не произносить ни звука. А потом раздвинул мне ноги.

И только тогда вошел в меня.

Когда он начал двигаться во мне, я почувствовала, как двигаются мои бедра, в ритме его движений, толчок за толчком, толчок за толчком. Я застонала. Я не смогла сдержаться.

Его достоинство выскользнуло из меня. Я протянула руку и прикоснулась к этой крошечной, скользкой вещице.

«Прошу вас, — сказал он мягко. — Вы не должны ни двигаться, ни говорить. Просто лежите на камнях, такая холодная и такая прекрасная».

Я пыталась, но он потерял всю силу, которая делала его мужественным; и очень скоро я покинула его комнату, и в моих ушах все звучали его проклятья, а перед глазами стояли его слезы.

На следующий день рано утром он уехал, со всей своей челядью, и они направили коней через лес.

Я представляю себе его чресла, теперь, когда он скачет в лес, и напряжение в его достоинстве, так и не получившее разрядки. Я представляю себе его крепко сжатые бледные губы. А потом — его маленький отряд, как он едет через лес и натыкается на пирамиду из стекла и хрусталя, под которой покоится моя падчерица. Такая бледная. Такая холодная. Обнаженная, под стеклом, почти дитя, мертвое дитя.

В моем воображении я явственно ощущаю, как внезапно отвердело его достоинство, и как его охватила похоть, и слышу молитвы, которые он бормочет себе под нос, благодаря небо за счастливый случай. Я представляю, как он договаривается с маленькими волосатыми людьми, предлагая им золото и пряности за красивое тело под хрустальным могильным холмом.

Охотно ли они взяли его золото? Или вначале посмотрели на всадников с обнаженными мечами и копьями и поняли, что выбора у них нет?

Не знаю. Меня там не было; и в зеркало я не смотрела. Я могу лишь вообразить...

Руки, поднимающие из-под глыб стекла и кварца ее холодное тело. Руки, нежно ласкающие ее холодную щеку, гладящие ее холодное плечо; радость при виде тела, такого свежего и гибкого. Взял ли он ее сразу, на глазах у всех? Или велел отнести в укромный уголок и только потом обладал ею?

Не могу сказать.

Вытряс ли он яблоко у нее из горла? Или ее глаза медленно открылись, когда он входил в ее холодное тело; и раздвинулись ли ее губы, ее красные губы, обнажив острые желтые зубы, которые вонзились в его смуглую шею, и кровь, то есть жизнь, потекла в ее горло, смывая и вымывая кусок яблока, мою, мою отраву?

Я могу лишь вообразить; точно я того не знаю.

Зато знаю другое: ночью меня разбудило ее сердце, которое снова пульсировало и стучало. Соленая кровь капнула с него мне прямо на лицо. Я села. Рука у меня горела и зудела так, словно я ударила камнем по основанию большого пальца.

В дверь колотили. Я испугалась, но ведь я королева, и я никогда не выкажу страха. Я открыла.

Вначале вошли его люди и окружили меня, с обнаженными мечами и длинными копьями.

Потом вошел он и плюнул мне в лицо.

Наконец в мои покои вошла она, как когда-то, когда я была королевой, а она шестилетней девочкой. Она не изменилась. Почти не изменилась.

Оборвав бечеву, на которой висело сердце, она сбросила с нее одну за другой кисти рябины, сбросила высохшую за все эти годы головку чеснока; наконец она взяла свое собственное, свое пульсирующее маленькое сердце, размером не больше, чем сердце козы или медведицы, и оно набухло кровью, и кровь эта перетекла в ее руку.

Ее ногти были остры, как стекло: она разодрала ими грудь, прямо вдоль побагровевшего шрама. И теперь ее грудь зияла, пустая и бескровная. Она облизала сердце, и кровь потекла по ее рукам, и засунула сердце в самую глубину грудной клетки.

Я смотрела, как она это делала. Я видела, как плоть на ее груди сомкнулась. И как шрам начал бледнеть.

Ее принц, кажется, немного обеспокоился, но все же обнял ее, и они стояли бок о бок и ждали.

Она оставалась холодной, и дыхание смерти слетало с ее губ, и потому его похоть нисколько не уменьшилась.

Они сказали мне, что поженятся и королевства в самом деле объединятся. И еще они сказали, что в день их свадьбы я буду с ними.

Здесь уже становится жарко.

Людям они рассказывали обо мне всякие гадости; немного правды в качестве приправы, совсем немного правды, смешанной со многими неправдами.

Меня связали и отвели в крошечную каменную клетку в подвалах дворца, и там продержали всю осень. Сегодня же вытащили из клетки; они содрали с меня тряпье, смыли грязь, обрили мне голову и лоно и натерли мою кожу гусиным жиром.

Падал снег, когда меня выволокли четверо, за руки и за ноги, на глазах у всех, распластанную и холодную, через толпу, и принесли к этой печи.

Моя падчерица стояла там со своим принцем. Она смотрела на меня и мое унижение, не произнося ни слова.

И когда они заталкивали меня в печь, под свист и улюлюканье, когда они это делали, я увидела снежинку, которая опустилась на ее белую щеку и так и не растаяла.

Они заперли за мной дверцу. И здесь становится все жарче, а там, снаружи, поют и веселятся, и барабанят по моей печи.

Она не смеялась, не свистела и ничего не говорила. Она не улюлюкала и не отворачивалась. Она просто смотрела, и на краткий миг я увидела в ее глазах свое отражение.

Я не стану кричать. Я не доставлю им такого удовольствия. Они получат мое тело, но моя душа и моя жизнь останутся со мной и со мной умрут.

Гусиный жир начал плавиться и растекаться по коже. Я не пророню ни звука. Я больше не стану об этом думать.

А стану я думать о снежинке на ее щеке.

И об угольно-черных волосах. О губах, что краснее крови, и коже, что белее снега.

Комментарии

[1] *К стр. 8. Честертон Гилберт Кийт* (*Gilbert Keith Chesterton*, 1874—1936) — один из самых ярких и оригинальных британских писателей XX века, религиозный мыслитель; автор детективных «Рассказов о патере Брауне» и остроумнейших афоризмов.

[2] *К стр. 12. Крошка Бо-Пип* (*Little Bo Peep*) — маленькая пастушка, персонаж популярных британских народных стишков:

Little Bo-Peep has lost her sheep,
And can't tell where to find them;
Leave them alone, And they'll come home,
Wagging their tails behind them.

Шалтай-Болтай (*Humpty Dumpty*) — очень популярный персонаж в англоговорящем мире, герой книги Льюиса Кэррола «Алиса в Зазеркалье»;

Тарелка и Ложка — персонажи старинного британского народного стишка:

Hey diddle diddle, the cat and the fiddle,
The cow jumped over the moon.
The little dog laughed to see such fun
And the dish ran away with the spoon!

3 *К стр. 18. «И только по кольцам на руках слуги его опознали»* — последняя фраза одного из самых известных романов мировой литературы «Портрет Дориана Грея» Оскара Уайлда (1854—1900), где, как известно, схожий принцип: портрет старился и принимал отвратные черты в соответствии с поступками героя, в то время как он сам оставался молодым и прекрасным.

4 *К стр. 21. Энид Мэри Блайтон* (1897—1968) — британская писательница, работавшая в жанре детской и юношеской литературы, ее книги пользовались огромной популярностью у подростков.

5 *К стр. 22. Вилланель* (*Villanelle*) — деревенская песня любовного характера, культивировавшаяся во Франции и Италии; характеризуется трехстрочной строфой, однообразной рифмовкой и рядом повторов (припевов). *Пантум* (пантун; фр. *pantoum*) — малайская поэтическая форма, представляющая собой импровизированные четверостишия с перекрестной рифмовкой, четные строки каждого четверостишия полностью повторяются в следующем четверостишии уже как нечетные. Был популярен у французских романтиков.

6 *К стр. 23. Рондель (фр. rondel*) — стихотворная форма, состоящая из тринадцати стихов, в трёх строфах. Рондель возник в средневековой французской поэзии. Знаменитые рондели принадлежат Карлу Орлеанскому, а в новейшее время — Стефану Малларме.

7 *К стр. 24.* В русском переводе слов ровно сто, включая название.

8 *К стр. 24.* То есть всего за девять дней до Рождества.

9 *К стр. 25. Сказка о трех козлах* — американская народная сказка. Три козла собираются перейти по мосту на другой берег реки, чтобы попастись на сочном лугу. Но под мостом сидит злой тролль. Козлы идут на хитрость: сначала мост проходит тот, что поменьше. Когда тролль хочет его схватить, тот советует ему дождаться следующего, помясистее. Тролль козла отпускает. Так происходит и со вторым

козлом. Третий козел, самый крупный, сбрасывает тролля в реку.

10 *К стр. 25. Джин Вульф* (р. 1931) — американский фантаст, друг и соавтор Нила Геймана. Оценивается современной критикой и даже коллегами по перу как один из величайших фантастов современности. На русском языке его произведения практически не издавались.

11 *К стр. 25. «Ловушка» (Trip Trap, 1967)* — рассказ Джина Вулфа.

12 *К стр. 25 Лайза Снеллингс (Lisa Snellings)* — художник и скульптор. Особенно известна своими куклами (Poppets), которые вдохновляют не только Нила Геймана, но и других писателей.

13 *К стр. 27. Суини Тодд*, как и Джек Потрошитель, — излюбленный герой викторианского трэш-фольклора. По легенде, брадобрей Тодд перерезал своим клиентам бритвой горло, а его сообщница миссис Ловетт помогала ему избавляться от тел, делая из них начинку для мясных пирогов. В 1979 г. вышел мюзикл «Суини Тодд, демон-парикмахер с Флит-Стрит», ставший необычайно популярным и получивший десять премий «Тони».

14 *К стр. 28. ...этих странных китайских и японских народных сказках, в которых все в конце концов сводится к лисам.* Как известно, в китайской традиции (более древней, заметим, чем японская) лисам действительно уделяется особая роль. Девятихвостая белая лисица, жившая в горе Ту, явилась легендарному правителю Юю, спасшему землю от потопа (XXIII в. до н. э.), и он даже женился на ней. «Небесная лисица, — говорится в другом предании, — имеет девять хвостов и золотистую шерсть: она может проникать в тайны мироздания, покоящиеся на чередовании мужского и женского начал» (Цит. по: Акад. В. Алексеев. Предисловие // Ляо Чжай. Искусство лисьих наваждений. М., 2003. С. 8.) Лиса — анонимное божество, наделенное способностью принимать всевозможные формы, начиная от лисы-зверя и кончая лисой-женщиной и

лисой-мужчиной. В книге Ляо Чжая, созданной в XVII в. и неизменно популярной в Китае во все времена и при всех режимах, лиса является главным персонажем. Она окутывает человека злым наваждением, обольщает, превращает в исполнителя своей злой воли и доводит до погибели. Правда, все это происходит главным образом в наказание за постыдные поступки и порочные черты характера.

15 *К стр. 28.* Изящный графический роман *The tragical comedy or comical tragedy of Mr. Punch* с иллюстрациями Дэйва Маккина опубликован в 1994 году. Сюжет строится вокруг детских воспоминаний безымянного рассказчика, в котором читатель легко узнает самого Нила Геймана. По жанру это смесь семейной саги, бытового детектива и магического реализма.

16 *К стр. 29. Эдуардо Галеано* (р. 1940) — уругвайский писатель и левый политический деятель. Автор более десяти книг, переведенных на двадцать языков, и множества эссе. Трилогия «Память огня» (*Memoria del fuego;* в русском перев. *«Огонь воспоминаний»*) впервые увидела свет в 1986 г.

17 *К стр. 30. «Парни и куколки»* (*Guys and Dolls*) — мюзикл, премьера которого состоялась на Бродвее в 1950 г. Спектакль пользовался большим успехом и завоевал премию «Тони» как лучший мюзикл.

18 *К стр. 30. Ктулху* (*Cthulhu*) — божество, выдуманное Лавкрафтом. Впервые упомянут в рассказе «Зов Ктулху» (1928). Ктулху напоминает огромного зеленого осьминога с гуманоидным телом, покрытым чешуей, при движении истекает слизью. Согласно Лавкравту, Ктулху — существо инопланетного происхождения, до поры он спит на дне океана, иногда проникая в сознание особенно чувствительных спящих людей. Пробуждение Ктулху приведет к гибели цивилизации. Питер Эдвард Кук (1937—1995) — британский актёр, сценарист, артист разговорного жанра. Дадли Мур (1935—2002) — британский комедийный актёр, композитор и музыкант. Совместно вели проект «Не только...

Но и...» (Not Only... But Also) (1965—1970). Кук и Мур, одетые в плащи и кепки с козырьком, изображали журналиста и эксцентричного пролетария, обсуждавших политические и культурные события.

19 *К стр. 30. Говард Филлипс Лавкрафт* (1890—1937) — американский писатель. Писал в жанрах ужасов, мистики и фэнтези, совмещая их в собственном оригинальном стиле. Родоначальник мифов Ктулху, описание которых продолжили его последователи. Считается одним из основателей жанра фэнтези. Обычно Лавкрафт ссылался на древние книги, в основном оккультные, содержащие тайны, которые не должен знать человек. По большей части эти книги были вымышленными, однако некоторые существовали в действительности. Лавкрафт давал лишь общие ссылки и редко входил в детальное описание. Самым известным манускриптов, на которые он ссылался, является «Некрономикон». Объяснения Лавкрафта относительно этого текста столь продуманы и логичны, что многие и по сей день верят в реальность этой книги.

20 *К стр. 32. Иннсмут* (Innsmouth) — вымышленное маленькое портовое поселение. Впервые упомянуто Лавкрафтом в рассказе «Селефаис» (1920). Хотя в рассказе оно расположено в Англии, впоследствии Лавкрафт называл этим именем и выдуманный американский город. С тех пор Иннсмут стал неотъемлемой частью мифов Ктулху.

21 *К стр. 32. Роджер Желязны* (1937—1995) — американский писатель-фантаст. «Ночь в одиноком октябре» (*A Night in the Lonesome October*. 1993) — его последняя книга. Повествование ведется от лица сторожевого пса по кличке Нюх (*Snuff*). Он вместе со своим хозяином Джеком участвует в Большой Игре, которая проходит раз в несколько десятилетий, всегда в новом месте. Когда ночь Хэллоуина совпадает с полнолунием, ткань реальности редеет и могут быть открыты врата между этим миром и царством Великих Древних. Процесс открытия этих врат и

есть Игра. В игре участвуют две стороны: те, кто хочет, чтобы изгнанные Древние вернулись в наш мир, и те, кто против их возвращения. В течение месяца обе стороны готовятся к решающему дню, собирая различные ингредиенты для колдовских зелий и накапливая силу. Почти у каждого игрока есть помощник, животное-спутник. Игроки и их животные образовывают альянсы, но никто не может быть уверен, что его союзник не на вражеской стороне.

22 *К стр. 32. Гектор Хью Манро* (1870—1916), более известный как Саки, — британский писатель, остроумная и мрачноватая проза которого высмеивает культуру и общество эдвардианской эпохи. *«Габриэль-Эрнест» (Gabriel-Ernest. 1909)* — рассказ об оборотне, мастерская зарисовка о столкновении человека с силой, природу которой он не может понять. *Джеймс Бренч Кейбелл* (1879—1958) — американский писатель-фантаст и беллетрист.

23 *К стр. 33. Эбботт и Костелло* (*Abbott and Costello*) — знаменитый американский комедийный дуэт. Бад Эбботт (1895—1974) и Лу Костелло (1908—1959) начали сниматься в кино в начале 1940-х годов, много выступали на радио и телевидении в 1940-е и 1950-е годы. «Эбботт и Костелло» — одна из самых популярных и долговечных программ; многие телекомпании показывают ее и сегодня.

24 *К стр. 34. Джон Генри Нойес Колльер* (1901—1980) — британский писатель и сценарист. Его рассказы, пользовавшиеся успехом и высоко оцененные критикой, по жанру близки к фэнтези, они язвительно остроумны и мастерски сконструированы. Характерным для Джона Колльера является то, что названия многих его рассказов раскрывают некие факты, которые в противном случае стали бы сюрпризом в финале.

25 *К стр. 34. Харлан Эллисон* (р. 1934) — известный американский писатель-фантаст. Невероятно плодовит (автор двух тысяч рассказов и эссе), самый многократный лауреат премий по научной фантастике. Известен своим скандальным характером и сутяжничеством — подает в суд на

всех, кто, по его мнению, нарушает его авторские права.

26 *К стр. 37. Раймонд Карвер* (1938—1988) — американский поэт и новеллист, крупнейший мастер короткой прозы второй половины XX века.

27 *К стр. 38. «Boiled in Lead»* — группа из Миннеаполиса, создана в 1983 г. В настоящее время Робин «Аднан» Андерс (Robin «Adnan» Anders) в состав группы уже не входит.

28 *К стр. 43. А. Р. Хоуп-Монкриф* (1846—1927) — английский писатель, издававшийся под псевдонимом *Аскот Р. Хоуп*. Писал книги для детей, героями которых были школьники и Неизвестный Рыцарь.

29 *К стр. 45. Галахад* — рыцарь Круглого стола Короля Артура; один из тех, кто искал Святой Грааль. В легендах, где он фигурирует, подчеркивается его непорочность и покровительство ему высших сил и судьбы, а также его необычайная галантность. Галахад оказывается единственным рыцарем, которому Грааль дается в руки, после чего Галахад возносится на небеса.

30 *К стр. 49. Бальмунг* — меч Зигфрида, одного из важнейших героев германо-скандинавской мифологии. *Велунд (Weyland)* — персонаж мифов и литературы Европы. Первоначально — бог-кузнец. С распространением христианства он, как и многие другие языческие боги, приобрел бесовские черты. Фамилия Велунда (*Смит)* — шутка автора, связанная с названием погребального кургана в Оксфордшире — Вейланд-Смити («кузница Велунда»).

31 *К стр. 49. Фламберг* — меч с клинком волнистой (пламевидной) формы. Применялся в Европе (в особенности в Швейцарии и Германии) в XV—XVII веках. Мечи-фламберги были сложны в изготовлении и очень дороги. Из-за особенностей заточки клинка раны, нанесенные фламбергом, практически не заживали.

32 *К стр. 51. Элейн* — дочь короля Пелеса, соблазнившая Ланселота. От этой связи родился благословенный Галахад, которому было суждено найти Святой Грааль.

[33] *К стр. 52. Пелес* (в ранних мифах — *Король-рыбак*) — персонаж легенд о рыцарях Круглого Стола. Хранитель Святого Грааля.

[34] *К стр. 57. Прометей* — в древнегреческой мифологии титан; в наказание за то, что даровал людям огонь, Зевс приказал приковать его к скале. Каждый день к Прометею прилетает орел и клюет его вновь отрастающую печень. *Локи* — божество в германо-скандинавской мифологии; за оскорбление богов прикован ими к скале кишками собственного сына. Над головой его висит змея, изо рта которой капает яд прямо ему на лицо. *Сизиф* — в древнегреческой мифологии строитель и царь Коринфа; за проступки при жизни (да и после смерти) боги приговорили его к наказанию — вечно втаскивать на гору тяжелый камень, который снова и снова скатывается вниз. *Иуда Искариот* — один из апостолов; тот самый, который предал Иисуса Христа; раскаявшись, повесился.

[35] *К стр. 60. Хоуп Миррлиз* (1887—1978) — британская романистка, поэт и переводчик. *«Луд Туманный»* (1926) — главное ее фэнтезийное произведение, ставшее известным почти полвека спустя после издания. Это роман-притча о том, какие опасности в себе таит стремление вытеснить из жизни все таинственное, не вписывающееся в привычные рамки.

[36] *К стр. 63.* В поэме *Джона Мильтона* (1608—1674) «Потерянный рай» (Paradise Lost, впервые — 1667) о возмущении отпавших от Бога ангелов и падении человека. Великое значение «Потерянного Рая» — в психологической картине борьбы неба и ада. Мильтон создал грандиозный образ Сатаны, которого довела до отпадения от Бога жажда свободы. Первая песнь «Потерянного рая», где побежденный враг Творца горд своим падением и посылает угрозы небу; — самая вдохновенная; она положила начало демонизму в английской да и мировой литературе. При всей своей ужасающей гордости и готовности противостоять Богу, Сатана сознает свою неправоту:

Метался Враг на огненных волнах,
Разбитый, хоть бессмертный. Рок обрек
Его на казнь горчайшую: на скорбь
О невозвратном счастье и на мысль
О вечных муках. Он теперь обвел
Угрюмыми зеницами вокруг;
Таились в них и ненависть, и страх,
И гордость, и безмерная тоска...
(*Перевод М. Лозинского*)

37 *К стр. 63. Минотавр* — персонаж греческих мифов, чудовище с телом человека и головой быка.

38 *К стр. 71. The Stranglers* — британская рок-группа; образовалась в 1974 г.; ее первый альбом *Rattus Norvegicus* стал одним из бестселлеров первой волны панк-рока.

39 *К стр. 82. Белуши Джон* (1949—1982) — американский комедийный актер и сценарист. Умер от передозировки героина и кокаина в отеле «Chateau Marmont».

40 *К стр. 83. «Я люблю Люси»* (*I love Lucy*) — американский черно-белый ситком, впервые шел с октября 1951-го по май 1957 года по каналу Си-би-эс (Columbia Broadcasting System).

41 *К стр. 85. Чарльз Мэнсон* (р. 1934) — американский преступник, в настоящее время отбывает пожизненное заключение. Лидер коммуны «Семья», несколько членов которой в 1969 году совершили ряд жестоких убийств, в том числе убийство беременной киноактрисы Шэрон Тейт, жены Романа Полански.

42 *К стр. 91. Бастер Китон* (*Buster Keaton*, наст. имя *Джозеф Фрэнк Китон*, 1895—1966) — американский комедийный актер и режиссер. Один из величайших комиков немого кино.

43 *К стр. 94.* Здесь и ниже перечисляются имена реальных актеров и актрис немого кино, за исключением Джун Линкольн, которая, вполне вероятно, является вымыслом автора.

44 *К стр. 96. Сид Грауман* (полн. имя *Sidney Patrick Grauman*, 1879—1950) — в начале XX века владелец целого ряда кинотеатров в Калифорнии. Самый крупный и известный проект Граумана — *Китайский театр*, *Grauman's Chinese Theatre* — открылся в 1926 г. и стал самым успешным кинотеатром Лос-Анджелеса. Все убранство театра было привезено из Китая, над интерьером работали десятки скульпторов и архитекторов, сумевших до самых тонкостей воссоздать китайскую экзотику. Свою долю собственности Грауман в конце концов продал, оставшись бессменным директором кинотеатра. Незадолго до смерти был удостоен «Оскара» «за огромный вклад в развитие кинематографа».

45 *К стр. 97. «Чего стоит слава»* (*What Price Glory*); *Виктор Мак-Лаглен* (1886—1959) — английский киноактер; *Долорес дель Рио* (*наст. имя Мария де лос Долорес Асунсоло и Лопез Негрете*, 1905—1983) — голливудская актриса мексиканского происхождения. *«Элла Синдерс»* (*Ella Cinders*); *Коллин Мур* (1900—1988) — американская киноактриса.

46 *К стр. 100. Мари Провост* (*Marie Provost*, 1898—1937) — голливудская актриса канадского происхождения.

47 *К стр. 100. Ник Лоу* (*Nick Lowe*, р. 1949) — английский поп-рок-музыкант, вокалист, автор песен и продюсер.

48 *К стр. 103. Эшер Маурис Корнелис* (*Maurits Cornelis Esher*, 1898—1972) — нидерландский художник-график, концептуалист. Исследовал пластические аспекты понятий бесконечности и симметрии, а также особенности психологического восприятия сложных трехмерных объектов.

49 *К стр. 105. «Сайнфелд»* (*Seinfeld*) — популярный американский телесериал в жанре комедии положений; впервые транслировался Эн-би-си с июля 1989-го по май 1998 года.

50 *К стр. 109. Джейсон Стэтхэм* (р. 1947) — английский актер, известный в основном по фильмам Гая Ричи. *Фредди Меркури* (наст. имя *Фарух Булсара*, 1946—1991) — британский певец и музыкант парсийского происхождения, вокалист группы *Queen*.

51 *К стр. 110. «Мальчики из Бразилии»* (*The Boys from Brazil*, 1978, реж. Френклин Джей Шеффнер) — фильм о нацистах, перебравшихся в Бразилию после падения Третьего рейха. Нацистский преступник Йозеф Менгеле (Грегори Пек), изувер, подвергавший чудовищным пыткам узников Освенцима, перебравшись в Южную Америку, создает тайную организацию, которая собирается вывести новую породу людей, клонируя Адольфа Гитлера. Детям до 16 просмотр фильма не рекомендуется.

52 *К стр. 110. «Ребенок Розмари»* (*Rosemary's Baby*, 1968) — триллер Романа Полански по роману Айры Левина. Бесплодная пара мечтает о ребенке, но зачать его женщина смогла лишь после того, как приняла какое-то зелье, подмешанное в шоколадный мусс соседями, по ее подозрениям, участниками сатанинского культа. Ей снится, что ее насилует демон, и проснувшись, она видит на себе следы его когтей. «*Щепка*» (*Sliver*, 1993, реж. Филип Нойс) — эротический триллер по роману Айры Левина. Героиня, переехав в дорогие апартаменты, знакомится с соседями и узнает, что в этом доме убиты несколько женщин, предположительно серийным убийцей. В конце концов она начинает подозревать в этих убийствах одного из своих новых соседей. Детям до 16 лет просмотр обоих фильмов не рекомендуется.

53 *К стр. 116.* Гари Харт (*Gary Hart*, р. 1936) — американский политик, бывший сенатор от штата Колорадо, участник президентских кампаний, юрист, писатель, публицист.

54 *К стр. 118. Джоэль Силвер* (*Joel Silver*, р. 1952) — продюсер приключенческих фильмов и экшенов, в том числе таких культовых, как «Матрица», «Готика», «Смертельное оружие-4», «Крепкий орешек», «Коммандо».

55 *К стр. 152. Александр Флеминг* (1881—1955) — британский бактериолог; впервые выделил пенициллин.

56 *К стр. 158. Шогготы* — упоминаемые в «Некрономиконе» бесформенные существа. Их очертания и объем постоянно

меняются: они то создают себе подобных, то уничтожают органы слуха, зрения, речи.

57 *К стр. 158. Казу* — музыкальный инструмент африканского происхождения, представляет собой полую трубу с бумажной мембраной на одном конце; его звучание напоминает саксофон.

58 *К стр. 159. Шуб-Ниггурат* — божество из мифов Ктулху с козлиными ногами, бесконечно порождающее монстров и пожирающее их. Стало прообразом существ в компьютерных играх, фильмах о «Чужом».

59 *К стр. 160.* «Книга Мертвых Имен» («Некрономикон») — мистическая книга, вымышленная Лавкравтом; некоторые верят в реальное существование манускрипта с таким названием. Согласно Лавкравту, чтение этой книги опасно для жизни человека, а потому она хранится в библиотеках за семью печатями. *Абдул Аль-Хазред* — «безумный араб», по Лавкравту, именно он написал «Некрономикон» в Дамаске около 730 г.

60 *К стр. 164. Зейн Грей* (1872—1939) — плодовитый американский писатель, создатель жанра романа-вестерна.

61 *К стр. 167.* В мифах Ктулху описывается древняя традиция поклонения Ктулху. Лавкрафт утверждал, что служители культа Ктулху есть в разных уголках Земли. На своих встречах они танцуют, читают мантры и приносят человеческие жертвы в ожидании пробуждения Ктулху, то есть конца света.

62 *К стр. 169. Р'льех* — город, придуманный Лавкрафтом. Согласно Лавкравту, создан древними в незапамятные времена. В настоящее время находится на дне океана. Когда звезды займут соответствующее положение, Р'льех поднимется со дна.

63 *К стр. 178.* Англия перешла на десятичную денежную систему только в 1971 году. До этого более тысячи лет существовала английская денежная система, где 1 фунт стерлингов был равен 20 шиллингам или 240 пенсам. Теперь 1 фунт равняется 100 пенсам.

64 *К стр. 178.* Для *акцента кокни*, возникшего в низших слоях восточного Лондона, характерна замена обычных английских слов рифмующейся с ними фразой, выражением или именем известной личности.

65 *К стр. 179. Дэвид Боуи* (р. 1947) — британский рок-музыкант, композитор, художник, актер.

66 *К стр. 180. Мерил Бет Нискер*, или *Пичез* (*Peaches* р. 1966) — канадская певица в стиле электроклэш. «*Секс пистолз*» (*Sex Pistols)* — британская рок-группа середины семидесятых, оказала большое внияние на рок-музыку.

67 *К стр. 189. Петер Лорре* (1904—1964) — австрийский и американский актер, режиссер, сценарист. Из-за своей характерной внешности пользовался популярностью как персонаж в приключенческом и саспенс кино.

68 *К стр. 193. Иезекииль* (VI в. до н. э.) — один из четырех великих пророков Ветхого Завета. Был призван проповедовать иудеям покаяние.

69 *К стр. 199.* Здесь и на след. странице цитируются отрывки из сонета английского поэта Альфреда Теннисона (1809—1892) «Кракен» в переводе К. Бальмонта. Вот его полный текст:

Внизу, под громом верхней глубины,
Там, далеко, под пропастями моря,
Издревле, чуждым снов, безбурным сном
Спит Кракен: еле зримые сиянья
Скользят вкруг теневых его боков;
Над ним растут огромнейшие губки
Тысячелетней грозной вышины,
И далеко кругом, в мерцаньи тусклом,
Из гротов изумительных, из тьмы
Разбросанных повсюду тайных келий
Чудовища-полипы, без числа,
Гигантскими руками навевают
Зеленый цвет дремотствующих вод.

Там он века покоился и будет
Он там лежать, питаяся во сне
Громадными червями океана,
Пока огонь последний бездны моря
Не раскалит дыханьем, и тогда,
Чтоб человек и ангелы однажды
Увидели его, он с громким воплем
Всплывет, и на поверхности умрет.

Кракен — огромное морское чудовище, живущее, согласно легенде, особо популярной у норвежских моряков, в холодных северных морях. В 1752 г. легенды о кракене суммировал епископ Бергена Эрик Понтопиддан. Он описал его как гигантскую каракатицу размером с пловучий остров, дотягивающуюся щупальцами до самых высоких мачт, чтобы перевернуть корабль и утащить на дно. На основании составленного епископом описания Карл Линней классифицировал кракена в числе других головоногих и присвоил ему латинское название *Microcosmus*. В 1802 году французский зоолог Пьер-Дени де Монфор в своем исследовании моллюсков предложил различать два вида кракенов — *kraken octopus*, обитающего в северных морях и впервые описанного чуть ли не Плинием Старшим, и гигантского осьминога, который наводит ужас на моряков в Южном полушарии. В 1857 г. было доказано существование гигантского кальмара (*Architeuthis dux*), который, очевидно, послужил прообразом кракена. Кракен упоминается и в книге Жюля Верна «20 тысяч лье под водой» (1869).

70 *К стр. 215. Кеч, Хэр, Бёрк и Кеч (Ketch, Hare, Burke and Ketch*). В названии агентства содержатся имена очень известных убийц, Бёрка и Хэра. Совершенные ими преступления вошли в историю под названием *Уэст-портские убийства* (*West Port murders*), или *Убийства Бёрка и Хэра* (*Burke and Hare murders*). В общей сложности ирландские иммиг-

ранты Уильям Бёрк и Уильям Хэр совершили 17 убийств, с ноября 1827 г. по октябрь 1828 г., в окрестностях улицы Уэст-порт в Эдинбурге. Трупы своих жертв они продавали в качестве материала для препарирования известному эдинбургскому врачу Роберту Ноксу, учредителю анатомических курсов для студентов-медиков. Жертвы были задушены. С того времени в английском языке появился глагол *to burke* (по имени главного исполнителя) — *убить, задушить*, в переносном смысле — *замять дело, тихо разделаться*. *Кеч* (*Ketch*) в переводе на русский язык — двухмачтовое парусное судно.

71 *К стр. 216. Шенди* — пивной коктейль со сладкой шипучкой.

72 *К стр. 222. Конь бледный* — четвертый и последний всадник из Откровения Иоанна Богослова появляется на бледном коне и символизирует Смерть.

73 *К стр. 226. Майкл Муркок* (р. 1939) — английский писатель-фантаст. Герои Муркока — *Корум, Хокмун, Эрикезе, Элрик* — являются инкарнациями Вечного Воителя. Каждый из них имеет возлюбленную и верного друга, сражается особым, ему одному предназначенным оружием и обладает какой-либо физической особенностью, резко отличающей его от всех других людей и придающей ему оттенок обречённости. Принц Корум, например, вообще не человек, а последний представитель истреблённой древней расы и по этой причине имеет жёлтые глаза с красными белками, принц Элрик — альбинос. *Конан Варвар* — персонаж романов фантаста *Роланда Грина* (р. 1944). *Мельнибоне* — островное государство в романах Муркока. Прототипом мелнибонийской культуры и философии выступает доведенная до гротеска японская культура.

74 *К стр. 227. Эдгар Берроуз* (1875—1950) — суперпопулярный американский писатель-фантаст. «*Приключения Тарзана в недрах земли*» (1930) — один из 26 его романов о Тарзане.

[75] *К стр. 233. Самые первые плоды земли твоей принеси в дом Господа Бога твоего. Не вари козленка в молоке матери его.* (Исход 34:26.) Так звучит десятая заповедь, изложенная в 34 главе Исхода. В этой главе все перечисленные заповеди касаются не моральных норм, но вопросов соблюдения ритуала.

[76] *К стр. 236. Эндрю Лэнг* (1844—1912) — шотландский писатель, переводчик, историк, этнограф. Перевел «Илиаду», «Одиссею». Издававшиеся им сборники волшебных сказок Великобритании пользовались огромной популярностью.

[77] *К стр. 236.* «Покоритель Зари» (1952) — третья книга «Хроник Нарнии» *Клайва Стейплза Льюиса* (1898—1963).

[78] *К стр. 236. Профессор Челленджер* — персонаж романов Конан Дойла «Затерянный мир», «Отравленный пояс», «Когда Земля вскрикнула» и др. В романе «Страна туманов» профессор, прежде резко негативно оценивавший спиритизм, стал горячим сторонником этого течения.

[79] *К стр. 239.* «Английский убийца» (1972) — роман Муркока.

[80] *К стр. 240. Теренс Хэнбери Уайт* (1906—1964) — английский писатель, всемирно известный своими романами о короле Артуре, написанными по мотивам британского эпоса.

[81] *К стр. 251. ...мудрецов, знающих, что они не бабочки.* Однажды Чжуан-цзы приснилось, что он бабочка, счастливая бабочка, достигшая исполнения желаний, которая не знает, что она Чжуан-цзы. Проснувшись, он не мог решить, Чжуан-цзы ли он, видевший во сне, что он бабочка, или же бабочка, которой снится, что она Чжуан-цзы. (Чжуан-цзы — китайский мудрец, 389—286 г. до н. э., эпоха Борющихся царств.)

Мясоцветы (*Flowers of meat*) — хищные растения с болотистой планеты Дагоба, убежища магистра джедаев Йоды в фантастической саге Джорджа Лукаса «Звездные войны».

«Лузитания» (*Lusitania*) — британский пассажирский лайнер, торпедированный немецкой субмариной 7 мая 1915 года и затонувший у берегов Ирландии. На борту было 1958 человек, 1198 из них погибли в течение 18 минут. Потопление «Лузитании» настроило общественное мнение многих стран против Германии и способствовало вступлению США в Первую мировую войну.

82 *К стр. 264. Экстернализация* — термин в психологии, означающий извлечение проблемы наружу, отделение ее от человека.

83 *К стр. 268. Что-то про похитителей тел.* Речь идет о фильме режиссера Абеля Феррара «Похитители тел» (*Body Snatchers*,1993), снятого по одноименному роману Джека Финнея. Героиня — дочь биолога, на летние каникулы едет с отцом, мачехой и сводным братом на американскую военную базу, где отец инспектирует токсичные продукты. Люди на базе ведут себя очень странно, и она вдруг понимает, что людей с базы похищают инопланетяне, вместо них оставляя двойников. Фильм не рекомендуется для просмотра детям до 16 лет.

84 *К стр. 279. Доктор Йозеф Менделе* (1911—1979), «доктор Смерть». Немецкий врач, проводивший опыты на узниках Освенцима во время Второй мировой войны. Доктор Менделе сам отбирал для своих опытов узников и по своему усмотрению отправлял людей в газовые камеры. В своих «опытах» отличался изуверской изощренностью. За время своей «работы» в Освенциме отправил на смерть более 40 тысяч человек. Получал различные «препараты» из человеческих органов, в частности, вырывал глаза у детей и хранил их в формалине; отсекал части печени или других жизненно важных органов у живых людей или у только что убитых им самим чудовищным ударом по голове; других своих «пациентов» заражал смертельными болезнями; детям и женщинам делал инъекции препаратов, несовместимых с жизнью, наблюдая их мучительную смерть.

85 *К стр. 318. Архангел Рагуил* — известен также как Рагуэль, Разуил, Руфаил и др. Его имя означает «друг Бога». В небесной иерархии наблюдает за остальными ангелами и архангелами, обеспечивая их мирное и гармоничное сотрудничество. Помогает и людям, которые к нему обращаются, особенно в разрешении конфликтов. *Архангел* в христианской мифологии — один из высших ангельских чинов.

86 *К стр. 320. Архангел Фануэл* (вар.: *Фануил*) — в переводе с древнееврейского «лик Бога». Остальные ангелы, видимо, носят имена, значение которых известно только автору.

Содержание

Нил Гейман

Литературно-художественное издание

Для широкого круга читателей

Нил Гейман

ДЫМ И ЗЕРКАЛА

Зав. редакцией *С. Тишков*
Ответственный редактор *С. Каскова*
Художественный редактор *Е. Фрей*
Компьютерная верстка *Ю. Анищенко*
Корректор *И. Мокина*

ООО «Издательство АСТ»
129085, г. Москва, Звездный бульвар, дом 21, строение 1, комната № 39.
Наш электронный адрес: **www.ast.ru**

«Баспа Аста» деген ООО
129085, г. Мәскеу, жұлдызды гүлзар, д. 21, 1 құрылым, 39 бөлме
Біздің электрондық мекенжайымыз: www.ast.ru

Қазақстан Республикасында дистрибьютор
және өнім бойынша арыз-талаптарды қабылдаушының
өкілі «РДЦ-Алматы» ЖШС, Алматы қ., Домбровский көш., 3«а», литер Б, офис 1.
Тел.: 8(727) 2 51 59 89,90,91,92
Факс: 8 (727) 251 58 12, вн. 107; E-mail: RDC-Almaty@eksmo.kz
Өнімнің жарамдылық мерзімі шектелмеген.

Өндірген мемлекет: Ресей
Сертификация қарастырылмаған

Подписано в печать 28.08.2017. Формат 76x100 $^{1}/_{32}$.
Печать офсетная. Усл. печ. л. 16,89.
Доп. тираж 5000 (3000(ЭМ)+2000(ММР)) экз. Заказ 8362, 8361

Отпечатано с готовых файлов заказчика
в АО «Первая Образцовая типография»,
филиал «УЛЬЯНОВСКИЙ ДОМ ПЕЧАТИ»
432980, г. Ульяновск, ул. Гончарова, 14

16+

Знак информационной продукции согласно Федеральному закону от 29.12.2010 г. N 436-ФЗ